Professional Baseball Disc Guide

# プロ野球音の球宴
## ディスクガイド

F.P.M.中嶋

東京キララ社

## まえがき対談

**東京キララ社中村(以下中村):**本書のディスクガイドがほぼ完成したので、今日はまえがき対談ということでDJイベント「プロ野球 音の球宴」についてお伺いします。よろしくお願いします。

**F.P.M.中嶋(以下中嶋):**はい。よろしくお願いします。

**中村:**いきなりですが、やっとですね(笑)。最初に書籍化について話をしたのはヨシノビズムさんだったと思うんですけど、いつ頃でしたっけ?

**中嶋:**いやぁ、結構経ちましたね(笑)。中村さんとは「野球レコード本、作りたいですね」「やりましょう!」のやり取りを延々と。

**中村:**両国RRRで初めて「プロ野球 音の球宴」を開催したのが、2014年9月だったので、それからしばらくしてだから7、8年前? そもそも最初に「音球」をやったのっていつですか?

**中嶋:**1998年、高円寺にあった京浜兄弟社が経営に関わっていたお店「マニュエラカフェ」でのイベントが最初ですね。

**中村:**その時から中嶋さんとヨシノビズムさんのユニットだったんですか?

**中嶋:**ええ。まだ「プロ野球 音の球宴」というのはイベント名であって、コンビ名でということではなく、私は野球DJ中嶋、相方は野球忍者世忍と名乗ってました(笑)。

**中村:**初回からイベント名は「プロ野球 音の球宴」だったんですね。

**中嶋:**そうです。その1回目が金曜から土曜にかけてのイベントだったので、「野球レコードのイベントを2人だけでオールナイトでやるのも何だかねぇ」ということで、加藤賢崇をゲストに呼んで。(当時の資料を見ながら)このフライヤーも加藤賢崇に頼んで作ってもらったやつです。

**中村:**野球忍者……世を忍ぶでヨシノブだったんだ! それがヨシノビズムに! なるほど。(※画像01／2000年3月25日開催「音球」のフライヤー)

F.P.M.中嶋

**中嶋:**ゲストDJの加藤賢崇と3人でやったのが最初のイベントでした。

**中村:**そもそも「野球レコードだけでDJイベントをやろう」という発想はどうやって生まれたんですか?

**中嶋:**90年代初頭ぐらいから私が野球関連の音源を集めるようになって、「ある程度枚数が集まったらイベントができそうだね」みたいな話を、当時同じ職場だったヨシノビズムとしたのが原点ですね。

**中村:**お互い野球が好きで、自然と始まったという感じですね。

**中嶋:**そうですね。それである程度枚数が溜まったので、「じゃあ、やってみましょうか」ということでスタートしたのがそもそもです。好事家たちが集ってワイワイやれたら楽しいかな、と。

**中村:**夜10時開場で、深夜0時にプレイボールって書いてありますね。

**中嶋:**明け方までやるんですけど、まだ当時はレコードの所有枚数も今ほどじゃなく、カレーの匂いの立ち込める深夜

画像01

のカフェで（阪急の）大熊の演歌とかかけても迷惑なだけで（笑）。でも、そういうのしかかけるモノがなかったから、しかたなく（笑）。

**中村**：最初のゲストは加藤賢崇さんで、それからのゲストは？

**中嶋**：2回目には常盤響に来てもらって。あとは当時リリー・フランキーのマネージャーをやってたBJという。

**中村**：笹井さんですね。

**中嶋**：そうです。彼がまた、まあ強烈な落合マニアで。

**中村**：放送された落合の全打席のビデオ持ってますもんね（笑）。

**中嶋**：彼にゲストに来てもらって、落合の映像を流しつつ、落合のすべてのシングル盤をかけながら落合の解説をしてもらうという（笑）。

**中村**：当時からマイクで解説しつつというスタイルだったんですね。

**中嶋**：いろいろ補足しないと何だかわからないからですけど、曲をかけながらMCするという、後の「音球」に通ずるスタイルでしたね。でもそれは仕方なくであって、そうせざるを得なかったから（笑）。その後、同じ箱で同じイベントを続けていくのが集客的にきつくなって、あちこちに……。

**中村**：遠征を。

**中嶋**：それでヨシノビズムが新しい場所を探してくれて。あちこちでやったり、長期間やらなかったりで。それで一旦落ち着いたのが高円寺の円盤。

**中村**：結局、高円寺に落ち着く（笑）。それが何年ぐらいですか？

**中嶋**：2004年頃です。

**中村**：そうですか。僕と「音球」が出会ったのが2014年9月20日。有志で立ち上げた両国RRRというイベントスペースを使ってもらうようになって。その後も「音球」が休止するまで毎年2回のペースで開催してました。（※2015年2月21日／2015年8月29日／2016年2月20日／2016年8月27日／2017年4月9日／2017年11月11日）

**中嶋**：そうですね、両国RRRが「音球」のホームとなりましたね。高野政所さんのアシッドパンダカフェをホームにしていた時期もあって。でもその店が急な閉店となって、ちょうどその時期にヨシノビズムが中村さんと知り合って……。

**中村**：そうですね。僕が2012年から「和ラダイスガラージ」のレギュラーDJで、イベントの打ち上げなんかでよくヨシノビズムさんと会うようになって……。

**中嶋**：新たな場所を探さないといけないという時に、ヨシノビズムが中村さんを紹介してくれて。

**中村**：じゃあ両国でやろうかと。ところで「音球」の中嶋さんがDJとして曲をかけて、MCとしてヨシノビズムさんがその曲の紹介するというスタイルはいつ頃確立したんですか？

**中嶋**：そういう形態になっていったのは円盤でやり始めた頃かな。マニュエラカフェでもそうでしたが、開幕直前、オールスター直前、日本シリーズ直前の年3回やろうと決めてました。それ以上だとやっている方が飽きるし、お客さんも飽きるから。で、年3回ペースでやっていくうちに、徐々にスタイルが確立していきましたね。私が野球レコードをガンガン集めてコレクションがどんどん増えていったので、自ずとレコー

ドをかける係は私が担当に。

**中村**：なるほど。コレクションの枚数の違いで自然とそういうスタイルが確立していったと。

**中嶋**：そうですね。私がとりあえずひたすらレコードをかけ、そのレコードに関する歌手や選手についてのどうでもいい豆知識をMCで彼が披露するんですけど、よくまぁ、そんなエピソードを拾ってくるなと（笑）。でも、彼のMCでイベントが盛り上がりましたし、それが「音球」のスタイルになっていきました。

**中村**：お客さんって両国RRRの時代は常連が多くて毎回同じ顔ぶれでしたけど、前からずっとそんな感じですか。

**中嶋**：場所が変わっても、ずっと来てくれる人が多いですね。そう言えば、アシッドパンダカフェがまだ自由が丘にあった時に、「タモリ倶楽部」に出演したんですよ。その直後に開催した「音球」が大変でした。会場がエレベーターもない雑居ビルの3階で、取り壊される直前だから安く借りられたみたいな物件で、店内もほんと狭くて。そこにもう入りきれないぐらいに人が来ちゃって、テレビの影響ってホント凄いんだなと。で、「次はこの半分ぐらい来てもらえたらいいな」と思っていたら、全然来なくて。みんな「そんなもんだな」って。テレビ出演っていっときの起爆剤にはなるけど、効果は持続しないんですね。

**中村**：ほんとそんなもんですよね。ところで、お客さんが推しの球団のユニフォームを着てくるようになったのはいつ頃からですか。

**中嶋**：それは最初からです。ユニフォーム着用の人はチャージ割引のサービス料金にしたので。

**中村**：なるほど。あと「音球」は基本、パリーグのファンが多いですよね。

**中嶋**：それはプロ空頭さんがよく言ってるんですけど、セリーグのチームのファンよりパリーグのチームのファンの方が、文系的なそういうイベント事に貪欲な人が多いんじゃないかと。

**中村**：そうですね、本当に野球が好きなだけだったら普通に球場に試合を見に行けばいいわけだし（笑）。野球をもうちょっとカルチャーとして幅広く楽しめる人たちって、やはり

画像02

ちょっと斜に構えた見方をする人が多いからパリーグ・ファンが多いんでしょうね。

中嶋:ということになっていくんだろうなと。

中村:イベント会場のスタッフがジャイアンツのユニフォームを着てるとブーイングが上がったり、東京でやってるイベントなのに、ジャイアンツが一番のアウェー(笑)。そこが面白いんですよね。普通であれば地元だし一番の人気球団なんだからデカい面ができそうなのに、肩身が狭い思いをする(笑)。パリーグ推しが多いから、エンディングで歌詞に「パシフィック」というワードが出てくる永ちゃんの曲がかかる。と言っても本当は野球とは関係ない曲なんだけど(笑)。

中嶋:楽曲としてはもう、まったく関係ないですね。

中村:でも、ファンからしたらそれがないと締まらない曲になってますからね。

中村:2004年のオリックスと近鉄の合併騒動の際に、1リーグになってパリーグ消滅という危機があっただけに、余計に永ちゃんの歌い出しのあのフレーズ(罪なやつさ Oh パシフィック)がグッとくるんでしょう。

中村:曲だけじゃなく、形態としてレコードやCDであればセリフものでも何でもありじゃないですか。張本(勲)のスピーチが入ったソノシートで盛り上がるんですけど、その楽しみ方が独特で、その場にいる全員でイベントを作り上げている感じがすごく強いんですよね。

中嶋:大体DJイベントでただ野球選手が喋ってるものなんてかけないじゃないですか。でもそれが一番盛り上がる(笑)。

中村:毎回、みんなで同じセリフを聞き、同じツッコミをし(笑)。

中嶋:その盛り上がりっていうのはプロ空頭さんが率先してやってくださってますね。

中村:ヨシノビズムさんと最後に一緒にやったのはいつでしたっけ?

中嶋:5年ぐらいになりますかね。

中村:それ以降、プロ空頭さんがヨシノビズムさんの代役ということになってますよね。

中嶋:でも「音球」ではなくて、F.P.M中嶋名義のイベントですね。

中村:じゃあ、それ以降は「音球」名義ではイベントをやってないんですか?

中嶋:やってないです。F.P.M.中嶋(from プロ野球 音の球宴)でやってます。私一人では「音球」は名乗ってないです。

中村:さらに話が遡りますが、野球レコードを集め始める動機って、単に野球が好きだからというシンプルな考えでいいですか?

中嶋:そうですね。本当にスタートはなんてことのないきっかけで、90年代の初め頃に京浜兄弟社の関西ツアーがあって、そこに岸野雄一率いるコンスタンス・パワーズとか周辺のいくつかのバンドで行った時に、私もスタッフとして同行したんですね。その時に安田謙一さんの手引きで、神戸「元町ガード下、通称「モトコー」のいろんな味のある中古レコード店巡りに、京浜兄弟社のレコード狂の連中と一緒に行ったんですよ。その時に誰かに「中嶋って野球好きだったよね、野球選手のレコードってどうなの?」って一枚のレコードを渡されて。

中村:それが最初の一枚?

中嶋:私は昔から日本ハムファイターズのファンでしたので、日ハムの球団歌だったり木田のレコード(※画像02)は持ってましたけど、特に野球をテーマにコレクションしようという考えはその時点では全然なかった。でもその時に「こんなのあったよ」って阪急ブレーブスの大熊忠義のレコード(※画像03)を渡されて、「あ、そっか。野球選手もレコード出したり、考えてみたら他のチームも球団歌とか応援歌を出してるよな」と思って。それまで特にレコードでテーマを決めたコレクションをしたことがなかったので、「じゃあ野球をテーマに集めてみようかな」という軽い気持ちで始めましたね。

中村:はっきりと意識して野球レコードを買ったのはその大熊から。

中嶋:そうですね。それまで手元にあったのが日ハム関連の

画像03

ものしかないんで。

**中村**：じゃあ、そんなに持ってないってことですよね。

**中嶋**：3、4枚ですかね。例の張本のお話の入っているソノシートは、私が子どもの頃に少年ファイターズ会に入会した時の特典でもらったものなんです。

**中村**：なるほど。じゃあ、それと木田と球団歌と……そうないですよね？　日ハムだったら。

**中嶋**：それぐらいかね。

**中村**：巨人や阪神だったらいくらでもあるでしょうけど。

**中嶋**：あとは大沢親分がレコード出してましたけど、その時点で野球レコードを集めようっていう意識はなかったから、親分の演歌のレコードを買おうとまでは思いもしなかったので。

**中村**：でも、そういう時代でしたよね。野球選手とか相撲取りがシーズンオフにテレビ番組に出て歌ったり、レコード出したり。

**中嶋**：オフは時間が空いているし、野球選手もお相撲さんも人気者だから、レコード会社もある程度のセールスが見込めるのと、年度末の予算消化にちょうどいいっていうことだったんじゃないですかね。

**中村**：あと名古屋だとか広島だとか、地域によっては地元球団愛がすごく強いじゃないですか。そのほとばしる愛から生まれたレコードも多いし、その地方でしか手に入らないレコードもありそうですね。

**中嶋**：あります、あります。首都圏だとジャイアンツってことになりますけど、テレビやラジオといった放送媒体がキー局になるから、巨人に特化した応援情報番組って成立しづらいじゃないですか。だけど、例えば東海エリアならドラゴンズの応援情報番組が名古屋ローカルのテレビ・ラジオ局各局で作られて、その関連でレコードも作られる。それが関西だとタイガース、広島だったらカープの情報番組があって同じようにレコードが作られる。

**中村**：そう言えば、アナウンサーによる野球レコードって多いですもんね。

**中嶋**：そう。そういう地域愛としての野球レコードっていうの

がどんどん作られている。ジャイアンツの場合そういう部分が希薄だから、地元推しというか、ドメスティックな地域性が形成しづらかったからではないかと。

**中村**：自主制作盤なんかも地方に行けばいっぱいありそうですね。

**中嶋**：ああ、ありますね。

**中村**：これだけコレクションがあっても、まだまだ発見があるわけですね。

**中嶋**：まだまだどんなブツが出てくるかわからないです。つい昨日もヤフオクで落札し損ねたんですけど（笑）初めて見た短冊のタイガース応援もののCD。競り合って最終的には私が降りました（笑）。これがまた知り合いだったらどうしよう。ブーマー先輩なんじゃないかな（笑）。

**中村**：でも、そんなもんですよね。僕も円盤の田口さんが落札してくれたことがありましたね（笑）。中嶋さんの中でのコンプリートというかゴールってあるんですか？

**中嶋**：基本的に大手のレコード会社が一般発売としてリリースしたものは、ほぼほぼ入手したとは思うんです。一部私が把握している中でも、まだ未入手のものがいくつかあるにはあるんですけど。

**中村**：30年かかっても、まだまだ。

**中嶋**：まだまだ終わらないですね。まあでも、焦らずのんびりと。別にオーソリティーになりたい訳ではないですから。

**中村**：止める訳にはいかないですね。これをお読みいただいている皆様から「これを持ってる」とか「こんなの出てますよ」という報告がありましたら。

**中嶋**：あったら嬉しいですねー。実はある球団のファンが個人運営しているサイトに、私の持ってない盤が掲載されてるんですね。書籍化にあたってそういう人たちにコンタクトをとって協力してもらおうかどうか考えてたんですよ。

**中村**：ディスクガイドを作る時って、どうしてもコンプリートという概念に囚われてしまうんですよね。アレがない、コレがないって。

**中嶋**：だから今回の本も、野球レコードをすべて網羅してるわけではない。

**中村**：そうです。

**中嶋**：あくまで「プロ野球　音の球宴」（でかかる曲）のガイドであって、野球レコードのパーフェクトガイドではないんです。ものすごく偏りがあるというか。でも、意外な人物が楽曲制作に関わっている曲だとか、ジャケから想像も付かないようなフロア映えする曲など、その制作の背景を想像す

るだけでも楽しい、企画モノならではの〈語りシロ〉のある楽曲を中心に掲載しようと。それと、この本では楽曲を一軍パート・二軍パートとして紹介してますけど、それはあくまでも紙幅の関係でして、二軍掲載の曲だって実力者揃いである事は強調しておきたいですね。

中村：だから野球レコードという面では抜けはあるし、すべてを網羅することはできない。あくまでも「音球」の活動として現時点で「ここまで集めてきましたよ」という一区切りの報告であって。

中嶋：そうですね。現時点の成果発表です。木田のシングルだって、目標としている背番号にちなんだ16枚収集も、まだコンプリートできてないんで（笑）。

中村：そもそも「音球」にとっての野球レコードの概念というか守備範囲で言うと、球団歌、選手歌唱、球団や選手に対する個人的な応援歌、プロ野球以外の野球モノ……。

中嶋：そうですね、広い意味で野球をテーマにしたテレビ・アニメ・ドラマなども入ります。

中村：それと「家族モノ」になります。中嶋さんから「家族モノ」について説明してもらっていいですか？

中嶋：昔は野球選手の結婚相手ってCAさんと相場が決まっていましたけど、ある時期からタレントだったりアナウンサーだったり、アイドルと結婚する輩が出てきて（笑）。

中村：ヤクルトの選手とフジテレビのアナウンサーとか。

中嶋：収集が頭打ちだったある時、「そうだ、アイドルと結婚した選手がいるんだったら、そのアイドルが出したレコードだって野球関連と言っていいんじゃないか」と思い付いて、それで3親等くらいまでの関係は有りと強引に定義したんです。

中村：将来的に孫や曽孫まで広がってしまうと追い切れないですけど、今だったらまだ把握できますもんね。

中嶋：それと今回のディスクガイドには選手の父親が出したCDも2枚掲載しています。ドラゴンズの山本昌のお父さんと松井秀喜のお父さん。

中村：いいですねー。ちなみに兄弟モノってありますか？

中嶋：それこそ金田星雄はカネやん（金田正一）の弟です。

中村：例えばアニロー（イチローの兄）がレコード出してるとか（笑）。

中嶋：アニローはDJ HONDAと関わってた時期があるから、出してたらいいですね（笑）。

中村：新しい視点から野球レコードを発見してしまいました

ね。

中嶋：とんでもない鉱脈を見つけてしまいました（笑）。続々と増えていきますから。

中村：そうか、そうか。新譜が出ますもんね。

中嶋：アイドルグループって追うのが大変ですよ。

中村：リリースした曲全部が対象になりますからね。

中嶋：そう。キリがない。だからアイドルグループなんかの場合は、レコードなりCDなりで1曲あれば、とりあえずコレクションしたことにしてます。例えば吹石一恵って元近鉄バファローズの吹石徳一の娘なんですけど、彼女って福山雅治と結婚したじゃないですか。そうなると福山雅治も家族モノになってしまう（笑）。あと、郷ひろみも元国鉄スワローズ・中日ドラゴンズの徳武定祐の娘と結婚してるんで、郷ひろみも家族モノになっちゃいましたね。

中村：それはキリないですね。

中嶋：それをコンプリートなんて言っていられないじゃないですか。なので、基本的に家族モノは一人につき最低一枚あれば良しと決めてます。

中村：なるほど、じゃあ本書のディスクガイドに掲載されている家族モノは厳選された一曲ということですね。

中嶋：そうですね。家族モノも〈語りシロ〉のある楽曲を選んだつもりです。

中村：「音球」って掛け値無しに楽しいイベントなんですけど、初めての人にとっては説明が必要な部分もあるので、本日は「音球」の遍歴や選曲のスタンスなどをお聞きできて良かったです。このまえがき対談を念頭にディスクガイドをお読みいただけると、より一層お楽しみいただけると思います。本日はどうもありがとうございました。

中嶋：ありがとうございました。

撮影・録音：有村タカシ
インタビュー：2024年1月22日　東京キララ社にて

Professional Baseball Disc Guide

1軍チーム

# FIRST TEAM

## 001 | 白いボールのファンタジー（マーチ）

全パ・リーグファンにとっての（04年以降は全プロ野球ファンにとっても）アンセムであるパ・リーグ連盟歌のA面曲（歌：演奏トランザム、編曲：チト河内）は、なぜ制作当時市販されなかったのかが不思議に思える名曲だが、音球ではB面のマーチバージョンを。なんとなれば、1・2番のブリッジパートが80年代パ・リーグの試合開始直前のファンファーレに使われていたからである。「エキサイティングリーグ、パ！」のコールとともに音球がスタート。

□ Data

| 作詞 | 中村八大 | 品番 | 17VP-2006 |
|---|---|---|---|
| 作曲 | 田辺信一 | 球団 | パシフィック・リーグ |
| 編曲 | | ジャンル | 公式ソング |
| レーベル | VICTOR | フォーマット | 7" |

## 002 | ザ・ベースボール
スリー・ヤンキース

フジテレビの女子野球番組企画「ニューヤンキース」の選手から3人が選抜されデビュー。ジャニーズ事務所（現・SMILE−UP.）所属で、フジ・ジャニーズ・野球の三点セットというのが今思うと意味深。ジャケ写のバックがブルーシートなのは〈野球場の画像を合成する予定だった（チーム名からしておそらくヤンキースタジアム）が許諾下りず断念〉と推察。ド頭の「プレイボール！」の掛け声が音球の幕開けにジャストミート。

□ Data

| 作詞 | 林春生 | 品番 | C-108 |
|---|---|---|---|
| 作曲 | 佐瀬寿一 | 球団 | |
| 編曲 | エジソン | ジャンル | 野球テーマ |
| レーベル | CANYON | フォーマット | 7" |

## 003 | 恋のブロックサイン
アパッチ

木之内みどり主演の日活映画『野球狂の詩』挿入歌。「おまえが好きだ」と伝達するのにいちいちブロックサインを駆使する厄介男子との恋模様の歌。阿久悠は78年3月発売のピンク・レディー「サウスポー」の作詞に当たり、水島新司作品の「野球狂の詩」の要素も材料にしたと伝えられているが、この曲の発売は77年4月。「野球狂の詩」由来の曲としては「サウスポー」よりこちらが1年早かった。

□ Data

| 作詞 | 伊藤アキラ | 品番 | 06SH 141 |
|---|---|---|---|
| 作曲 | 森田公一 | 球団 | |
| 編曲 | 萩田光雄 | ジャンル | 野球テーマ |
| レーベル | CBS SONY | フォーマット | 7" |

## 004 後楽園で逢いましょう
山崎ミカ

ブロックサインで会話をする厄介男子がここにも。さてはこの男、前出003掲載の「恋のブロックサイン」と同一人物か? デートの待合せは常に後楽園だそうだが、時代的にその試合がジャイアンツ戦なのかファイターズ戦なのかで厄介の度合は変わってくるし、もしも都市対抗野球の常連で一・三塁側のチーム券・応援グッズは必ずゲットするという彼氏ならば、その交際は考えた方がいいよと余計な心配をしてしまうラブソング。画像の異なるジャケ違い盤あり。

□ Data

| 作詞 | 髙田ひろお | 品番 | GK-132 |
|---|---|---|---|
| 作曲 | 古賀郁二 | 球団 | |
| 編曲 | 川上了 | ジャンル | 野球テーマ |
| レーベル | KING | フォーマット | 7" |

## 005 青春ドカベン
斉藤努

あらかじめ運命づけられていたかのような香川伸行の南海ホークス入団。それを寿ぐかのような、華々しいファンファーレのイントロと歌中のドッドコドッドコ鳴っているオクターブ奏法のベースが心地よいファンキーナンバー。歌は当時毎日放送アナウンサーの斎藤努(ジャケ表記は斉藤努)。作詞に石原信一(「ファイターズ讃歌」の作詞)とともにクレジットされている永井正義は、南海ホークスの広報担当・球団部長を歴任し、野球関連の著書も多数残した。

□ Data

| 作詞 | 永井正義／石原信一 | 品番 | DSK-132 |
|---|---|---|---|
| 作曲 | 徳久広司 | 球団 | 南海ホークス |
| 編曲 | 土持城夫 | ジャンル | 選手愛 |
| レーベル | DISCOMATE | フォーマット | 7" |

## 006 ゴーゴーカープ
富永一朗

「カープを優勝させる会」のメンバー、富永一朗の広島カープ応援歌。富永先生の〈野太いのにそれほど声量のない歌声〉と、その歌声に合いの手を入れるかのように絡んでくるブラス・ストリングスの疾走感がたまらない。初期仮面ライダー作品の主題歌でお馴染み、菊池俊輔の素晴らしい仕事。

□ Data

| 作詞 | 有馬三恵子 | 品番 | AT-1125 |
|---|---|---|---|
| 作曲 | 菊池俊輔 | 球団 | 広島東洋カープ |
| 編曲 | 菊池俊輔 | ジャンル | 球団愛 |
| レーベル | TOHO | フォーマット | 7" |

## 007 | ドラゴンズだいすき
森山周一郎・遠山礼子・松坂屋ドラゴンズを優勝させる会

水島新司をして〈野球極道〉と言わしめ（嘘みたいだが本当だ）、マスコミ関係者で結成される「われらマスコミ・ドラゴンズ会（通称マスドラ会）」の2代目会長も務めた森山周一郎だからこそ、「地球が消えても」ドラゴンズが好きだ、という歌詞に説得力が。筆者の所持盤は「ああ、うるわしの名古屋軍」がA面だが、このB面曲をメインとする森山・遠山ご両人の録音風景スナップのジャケ違い盤あり。

□ Data

| 作詞 | 山本正之 | 品番 | 7KA-15 |
|---|---|---|---|
| 作曲 | 山本正之 | 球団 | 中日ドラゴンズ |
| 編曲 | 神保雅彰 | ジャンル | 球団愛 |
| レーベル | MINORU PHONE | フォーマット | 7" |

## 008 | 白いボール
王貞治・本間千代子

発売は当時の年間本塁打日本記録55本達成翌年の65年だが、朝日放送のラジオ番組「ABC子どもの歌」のため、新人だった59年に録音されたという。デュエット相手の本間千代子がパーソナリティーを務めるコミュニティFM番組配信サービス「ミュージックバード」の番組「おはようサタデー」HPに「当初、朝日放送は、長嶋茂雄さんに歌って欲しいと、巨人軍に依頼したのですが、歌に自信のない長嶋さんが新人の王選手を推薦した。」との記述が。

□ Data

| 作詞 | 鶴見正夫 | 品番 | SC-171 |
|---|---|---|---|
| 作曲 | 冨田勲 | 球団 | 読売ジャイアンツ |
| 編曲 | 記載なし | ジャンル | 選手歌唱 |
| レーベル | COLUMBIA | フォーマット | 7" |

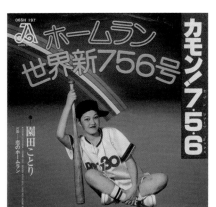

## 009 | カモン！7・5・6
園田ことり

いわゆる〈便乗モノ〉だが、導入部の「セブン・ファイブ・シックス！」の掛け声と裏を刻むハンドクラップ、そこにかぶさるストリングスの絡み、曲ナカのハネたリズムが洒落ている。フジテレビのオーディション番組「君こそスターだ」出身の園田ことりの歌声も〈少しハスキーな麻丘めぐみ〉といった感じ（詞の千家和也と曲・編曲のあかのたちおは麻丘めぐみ作品で一緒に仕事をしている）でとても魅力的。

□ Data

| 作詞 | 千家和也 | 品番 | 06SH 197 |
|---|---|---|---|
| 作曲 | あかのたちお | 球団 | 読売ジャイアンツ |
| 編曲 | あかのたちお | ジャンル | 選手愛 |
| レーベル | CBS SONY | フォーマット | 7" |

## 010 | やったぜ！756
伊東憲二

いわゆる〈便乗モノ〉だが、Aメロパートのドラムがスカのビートに聴こえる青春歌謡。それにしても前出009掲載の「カモン！7・5・6」もそうだが、タイトルや歌詞では〈756〉と謳っていても決して号や本といった本塁打の数に結び付く漢字を使用していないのは大手町方面からのクレーム対策なのだろうか。ジャケットはもう、一目瞭然なのだが。

□ Data

| 作詞 | 星野哲郎 | 品番 | CW-1701 |
|---|---|---|---|
| 作曲 | 石黒ひろかつ | 球団 | 読売ジャイアンツ |
| 編曲 | 小山恭弘 | ジャンル | 選手愛 |
| レーベル | CROWN | フォーマット | 7" |

## 011 | 君は無敵の三冠王
山田太郎

いわゆる〈便乗モノ〉だが、発売年は65年。王貞治ではなく野村克也三冠王達成の便乗モノだった。王貞治の三冠王達成時に、更なる便乗モノとしてこの曲のリメイクを吹き込んだのが、当時は無名の歌手だった山岡英二。後に芸名を変え吉幾三の名で再デビューを果たす。その吉幾三が後年、王貞治への舌禍事件を起こす中畑清に楽曲提供することになるという、巡る野球レコードの因果。

□ Data

| 作詞 | 米山正夫 | 品番 | CW-395 |
|---|---|---|---|
| 作曲 | 米山正夫 | 球団 | 南海ホークス |
| 編曲 | 福田正 | ジャンル | 選手愛 |
| レーベル | CROWN | フォーマット | 7" |

## 012 | でっかくいこうぜ
鏡五郎

ワンちゃんが作詞にもチャレンジ！68年CM放送開始の「森永エールチョコレート」のCMソング発表翌年の発売とあって、この曲はその続編と位置づけていいかも。新室内楽協会の演奏による華々しいオーケストラのイントロから幕を開けて、歌のAパートまでは行進曲だが、ドラムのフィルインを合図に展開するBパートでは一転、寺内タケシとバニーズ「レッツ・ゴー・ブガルー」のようなGS風にリズムがガラッと変化するアレンジがシビレる。

□ Data

| 作詞 | 王貞治／石本美由起 | 品番 | SAS-1367 |
|---|---|---|---|
| 作曲 | 山本直純 | 球団 | 読売ジャイアンツ |
| 編曲 | 記載なし | ジャンル | 選手愛 |
| レーベル | COLUMBIA | フォーマット | 7" |

## 013 | 燃えるホームラン王
灰田勝彦

前出007掲載の森山周一郎の異名〈野球極道〉、その元祖的存在と言える灰田勝彦が自ら作曲した、世界新記録達成を祝福する王選手に捧げる歌。曲の冒頭、ファンに向けた王貞治本人のナボナ・マナーな新記録達成応援御礼挨拶もフィーチャーされているので、いわゆる〈便乗モノ〉などとうかつに言えない。

□ Data

| 作詞 | 南葉二 | 品番 | SV-6316 |
|---|---|---|---|
| 作曲 | 灰田勝彦 | 球団 | 読売ジャイアンツ |
| 編曲 | 寺岡真三 | ジャンル | 選手愛 |
| レーベル | VICTOR | フォーマット | 7" |

## 014 | エイトマン・タツノリ
ビリーとスーパーヒーローズ

ジャイアンツ入団から数年間、原辰徳の打席では外野席からテレビアニメ「エイトマン」主題歌の替え歌が選手応援歌として歌われていたが、この盤との関連性は分からない。にしても、替え歌にもかかわらず、詞、曲・編曲のクレジットが元歌と同じ〈マエタケ&デクさん〉であるのに驚くし、合間に入る「かっとばせー」のコールパートにおけるスラップベースにも驚く。

□ Data

| 作詞 | 前田武彦 | 品番 | ORF-1008 |
|---|---|---|---|
| 作曲 | 萩原哲晶 | 球団 | 読売ジャイアンツ |
| 編曲 | 萩原哲晶 | ジャンル | 選手愛 |
| レーベル | ORANGE HOUSE | フォーマット | 7" |

## 015 | サム
原辰徳

原辰徳のデビューシングル「どこまでも愛」のB面曲。A面曲が〈若大将〉の連想からか、どことなく加山雄三風のスローな曲であるのに対し、こちらは一転して近藤真彦「スニーカーぶる〜す」を連想させるアップテンポなナンバー。サムとは、ジャケ写にも一緒に写っている、原辰徳が飼っていた当時の愛犬の名前。

□ Data

| 作詞 | 山上路夫 | 品番 | 10069-07 |
|---|---|---|---|
| 作曲 | 平尾昌晃 | 球団 | 読売ジャイアンツ |
| 編曲 | 萩原光雄 | ジャンル | 選手歌唱 |
| レーベル | VAP | フォーマット | 7" |

## 016 あこがれの辰徳お兄ちゃん
岡田大介

クリクリ頭の少年が、舌足らずながらも元気よく歌っています。大サビ部など、高低差のあるちょっと難しいメロディーを勢いで乗り切っているところがとてもキュートで素晴らしいですね。岡田大介くん、当時小学校低学年ぐらいだったと思われますが、今頃は40代後半ぐらいの年齢でしょうか。

□ Data

| 作詞 | 鈴木しげる | 品番 | TP-17116 |
|---|---|---|---|
| 作曲 | 小川悠一郎 | 球団 | 読売ジャイアンツ |
| 編曲 | 小山内たけとも | ジャンル | 選手愛 |
| レーベル | TOSHIBA | フォーマット | 7" |

## 017 巨人の好きな子この指とまれ
ジャニーズ少年団

日本テレビの子ども番組「おはよう! こどもショー」の歌のコーナーのために作られた、いかにも児童向け然とした楽曲だが、ジャケに表記のない歌唱担当ジャニーズ少年団のメンバーが松原秀樹・長谷部徹・野村義男・曾我泰久と聞くと、途端に「高中正義」「THE SQUARE」「THE GOOD-BYE」といった名前がどんどん出てきて、まるでクリアしたら勝手にスコアが上がっていくパズルゲームをやっているかのような曲。

□ Data

| 作詞 | 広三四郎 | 品番 | SCS-327 |
|---|---|---|---|
| 作曲 | あかのたちお | 球団 | 読売ジャイアンツ |
| 編曲 | あかのたちお | ジャンル | 球団愛 |
| レーベル | COLUMBIA | フォーマット | 7" |

## 018 燃えろ!少年野球
川上哲治・東京放送児童合唱団

ジャイアンツ退団後、夏休み期間のテレビ番組「NHK少年野球教室」にて講師在任中にリリース。歌詞カードクレジットには川上哲治・歌とあるが実際には歌っておらず、歌は東京放送児童合唱団に任せて川上は野球指導のセリフのみ。打撃指導風景のジャケ写はプライバシー権保護を見事に先取り。なお、ジャケ写で着用しているジャイアンツ風のユニフォームの胸表記はKAWAKAMIと書かれている。

□ Data

| 作詞 | 志賀大介 | 品番 | SCS-406 |
|---|---|---|---|
| 作曲 | 土橋啓二 | 球団 | アマチュア野球 |
| 編曲 | 土橋啓二 | ジャンル | 選手歌唱 |
| レーベル | COLUMBIA | フォーマット | 7" |

## 019 | ジャイアンツ'77
日本人

コーラスが「ジャイアンツ！セブンセブーン！」とリピートするグルーヴィーなトラックにTBS山田二郎アナウンサーの架空実況をオーバー・ダビング。77年開幕直前の発売で、実況もジャイアンツファンの願望を込めた内容だが、この年はリーグ優勝こそ果たしたものの、日本シリーズでは第4戦の簑田浩二の好走塁もあって阪急ブレーブスに敗れたのだった。

□ Data

| 作詞 | | 品番 | DSK-111 |
|---|---|---|---|
| 作曲 | 野村豊 | 球団 | 読売ジャイアンツ |
| 編曲 | 野村豊 | ジャンル | 球団愛 |
| レーベル | DISCOMATE | フォーマット | 7" |

## 020 | ビバ・ジャイアンツ！
中川興一

日本テレビのジャイアンツ応援番組「ビバ！ジャイアンツ」テーマ曲。現在、球場ではジャイアンツが得点した場面でファンがオレンジのタオルを振り回しながら合唱する曲として定着しており、相手チームのファンとしては球場で聴きたくない曲だが、この音盤はイントロ部の高揚感のあるホーンが「ドリフ大爆笑」のオープニングを連想させて、それはそれで良い。

□ Data

| 作詞 | 大津あきら | 品番 | TP-17149 |
|---|---|---|---|
| 作曲 | 鈴木キサブロー | 球団 | 読売ジャイアンツ |
| 編曲 | 小六禮次郎 | ジャンル | 球団愛 |
| レーベル | TOSHIBA | フォーマット | 7" |

## 021 | 行け柳田
矢野顕子

芸能界、歌謡曲のカテゴリーではなく、日本ポップスのカテゴリーから飛び出した野球ソングとして永遠の金字塔。歌詞の〈コップ片手に〉は当初〈グラス片手に〉だったが「少年の野球ファンも聴くのでアルコールを連想させる歌詞はちょっと…」という声もあって差し替えられたとか。リリース直後、雑誌の企画で宮崎キャンプを訪問し柳田本人との対面もあった、と以前雑誌インタビューした際に柳田さんから聞きました。

□ Data

| 作詞 | 矢野顕子 | 品番 | FW-2005 |
|---|---|---|---|
| 作曲 | 矢野顕子 | 球団 | 読売ジャイアンツ |
| 編曲 | 矢野顕子 | ジャンル | 選手愛 |
| レーベル | PHILIPS | フォーマット | 7" |

## 022 | がんばれジャイアンツ!!
アラジン・スペシャル

「魔法のランプ」といった暗喩や〈ムシ声〉コーラスなど、明らかにラジオ深夜番組での話題を狙った下ネタ系アングラソング。ラテンパーカッションのリズムが淫靡なムードを醸し出す。男は堪えなければならない時、ジャイアンツのスタメンオーダー（曲中のオーダーは72年5月9日、神宮球場の対アトムズ戦で実際にあり）をひたすら唱える場面もあるので御座候。なんてな事を考えているうちに、朝だァーーーー!

□ Data

| 作詞 | シロード岡本 | 品番 | 3A-111 |
|---|---|---|---|
| 作曲 | アラジン・スペシャル | 球団 | 読売ジャイアンツ |
| 編曲 | アラジン・スペシャル | ジャンル | 球団愛 |
| レーベル | TRIO | フォーマット | 7" |

## 023 | くたばれジャイアンツ
フィンガー5

歌詞のどこにもプロ野球チームのジャイアンツを連想させる箇所がないので、少年野球の歌かもしれないし、MLBのチームの歌なのかもしれない。フィンガー5のメンバーがどこのチームのファンなのかは寡聞にして知らないが、晃のオフィシャルブログ「山とネコと音楽と!!」の23年10月11日の記事に藤井康雄とのツーショット写真が掲載されている。

□ Data

| 作詞 | 阿久悠 | 品番 | DR-6041 |
|---|---|---|---|
| 作曲 | 都倉俊一 | 球団 | 読売ジャイアンツ |
| 編曲 | 都倉俊一 | ジャンル | アンチもの |
| レーベル | POLYDOR | フォーマット | 7" |

## 024 | HARATATSU-ZOH!
犠牲バンド

勝負弱い・痛いエラー・走塁ミスをしてしまうSuper Rookieを、ストーンズ「ジャンピングジャックフラッシュ」風（「It's a Gas」ではなく「It's a Guts」）に、AメロではRCサクセション「ダーリン・ミシン」風に揶揄する81年発売のR&Rナンバー。タイトルからして誰の事を歌っているのかは明白だが、ジャケ写で顔を隠し、バンドもおそらくは実体のない〈覆面バンド〉。昨今のSNSにおいての匿名による誹謗中傷問題を連想させられる。

□ Data

| 作詞 | 犠牲フライ | 品番 | 7DX-1083 |
|---|---|---|---|
| 作曲 | 犠牲フライ | 球団 | 読売ジャイアンツ |
| 編曲 | 犠牲バンド | ジャンル | アンチもの |
| レーベル | POLYDOR | フォーマット | 7" |

## 025 | 巨人の星江川の歌
篠原勝男

〈江川卓友の会〉なる団体が制作した江川の応援歌。歌詞カードにある篠原勝男のプロフィールを見ると、徳島出身、作曲者の石坂まさを門下生で、デビュー曲「徳島ブルース」が〈四国放送フレッシュパトロールベストテン15週連続第一位続行中〉だそう。江川卓友の会事務局の住所も記載されていたので、グーグルのストリートビューで検索してみたら閉店した風俗店店舗が出てきて驚いた。

□ Data

| 作詞 | 金井夏子／藤村正 | 品番 | FC-1124 |
|---|---|---|---|
| 作曲 | 石坂まさを | 球団 | 読売ジャイアンツ |
| 編曲 | 安形和己 | ジャンル | 選手愛 |
| レーベル | FUNNY CAT | フォーマット | 7" |

## 026 | トラトラ・ロック
中村鋭一・掛布雅之

「掛布と31匹の虫」B面曲。ポップス歌謡調のアップテンポなオケトラックに乗って朝日放送中村鋭一アナが78年のタイガース全選手の名前を背番号順にひたすら読み上げ、曲間に合いの手のように掛布の歌がインサートされるという構成で、ブレイクでの情感たっぷりなギターリフも含めて不思議な感動を覚える。ビーイング黎明期の長戸大幸のイイ仕事。

□ Data

| 作詞 | はらたいら | 品番 | 06SH 282 |
|---|---|---|---|
| 作曲 | 長戸大幸 | 球団 | 阪神タイガース |
| 編曲 | 長戸大幸 | ジャンル | 選手歌唱 |
| レーベル | CBS SONY | フォーマット | 7" |

## 027 | スーパー・タイガー
ラブ・ウイングス

何度かのメンバーチェンジやグループ名変更を経たアイドルグループのラストシングルとなるこの曲は、タイトルや歌詞でははっきりと謳っていないものの、猛虎愛を匂わせているのは明らか。所属の小林事務所は以後、阪神タイガース路線に舵を切る。ラブ・ウィングス解散後、メンバーの平田和子は芸名を〈岡田真弓〉に変更してソロ活動を始める。

□ Data

| 作詞 | 山川啓介 | 品番 | ZEN-11 |
|---|---|---|---|
| 作曲 | 森田公一 | 球団 | 阪神タイガース |
| 編曲 | 松井忠重 | ジャンル | 球団愛 |
| レーベル | ZEN | フォーマット | 7" |

## 028 | ザ・タイガース
岡田真弓

芸名を変更した岡田真弓のソロデビュー曲。ジャケットには〈阪神タイガース応援歌〉と明記され、左下には球団承認マークも。そもそも、この芸名を名乗る以上タイガースを素通りする訳にはいかない。球団応援歌を軸とした、小林事務所と歴代の所属アイドル、そしてタイガースの果てしないサーガはここから始まったと見ていいだろう。

□ Data

| 作詞 | 小林政美 | 品番 | KA-2021 |
|---|---|---|---|
| 作曲 | 若林英一 | 球団 | 阪神タイガース |
| 編曲 | 大垣公光 | ジャンル | 球団愛 |
| レーベル | MINORU PHONE | フォーマット | 7" |

## 029 | 逢えば涙になるけれど
岡田彰布・岡田真弓

小林事務所がタイガースに向けて放つ忍びの者、コードネーム〈岡田真弓〉の次なる忍務はタイガースでレギュラーポジションを獲得した大物若手選手とのデュエットソングのリリース。

□ Data

| 作詞 | 広田文男 | 品番 | KA-2032 |
|---|---|---|---|
| 作曲 | 弦哲也 | 球団 | 阪神タイガース |
| 編曲 | 京健輔 | ジャンル | 選手歌唱 |
| レーベル | MINORU PHONE | フォーマット | 7" |

## 030 | スーパー・タイガー16
田村優

岡田の2年目シーズン、81年5月に発売された応援歌「Let's Go! 岡田」のB面曲。A面は演歌調、B面は明朗なポップス調という構成は77年発売の遠藤良春「GO!GO!掛布」とまったく同じで、4歳下の姉妹曲と言っていいだろう。BS-i(現・BS-TBS)のスポーツ番組「i-SPORTS Heart-Beat Weekend」でデビューした女性歌手・田村優は漢字表記含め同姓同名の別人。

□ Data

| 作詞 | 相川光正 | 品番 | RE-526 |
|---|---|---|---|
| 作曲 | 中山大三郎 | 球団 | 阪神タイガース |
| 編曲 | 西崎進 | ジャンル | 選手愛 |
| レーベル | TEICHIKU | フォーマット | 7" |

## 031 | スーパー阪神タイガース
町田義人

85年のセ・リーグ優勝を記念して制作されたピクチャー盤。猛虎マークがターンテーブル上をグルグル回る様を眺めているだけでも楽しくなる好企画。子供の頃から思っていたのだが、75年に日本ハムファイターズで四番打者だった小田義人は町田義人と漢字が一字違いだ。

□ Data

| 作詞 | 藤原蔵人 | 品番 | EK-8501 |
|---|---|---|---|
| 作曲 | 崎久保吉啓 | 球団 | 阪神タイガース |
| 編曲 | | ジャンル | 球団愛 |
| レーベル | EKSON | フォーマット | 7" |

## 032 | 輝け！青春
藤井次郎

ジャケには「阪神タイガース新応援歌」と銘打たれ、裏面の歌詞カードにも「企画・制作／株式会社 阪神タイガース」と記載されているので、てっきり関西放送局主導の盤ではないと思っていたら、ド頭の「阪神GO！」のコール部分がラジオ野球情報番組「トラ!トラ!トラ!タイガース」のジングルに使用されていたと最近知った。

□ Data

| 作詞 | ゆう三郎 | 品番 | TP-10401 |
|---|---|---|---|
| 作曲 | 高橋城 | 球団 | 阪神タイガース |
| 編曲 | 高橋城 | ジャンル | 球団愛 |
| レーベル | TOSHIBA | フォーマット | 7" |

## 033 | タイガースファンの唄
仁戸田誠

80年代半ばに自宅録音を経験した人なら懐かしさを覚えるであろうFM音源のデジタルシンセにプリセットされた音色をそのままに、「六甲おろし」と「燃えドラ」のマッシュアップを試みるという、耳にした者は世代を問わず微妙な表情になる問題作。コピー紙ジャケにSAMPLEと表記された盤しか見かけた事がないのでてっきり発売されていないと思ったらカセットテープで発売されていました。

□ Data

| 作詞 | 仁戸田誠 | 品番 | WWS-1 |
|---|---|---|---|
| 作曲 | 松田晃 | 球団 | 阪神タイガース |
| 編曲 | 岡本洋 | ジャンル | 球団愛 |
| レーベル | WEST WINGS | フォーマット | 7" |

## 034 燃えろ！タイガース
橋本ひろしと若虎家族

アンディ小山が79年に発売した曲のカバーだが、橋本ひろしの〈ルイ・アームストロングが相撲の行司のモノマネをしながら歌っている〉かのような独特過ぎる節回しが聴いててクセになるキングレコードの委託製作盤。ジャケ写は一見〈富士山の麓で撮った集合写真〉だが、よくよく見ると富士山も周囲の木々も合成写真。

□ Data

| 作詞 | 高田直和 | 品番 | NCS-1870 |
|---|---|---|---|
| 作曲 | 梅谷忠洋 | 球団 | 阪神タイガース |
| 編曲 | 山田年秋 | ジャンル | 球団愛 |
| レーベル | KING | フォーマット | 7" |

## 035 進め！タイガース
アートボーン・チビッコ合唱団とサウンド・フォー

中村鋭一「タイガース音頭」B面曲。アートボーン・チビッコ合唱団の歯切れの良い歌唱による「トゥダン（ツーアウトの意）」「逆転さようなら」の歌詞が味わい深い。キダ・タローによるA面曲も、鋭ちゃんの葬儀の際に鎮魂歌として同曲を流したというエピソードも含めて最高だ。

□ Data

| 作詞 | 橋本博夫 | 品番 | AT-4005 |
|---|---|---|---|
| 作曲 | 橋本博夫 | 球団 | 阪神タイガース |
| 編曲 | 大垣公光 | ジャンル | 球団愛 |
| レーベル | TOHO | フォーマット | 7" |

## 036 やっぱり阪神タイガース
オレンジ・ギャルズ

小林事務所がタイガースに向けて放つ忍びの者、第二陣は二人組。ラテンアレンジの曲に乗せ、ニッコリ笑顔でピースサインしながら「ついでに巨人もつぶしちゃえ」などと物騒な事をおっしゃる。とは言え、タイガースの応援歌を歌うユニット名をつぶしてほしい球団のチームカラーにしてしまったのは、さすがにまずかったのでは。

□ Data

| 作詞 | 高田直和 | 品番 | KA-2137 |
|---|---|---|---|
| 作曲 | 梅谷忠洋 | 球団 | 阪神タイガース |
| 編曲 | 竜崎孝路 | ジャンル | 球団愛 |
| レーベル | MINORU PHONE | フォーマット | 7" |

## 037 | 阪神が負けたというのに
リリアン

京橋グランシャトーのCM出演など、関西人なら知らぬ者はいないタレント、リリアンが自虐的タイガース愛を盛り場の人間模様・恋模様に絡めて歌う。AOR風から三連のブレイクの後、曲調は一転してビゼー「アルルの女／ファランドール」を思わせる行進曲に。リリアンのエコー過剰なアドリブ混じりの絶叫の混沌ぶりは、86年以降のタイガースの暗黒時代を予言していたかのよう。

□ Data

| 作詞 | NOB&SHŪ | 品番 | 07TR-1144 |
|---|---|---|---|
| 作曲 | 山崎稔 | 球団 | 阪神タイガース |
| 編曲 | 山崎稔 | ジャンル | 球団愛 |
| レーベル | TAURUS | フォーマット | 7" |

## 038 | ジャニスを聴きながら
江本孟紀

江本孟紀の3枚目のシングル、入江マチ子とのデュエット曲「恋する御堂筋」のB面曲。あおい輝彦も歌った荒木一郎の名曲をエモやんもカバー。歌詞はあおいバージョンを踏襲。

□ Data

| 作詞 | 荒木一郎 | 品番 | UC-78 |
|---|---|---|---|
| 作曲 | 荒木一郎 | 球団 | 阪神タイガース |
| 編曲 | 藤山節雄 | ジャンル | 選手歌唱 |
| レーベル | UNION | フォーマット | 7" |

## 039 | ビギン・ザ・ビギン
レジー・スミス

タイガース関連が続いたので、ここでタイガース、というよりタイガースファンと因縁のある（何の事か分からない人は文春文庫ビジュアル版「助っ人列伝」をご一読ください）レジー・スミスの2枚目のシングル曲。コール・ポーターの名曲をフリオ・イグレシアスのバージョンに近いアレンジで。松山千春と親交があったとかで、VAPではなくNEWSからのリリースもなるほど頷ける。

□ Data

| 作詞 | コール・ポーター | 品番 | 7SP-0003 |
|---|---|---|---|
| 作曲 | コール・ポーター | 球団 | 読売ジャイアンツ |
| 編曲 | 森一美 | ジャンル | 選手歌唱 |
| レーベル | NEWS | フォーマット | 7" |

## 040 | セクシー・ユー（モンロー・ウォーク）
小 定岡正二

アルバム「ヤング・ジャイアンツ 歌の球宴」より、南佳孝の
6枚目のシングルを郷ひろみが「セクシー・ユー（モンロー・
ウォーク）」のタイトルでカバーしたバージョンを定岡正二が
カバー。ふう、ややこしい。何の衒いも感じさせぬ歌いっぷり
は、入団時に長嶋監督から背広をプレゼントされ顔を紅潮さ
せていた少年がここまで堂々と…と思わずにいられない。

□ Data

| 作詞 | 来生えつこ | 品番 | 30022-25 |
|---|---|---|---|
| 作曲 | 南佳孝 | 球団 | 読売ジャイアンツ |
| 編曲 | 角田圭伊悟 | ジャンル | 選手歌唱 |
| レーベル | VAP | フォーマット | LP |

## 041 | 冬のリヴィエラ
小 駒田徳広

アルバム『'84ヤングジャイアンツ 歌の球宴』より、森進一
のヒット曲のカバー。2012年の東京野球ブックフェアでの
トークイベントで「横原寛己のカーステレオで聴いて気に
入った曲」としてコンセントピックス「顔」を挙げ来場者をの
けぞらせた駒田徳広だけあって、カバーの選曲も一味違う
…と思わずにいられない。

□ Data

| 作詞 | 松本隆 | 品番 | 30135-25 |
|---|---|---|---|
| 作曲 | 大瀧詠一 | 球団 | 読売ジャイアンツ |
| 編曲 | 吉田満 | ジャンル | 選手歌唱 |
| レーベル | VAP | フォーマット | LP |

## 042 | 泣かないで
小 小林繁

小林のセカンドアルバム『JOYFUL TIME』より、舘ひろし
のヒット曲のカバー。シングルでは演歌・ムード歌謡系の楽
曲が多い小林繁だが、どちらかと言うと歌声としてはこのよう
なポップス系の曲の方がしっくりくるのでは？ と思わせるほ
ど艶がある。この傾向の曲をもっと聴きたかったです。

□ Data

| 作詞 | 今野雄二、宮原芽映 | 品番 | C28A0392 |
|---|---|---|---|
| 作曲 | 舘ひろし | 球団 | 阪神タイガース |
| 編曲 | 竜崎孝路 | ジャンル | 選手歌唱 |
| レーベル | CANYON | フォーマット | LP |

## 043 | How many いい顔
中田良弘

LP『阪神タイガース 歌の球宴』収録。郷ひろみによるカネボウ化粧品キャンペーンソングのカバー。聴き手を困惑させる、終始フラット気味の歌声が聴きどころ。編曲クレジットの鳥山雄司にのけぞった。

□ Data

| 作詞 | 阿木燿子 | 品番 | KC-9524 |
|---|---|---|---|
| 作曲 | 網倉一也 | 球団 | 阪神タイガース |
| 編曲 | 鳥山雄司 | ジャンル | 選手歌唱 |
| レーベル | MINORU PHONE | フォーマット | LP |

## 044 | …洋子'99
藤井康雄

尾崎和行&コースタルシティの世界歌謡祭グランプリ曲をカバー。リズムアレンジなどオリジナルとはかなり異なるからか曲タイトルに〈'99〉が付け加えられた模様。実家がカラオケ喫茶を経営していて、同僚だった某元選手も「マイクを握ったら離さないタイプ」と証言するだけあって、とてものびやかで安定感のある歌唱。

□ Data

| 作詞 | 尾崎和行 | 品番 | BSCP-9902 |
|---|---|---|---|
| 作曲 | 尾崎和行 | 球団 | オリックスブルーウェーブ |
| 編曲 | 周防泰臣 | ジャンル | 選手歌唱 |
| レーベル | BLUE STAR | フォーマット | CD |

## 045 | （山本浩二のテーマ）行け！スーパー・ヒーロー
深水無門

アメリカのバンド、バッキンガムズが67年に発表した「スーザン」に〈山本浩二のテーマ〉と銘打ち日本語詞を付けたカバー曲。オリジナルのビートルズ「ア・デイ・イン・ザ・ライフ」に似たオーケストラの不協和音パートを広島市民球場の応援風景の生録に差し替えるという大胆さ。山下達郎のラジオ番組「サンデー・ソングブック」でも話題に。

□ Data

| 作詞 | Holvay / Beisbier / Guercio | 品番 | GK-344 |
|---|---|---|---|
| 作曲 | Holvay / Beisbier / Guercio | 球団 | 広島東洋カープ |
| 編曲 | 北島健二 | ジャンル | 選手愛 |
| レーベル | KING | フォーマット | 7" |

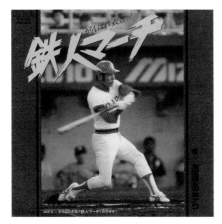

## 046 鉄人マーチ
遠藤あきら

東八郎が晩年に開いた芸能人養成塾「笑塾」に所属し、東の内弟子だった遠藤あきら。GSバンド、ブルー・シャルム出身で「笑塾」の音楽プロデューサーだった泉八汐。この盤は東の関係者を中心に作られた形跡がある。歌詞カードに「合唱／千束合唱団」の表記。浅草の千束は東の地元、息子の東MAXは当時15歳。「かっとばせー、サーッチッオッ」のコーラスに参加していた可能性もMAX。ちなみに現在、遠藤は吉幾三の専属司会者を務めている。

□ Data

| 作詞 | 広田文男 | 品番 | RHS-188 |
|---|---|---|---|
| 作曲 | 泉　八汐 | 球団 | 広島東洋カープ |
| 編曲 | 池多孝春 | ジャンル | 選手愛 |
| レーベル | RCA | フォーマット | 7" |

## 047 燃える赤ヘル僕らのカープ
事崎正司

詞、曲、編曲、歌手のスタッフを広島県出身者で固めた、球場ではおなじみの名曲。テレビ番組のサントラなどでシンフォニック調のサウンドに定評のある横山作品だけあって、イントロ部はすぎやまこういち「帰ってきたウルトラマン」主題歌を想起させ勇壮かつ軽快。事崎はこれが歌手デビュー作。現在は加納ひろしと改名、歌手活動を続けている。

□ Data

| 作詞 | 石本美由起 | 品番 | AK-123 |
|---|---|---|---|
| 作曲 | 横山菁児 | 球団 | 広島東洋カープ |
| 編曲 | 横山菁児 | ジャンル | 球団愛 |
| レーベル | COLUMBIA | フォーマット | 7" |

## 048 行くぞ大洋
大洋ホエールズ選手・三鷹淳とチャッピーズ

川崎球場をフランチャイズにしていた77年に発売された球団歌。行進曲だが、悲壮感がなく温暖な南関東のチームにふさわしい悲壮感のない、大らかで朗らかな曲調。翌78年から横浜スタジアムへ移転、チーム名も横浜大洋ホエールズに変更された際にジャケ写も新ユニフォームのものに差し替えられた。ハマスタ・草薙球場の2バージョンがある。

□ Data

| 作詞 | 能丸武 | 品番 | AK-55 |
|---|---|---|---|
| 作曲 | 三鷹淳 | 球団 | 大洋ホエールズ |
| 編曲 | 佐伯亮 | ジャンル | 公式ソング |
| レーベル | COLUMBIA | フォーマット | 7" |

## 049 | BE A HERO
CRAZY KEN BAND featuring 小野瀬雅生

筋金入りの熱狂的なホエールズ〜ベイスターズファンで知られる、クレイジーケンバンドのギタリスト・小野瀬雅生のボーカルをフィーチャー。アメリカドラマのオープニング曲を想起させる、スカッと明るいナンバー。

☐ Data

| 作詞 | 小野瀬雅生 | 品番 | DJ21-1012 |
|---|---|---|---|
| 作曲 | 小野瀬雅生 | 球団 | 横浜ベイスターズ |
| 編曲 | 記載なし | ジャンル | 公式ソング |
| レーベル | DOUBLE JOY | フォーマット | CD |

## 050 | 夜空の港☆星
The BayRex

加山雄三「夜空の星」の替え歌によるベイスターズ応援歌。00年に元・オフコースの鈴木康博が立ち上げに参画したレーベル、ダブルネックレコードからも発売され（商品番号DNCS-2003）、ネット上では「06年6月6日のイースタン・リーグ、シーレックス対イーグルス戦で入場者に配られた」という記述もあるが、詳細不明。

☐ Data

| 作詞 | 岩谷時子／星みなと | 品番 | BRT-0001 |
|---|---|---|---|
| 作曲 | 弾厚作 | 球団 | 横浜ベイスターズ |
| 編曲 | 記載なし | ジャンル | 球団愛 |
| レーベル | BayRex Tracks | フォーマット | CD |

## 051 | 横浜Boy Style
CoCo

92年のオフ、翌年より球団名を横浜大洋ホエールズから横浜ベイスターズへの改称が決まったのとほぼ同時期に球団イメージソングとして発売された。カップリング曲「WINNING（横浜Bay Stars応援歌）」には佐々木主浩・石井琢朗など6選手がコーラスに参加。折り畳み式の特殊紙パッケージ内にレコーディング風景の写真も掲載。

☐ Data

| 作詞 | 及川眠子 | 品番 | PDCA-00383 |
|---|---|---|---|
| 作曲 | 後藤次利 | 球団 | 横浜ベイスターズ |
| 編曲 | 後藤次利 | ジャンル | 公式ソング |
| レーベル | PONY CANYON | フォーマット | CDS |

## 052 熱き星たちよ〜2014ヴァージョン〜

中畑清・三浦大輔・金城龍彦・久保康友・石川雄洋・黒羽根利規・三嶋一輝・Tブランコ・Aバルディリス

横浜ベイスターズ誕生を機に制定された新球団歌。2012年、球団名が横浜DeNAベイスターズとなった際に監督と複数の主力選手による歌唱バージョンが作成され、その後は毎年のように参加選手を入れ替えて制作されている。

□ Data

| 作詞 | 秋谷銀四郎 | 品番 | DMCA-30579 |
|---|---|---|---|
| 作曲 | 朝倉紀幸 | 球団 | DeNAベイスターズ |
| 編曲 | Maesttro-T | ジャンル | 選手歌唱 |
| レーベル | PONY CANYON | フォーマット | CD |

## 053 break new ground

佐々木主浩

ベイスターズからMLBのシアトル・マリナーズへ移籍した00年にリリースされた小室哲哉提供曲。95年、佐々木は32セーブを挙げ、以降4年連続セーブ王となり、同時期の小室はプロデュースしたアーティストがすべてミリオンセラーの大ヒットを記録。各々が球界・日本音楽界の寵児として君臨したピーク曲線がほとんど一致。この組み合わせ、90年代中期から00年代初頭という時代を象徴しているかのよう。

□ Data

| 作詞 | maedatakahiro | 品番 | AVDD-20351 |
|---|---|---|---|
| 作曲 | 小室哲哉 | 球団 | 横浜ベイスターズ |
| 編曲 | 小室哲哉 | ジャンル | 選手歌唱 |
| レーベル | AVEX TRAX | フォーマット | CDS |

## 054 自由の女神

池山隆寛

アルバムCD『TO THE TOP VICTORY ROAD』収録。053掲載の「break new ground」同様、小室哲哉提供曲だがリリース年は1993年という事で、曲調はTKサウンドではなく「PATi・PATi」世代に届く〈EPICサウンド〉という印象。作詞はハルメンズやパール兄弟、現・ジョリッツのサエキけんぞう。

□ Data

| 作詞 | サエキけんぞう | 品番 | TOCT-8267 |
|---|---|---|---|
| 作曲 | 小室哲哉 | 球団 | ヤクルトスワローズ |
| 編曲 | 小室哲哉 | ジャンル | 選手歌唱 |
| レーベル | TOSHIBA EMI | フォーマット | CD |

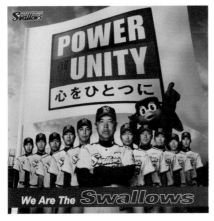

## 055 | We Are The Swallows
林田健司

ヤクルト球団設立40周年を記念して制作された応援ソング。09年の発表時から2年を経て正式に発売された。林田健司によるハウス系の曲で。「$10」や「青いイナズマ」などSMAPへの楽曲提供で知られるが、少年時代はハードロック好きで、後半の「Go! Go! Go! Swallows!!」のコーラスに続けてワンフレーズだけ入るギターの音色にその片鱗がうかがえる。

□ Data

| 作詞 | 林田健司 | 品番 | FONTZ-1 |
|---|---|---|---|
| 作曲 | 林田健司 | 球団 | ヤクルトスワローズ |
| 編曲 | 林田健司 | ジャンル | 公式ソング |
| レーベル | DAIKI | フォーマット | CD |

## 056 | 西武鉄道社歌
西武鉄道従業員組合

「果たしてこれは野球ソングなのか？」というツッコミはさて置き、続く楽曲の前フリとしてご容赦いただきたい。「阪神タイガースの歌」「巨人軍の歌」「栄冠は君に輝く」などの野球ソングを残した古関裕而はまた、数多くの社歌を作曲しており、こちらもその中の1曲。

□ Data

| 作詞 | 門田ゆたか | 品番 | |
|---|---|---|---|
| 作曲 | 古関裕而 | 球団 | 西武ライオンズ |
| 編曲 | | ジャンル | 親会社 |
| レーベル | | フォーマット | SONO |

## 057 | 地平を駆ける獅子を見た
松崎しげる

ポップス調の球団歌の登場は、それまでの「プロ野球の球団歌と言えば行進曲」というイメージを払拭するものでとても新鮮だった。もっとも、80年代から90年代初頭にかけてのライオンズ黄金時代に首都圏在住だった他のパ・リーグ球団ファンからすれば、関連のデパート・スーパーで毎年秋口に嫌というほど聴かされた苦い思い出が甦り、複雑でもある。

□ Data

| 作詞 | 阿久悠 | 品番 | VIH-1043 |
|---|---|---|---|
| 作曲 | 小林亜星 | 球団 | 西武ライオンズ |
| 編曲 | 高田弘 | ジャンル | 公式ソング |
| レーベル | VICTOR | フォーマット | 7" |

## 058 近鉄バファローズの歌
クール・ボナール

いわゆる〈レイルウェイズ〉ゾーンへ。この曲の特徴として、演奏時間の短さが挙げられる。なんと、1分39秒。パンクバンド並みの短さである。コーラスグループのクール・ボナール、演奏の居上博とファイン・メイツはどちらも主に関西を中心に活動、居上博とファイン・メイツはビッグバンドとして昭和の時代には数々の歌謡番組で演奏を担当。

□ Data

| 作詞 | 竹中郁 | 品番 | SOLB-335 |
|---|---|---|---|
| 作曲 | 米山正夫 | 球団 | 近鉄バファローズ |
| 編曲 | キダ・タロー | ジャンル | 公式ソング |
| レーベル | CBS SONY | フォーマット | 7" |

## 059 阪急ブレーブス応援歌
ロイヤル・ナイツ

「はーれたーるあおーぞらー」の歌い出しでお馴染みの「応援歌」は60年代、B面収録の3代目球団歌「阪急ブレーブス団歌」は50年代後半に発売された。しかし、ロイヤル・ナイツによる新録音で商品化されたのは78年と、約20年を経てからだった。この時期に各球団が球団歌や応援歌をこぞって発売したため、それに触発されたからであろう。

□ Data

| 作詞 | サトウハチロー | 品番 | AT-4072 |
|---|---|---|---|
| 作曲 | 藤山一郎 | 球団 | 阪急ブレーブス |
| 編曲 | 神保正明 | ジャンル | 公式ソング |
| レーベル | TOHO | フォーマット | 7" |

## 060 南海ホークスの歌
サウンドフォア

南海電鉄社内報「南海人」75年6月号付録のソノシート盤。灰田勝彦のオリジナル録音のSP盤、東京混声合唱団が歌う88年のカセットテープはどちらもビクターだが、この盤はキングの製作。名門チーム球団歌の7インチ盤が存在しないのは残念でならない。ビクターエンタテインメント様、灰田のオリジナル版とカセット版のカップリングによる7インチ盤の発売、どうかご検討ください。

□ Data

| 作詞 | 佐伯孝夫 | 品番 | WS-204 |
|---|---|---|---|
| 作曲 | 佐々木俊一 | 球団 | 南海ホークス |
| 編曲 | 中元経一 | ジャンル | 公式ソング |
| レーベル | KING | フォーマット | SONO |

## 061 | SKY
MEGA STOPPER

04年のプロ野球再編問題を経て翌年誕生したオリック
ス・バファローズの球団歌。本曲を収録するミニアルバ
ム『ORIX Buffaloes SONGS』は収録曲を変えなが
らシリーズ化され、6枚発売されている（画像は『ORIX
Buffaloes SONGS 2』）。

□ Data

| 作詞 | MEGA STOPPER | 品番 | BS-002 |
|---|---|---|---|
| 作曲 | MEGA STOPPER | 球団 | オリックス・バファローズ |
| 編曲 | | ジャンル | 公式ソング |
| レーベル | オリックス野球クラブ株式会社 | フォーマット | CD |

## 062 | ドリーム＆パワー
イエスマン・ブギー・バンド フィーチャリング JUN

99年、近鉄バファローズから大阪近鉄バファローズとチー
ム名を改めた2年後に新たな応援歌として発売。イエスマ
ン・ブギー・バンドは、越前屋俵太監督作品の映画『ザ・ハー
トマン』の音楽を担当。ボーカルを担当したJUNはシンガー
ソングライターの北野淳で、エースコック「わかめラーメン」
のCMソングを歌った人物。

□ Data

| 作詞 | 岡田誠司 | 品番 | COCA-15389 |
|---|---|---|---|
| 作曲 | 岡田誠司 | 球団 | 大阪近鉄バファローズ |
| 編曲 | 土井淳 | ジャンル | 公式ソング |
| レーベル | COLUMBIA | フォーマット | CD |

## 063 | レッド de ハッスル
大西ユカリと新世界

03年、大阪近鉄バファローズの「レッド de ハッスル」キャ
ンペーンにより制作された応援ソング。画像はプロモーショ
ンビデオが収録されたCDエクストラ仕様。カラオケを含む2
曲収録で500円の廉価盤（ジャケ違い）もあり。

□ Data

| 作詞 | キュサマ☆ワカルフ | 品番 | BSCL-35012 |
|---|---|---|---|
| 作曲 | ババダイスケ | 球団 | 大阪近鉄バファローズ |
| 編曲 | | ジャンル | 公式ソング |
| レーベル | SUBSTANCE | フォーマット | CD |

## 064 ファイターズ讃歌
ささきいさお／こおろぎ'73

発売当時、球団はファンクラブ「少年ファイターズ会」を立ち上げて間もなく、子どもファン獲得に試行錯誤していた。一般公募により特撮・アニメ主題歌風に振り切った〈球団歌〉として「それゆけぼくらのファイターズ」を発表したが、当初から大人のみならずターゲットの子どもからもB面曲の「ファイターズ讃歌」が好評で、発表から約30年を経て正式に球団歌に昇格する。

□ Data

| 作詞 | 石原信一 | 品番 | SCS-360 |
|---|---|---|---|
| 作曲 | 中村泰士 | 球団 | 日本ハムファイターズ |
| 編曲 | 高田弘 | ジャンル | 公式ソング |
| レーベル | COLUMBIA | フォーマット | 7" |

## 065 若い明日
倍賞千恵子・ボニージャックス

「果たしてこれは野球ソングなのか？」というツッコミはさて置き、商号が「日本ハム株式会社」となってから10周年を記念して制作されたという社歌は、キングオーケストラのグルーヴィーな演奏に乗って倍賞千恵子とボニージャックスの豪華な顔ぶれが歌う。「販路をひろく」「のばせ社業を」など、歌詞のワードにも球団買収へ向けての勢いを感じさせる。

□ Data

| 作詞 | 田島邦彦 | 品番 | NCS-487 |
|---|---|---|---|
| 作曲 | 宮川とし乎 | 球団 | 日本ハムファイターズ |
| 編曲 | 原田良一 | ジャンル | 親会社 |
| レーベル | KING | フォーマット | 7" |

## 066 ハムリンズのうた
薮内麻理

日本ハムのマスコットキャラクターによるCMソング。一時期、スーパーの精肉コーナーでヘビーローテーションされていたのでご存じの方も多いと思う。CDは製品キャンペーンの当選者に送られた非売品だが、15年発売のコンピレーション・アルバム『スーパー☆フード・ソング〜スーパーで流れるスーパー・キャッチーな食育ソング!?〜』に収録されている。

□ Data

| 作詞 | BEST PROJECT | 品番 | |
|---|---|---|---|
| 作曲 | 平井泰三 | 球団 | 日本ハムファイターズ |
| 編曲 | 記載なし | ジャンル | 親会社 |
| レーベル | NIPPONHAM | フォーマット | CD |

## 067 | 張本勲選手のお話
張本勲

75年に少年ファイターズ会の入会特典として配布されたソノシート盤「ぼくらのファイターズ」B面収録の「張本勲選手のお話」。「私の信条は〈人の話を聞く〉ことに置いています」「皆さんも知らないことは何でも質問し、覚えることです。決して恥ずかしいことでないのです。知りもしないのに知っているような顔をするのほど恥ずかしいことはありません」「〈人の話に耳を傾ける〉、これが私の人生哲学です」と説く張本選手のお話が聴ける。

□ Data

| 作詞 | | 品番 | |
|---|---|---|---|
| 作曲 | | 球団 | 日本ハムファイターズ |
| 編曲 | | ジャンル | 選手コメント |
| レーベル | ASAHI SONORAMA | フォーマット | SONO |

## 068 | 最後に笑えたらいいね
新庄剛志

「第Ⅱ章〜True Love〜」カップリング曲。「ピタゴラスイッチ」でおなじみの栗コーダーカルテット・栗原正己作曲。大サビで新庄の歌声を追いかける形で鳴り響くピッコロトランペット。ザ・ビートルズ「ペニー・レイン」の間奏のトランペットソロを想起させ、この曲に漂う祝福ムードを演出。

□ Data

| 作詞 | 小泉長一郎 | 品番 | CODA-389 |
|---|---|---|---|
| 作曲 | 栗原正己 | 球団 | 阪神タイガース |
| 編曲 | 小川類 | ジャンル | 選手歌唱 |
| レーベル | COLUMBIA | フォーマット | CDS |

## 069 | 天使というより魔法使い
栗山英樹

〈四季〉をテーマにしたミニアルバム『フォー・シーズンズ』の1曲目。収録曲のほとんどを、大瀧詠一に影響を受けたという岩崎元是が手掛けており、特にこの曲は〈栗山さんは天然色〉としか言いようのない出来栄え。歌詞ブックレットの表3には〈上半身裸で森林浴する栗山〉の画像。何とも趣のあるショットだ。

□ Data

| 作詞 | 岩崎元是 | 品番 | BRCA-5004 |
|---|---|---|---|
| 作曲 | 岩崎元是 | 球団 | ヤクルトスワローズ |
| 編曲 | 岩崎元是 | ジャンル | 選手歌唱 |
| レーベル | UBAR | フォーマット | CD |

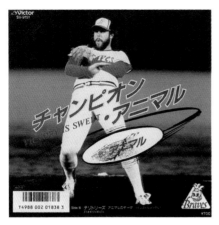

## 070 | チャンピオン・アニマル
アニマル

本名はブラッドリー・ジェイ・レスリー、登録名〈アニマル〉。雄叫びを上げるなどマウンド上での派手なパフォーマンスで人気者となった阪急ブレーブスのストッパーにゴダイゴのミッキー吉野やトミー・スナイダーが楽曲提供。爽快なパワーポップに仕上がっている。

□ Data

| 作詞 | トミー・スナイダー | 品番 | SV-9151 |
|---|---|---|---|
| 作曲 | ミッキー吉野 | 球団 | 阪急ブレーブス |
| 編曲 | 岩本正樹 | ジャンル | 選手歌唱 |
| レーベル | VICTOR | フォーマット | 7" |

## 071 | YES, YOU WIN
早見優

阪急ブレーブスのイメージソングとして83年に制作されたが、その当時は発売されなかった。02年発売の5枚組CDボックス『ぼくらのベスト 早見優 CD-BOX』に初収録。ただし、関西テレビのブレーブス戦中継のジングルで流れたバージョンとは歌詞が異なり、阪急の「は」の字もないのが残念。

□ Data

| 作詞 | 三浦徳子 | 品番 | PCCA-01712-5 |
|---|---|---|---|
| 作曲 | 小林亜星 | 球団 | 阪急ブレーブス |
| 編曲 | 若草恵 | ジャンル | 球団愛 |
| レーベル | PONY CANYON | フォーマット | CD |

## 072 | VICTORY　MARCH
マリンサイド・ウォーカーズJr.

おそらく「ラッキーセブンで流すのに、もう少し現場でのノリの良い曲が必要なのでは」という要請があったので作られたのではと思われる、99年発売のブルーウェーブ応援歌。グリーンスタジアム神戸で、この曲に合わせ互いに手を取って踊るネッピー&リプシーの姿が懐かしい。

□ Data

| 作詞 | 康珍化 | 品番 | 999-0011 |
|---|---|---|---|
| 作曲 | 小室和幸 | 球団 | オリックス・ブルーウェーブ |
| 編曲 | 新川博 | ジャンル | 公式ソング |
| レーベル | オリックス野球クラブ株式会社 | フォーマット | CD |

## 073 | リトル・ネプチューン
### マリン・ウォーカーズ

94年発売の〈ブルーウェーブイメージソング〉。イントロの長さはプロ野球の応援歌として、史上最長を誇るJ-POPテイストのナンバー。

□ Data

| 作詞 | 康珍化 | 品番 | CODC-507 |
|---|---|---|---|
| 作曲 | 小室和之 | 球団 | オリックス・ブルーウェーブ |
| 編曲 | 新川博 | ジャンル | 公式ソング |
| レーベル | COLUMBIA | フォーマット | CD |

## 074 | 明日を見せてやれ
### 渡邊正紀

ブルーウェーブが二軍組織の独立採算化を模索する過程で、穴吹工務店とのネーミングライツ契約がなされ誕生したチーム〈サーパス神戸〉の応援歌。当時の本拠地、あじさいスタジアム北神戸の来場者に抽選で配布された非売品CD。ブルーウェーブ関連の楽曲はどれもJ-POP調のものばかりだ。

□ Data

| 作詞 | 岡康道 | 品番 | MTRZ01 |
|---|---|---|---|
| 作曲 | 榊原大 | 球団 | オリックス・ブルーウェーブ |
| 編曲 | | ジャンル | 公式ソング |
| レーベル | サーパス神戸 | フォーマット | CD |

## 075 | ウイ ラブ マリーンズ
### 唄うマリーンズ

千葉への本拠地移転によりチームの愛称名をオリオンズからマリーンズとしたのをきっかけに制作された球団オフィシャルソング。名義は〈唄うマリーンズ〉だが、歌っているのはサンスターVO5「泣かないで枝毛」など、数多くのCMソングで知られる片山圭山。

□ Data

| 作詞 | 山上路夫 | 品番 | DPDX-5001 |
|---|---|---|---|
| 作曲 | 梅垣達志 | 球団 | 千葉ロッテマリーンズ |
| 編曲 | 梅垣達志 | ジャンル | 公式ソング |
| レーベル | DATAM | フォーマット | CDS |

## 076 すごいドラゴンズの歌-中日ドラゴンズ応援歌-
夏木ゆたか・高信太郎・三遊亭円丈・浅沼道郎

名古屋テレビ放送（メ〜テレ）のドラゴンズ応援情報番組「ドラゴンズ倶楽部」で制作された企画モノで、三好鉄生「すごい男の唄」の替え歌。オリジナル曲の発売は87年だが、ビールのCMソングとしてヒットしたのは91年。替え歌のリリースは88年なので、慧眼と見るか大人の事情と見るか。

□ Data

| 作詞 | 仲畑貴志 替え歌作詞ドラゴンズ倶楽部 | 品番 | CWA-494 |
|---|---|---|---|
| 作曲 | 服部克久 | 球団 | 中日ドラゴンズ |
| 編曲 | D.C.O | ジャンル | 球団愛 |
| レーベル | CROWN | フォーマット | 7" |

## 077 夕焼けのうた
水谷ミミ

曲名からもジャケ写（大須演芸場の舞台!）からも野球ソングの匂いは微塵も感じさせないが、名古屋のローカルタレント、水谷ミミと子どもたちが対話形式でドラゴンズ愛を歌う。ワルツの3拍子とオルガンの音色が、聴き手を不穏な気持ちにさせる。

□ Data

| 作詞 | 伊藤秀志 | 品番 | L-1624 |
|---|---|---|---|
| 作曲 | 伊藤秀志 | 球団 | 中日ドラゴンズ |
| 編曲 | 伊藤秀志 | ジャンル | 球団愛 |
| レーベル | WARNER-PIONEER | フォーマット | 7" |

## 078 男と女のカットバセ！
ジュンとナナ

70年代のドラゴンズの主力投手で、晩年はファイターズにも在籍した三沢淳が野球解説者時代に発売した、女性歌手・小松奈々々とのデュエットソング。ブランデーの香り漂うラテンナンバーでジャケイラストのバーカウンター後方には、当時の主力選手の名前が入ったボトルがズラリ。B面は中京テレビのドラゴンズ応援情報番組「1001%ドラゴンズ」テーマ曲「DRAGONS 竜のテーマ」。

□ Data

| 作詞 | 秋元康 | 品番 | 7K-1001 |
|---|---|---|---|
| 作曲 | 小泉まさみ | 球団 | 中日ドラゴンズ |
| 編曲 | 小泉まさみ | ジャンル | 選手歌唱 |
| レーベル | FOR LIFE | フォーマット | 7" |

## 079 　ドラ・ドラ・ロックンロール
藤本房子

83年発売。中京テレビのドラゴンズ情報番組「週刊ドラド
ラ生放送」テーマソングだそう。シャ・ナ・ナを連想させるポッ
プンロール。ジャケイラストのロンドンブーツを履いた近藤貞
雄やチャック・ベリーばりのポーズをキメる田尾安志がチャー
ミング。手にしているのはペグの数からしてベースだが。

□ Data

| 作詞 | 篠塚愛子 | 品番 | TP-17486 |
|---|---|---|---|
| 作曲 | 佐々木忠孝 | 球団 | 中日ドラゴンズ |
| 編曲 | 武市昌久 | ジャンル | 球団愛 |
| レーベル | TOSHIBA EMI | フォーマット | 7" |

## 080 　新ドラ・ドラ・ロックンロール
玉田真弓

歌手が藤本房子から玉田真弓へ変更して翌年リリース。こ
の年、ドラゴンズ監督に山内一弘が就任。藤本版の歌詞に
「近藤監督」が登場していたため歌詞の手直しがされた結
果、4番までだった前年バージョンから歌詞が追加され6番
にパワーアップ。「上川君」「藤波・川又」など、歌詞に登場
する選手名も増えた。

□ Data

| 作詞 | 篠塚愛子 | 品番 | TP-17652 |
|---|---|---|---|
| 作曲 | 佐々木忠孝 | 球団 | 中日ドラゴンズ |
| 編曲 | 武市昌久 | ジャンル | 球団愛 |
| レーベル | TOSHIBA EMI | フォーマット | 7" |

## 081 　ドラ・ドラ・ロックンロール'85
玉田真弓

歌詞に若干の修正（田尾out・藤王in）がなされた。「週刊ド
ラドラ生放送」を視聴した事がないので、玉田や3年連続で
B面曲「レッツ・ゴー、ドラゴンズ!」を歌う鈴木良一が番組に
どのように関わっていたのか分からない。司会・鈴木、アシス
タント・玉田かと思ったが違う模様。1年を経た玉田の風貌
の変化同様、謎である。

□ Data

| 作詞 | 篠塚愛子 | 品番 | TP-17724 |
|---|---|---|---|
| 作曲 | 佐々木忠孝 | 球団 | 中日ドラゴンズ |
| 編曲 | 武市昌久 | ジャンル | 球団愛 |
| レーベル | TOSHIBA EMI | フォーマット | 7" |

## 082 | 熱血大島ぶちかませ
ザ・ドーナッツ

冒頭に入る実況は後藤紀夫、歌の双子姉妹・ザ・ドーナッツは「ラジオ朝市」アシスタントと〈CBCラジオ案件〉だが、歌詞カードを見ていたら右下の〈担当ディレクター・小杉理宇造〉のクレジットに気付いて、大島さんが自身のブログでSMAPの大ファンと公言していたのを思い出し、「あっ」と声が出た。

□ Data

| | | | |
|---|---|---|---|
| 作詞 | 手塚ともかず | 品番 | RVS-1117 |
| 作曲 | 手塚ともかず | 球団 | 中日ドラゴンズ |
| 編曲 | いしだかつのり | ジャンル | 選手愛 |
| レーベル | RCA | フォーマット | 7" |

## 083 | 夢は1001、ドラゴンズ
たいらいさお

星野仙一が古巣・ドラゴンズの監督に就任した87年発売「燃えよドラゴンズ!! '87」B面曲。70年代にチームの看板エースとして活躍した大スター・星野の監督誕生の歓びに、何だかもう居ても立ってもいられないんだよ! という張りが歌詞・メロディ・アレンジの隅々にほとばしる星野監督応援歌。たいらいさおはヒット曲「バス・ストップ」で知られる平浩二の弟。

□ Data

| | | | |
|---|---|---|---|
| 作詞 | 山本正之 | 品番 | K07S-10171 |
| 作曲 | 山本正之 | 球団 | 中日ドラゴンズ |
| 編曲 | 神保正明 | ジャンル | 選手愛 |
| レーベル | KING | フォーマット | 7" |

## 084 | 夢は1001、ドラゴンズ
久野誠

ドラゴンズ戦をメインに、野球中継の実況で知られるCBCアナウンサーの久野誠が、たいらバージョンの翌年にカバー。ジャケ左下に「非売品」と書かれているが、この盤はカセットテープのみで発売され、7インチ盤はプロモのみだったそう。この年に星野ドラゴンズがセ・リーグ優勝を飾ったのに、カセットテープのみとは寂しい。

□ Data

| | | | |
|---|---|---|---|
| 作詞 | 山本正之 | 品番 | 17DH-63105 |
| 作曲 | 山本正之 | 球団 | 中日ドラゴンズ |
| 編曲 | 神保正明 | ジャンル | 選手愛 |
| レーベル | KING | フォーマット | 7" |

## 085 | ぼくらの憧れライオンズ
子門真人

75年に選手兼任監督として太平洋クラブライオンズを率い
た江藤慎一の就任時に作られたライオンズ応援歌「惚れた
ぜライオンズ」B面曲。イントロから、どこか「燃えドラ」風なの
は編曲が神保正明だからか。子門真人の歌でアニソン感
も倍増。歌詞に登場する選手名、「白にビュフォード、土井・
アルー」にジンとくるし泣けもする。

☐ Data

| 作詞 | 本間繁義 | 品番 | AT-1113 |
|---|---|---|---|
| 作曲 | 高田勝 | 球団 | 太平洋クラブライオンズ |
| 編曲 | 神保正明 | ジャンル | 公式ソング |
| レーベル | TOHO | フォーマット | 7" |

## 086 | 暴れダカ・ロックンロール
あぶさん軍団

往年のエース投手、杉浦忠の新監督就任が決定した85
年オフに発売された南海ホークス新応援歌「鷹の爪」B面
曲。間奏部でのサックスのフレーズがヒューイ・ルイス＆ザ・
ニュース「ハート・オブ・ロックン・ロール」風味。作曲の渡辺
勝は、果たしてはちみつぱいのあの人なのだろうか？「鷹
の爪」の作詞も手がけた水島新司のジャケ画、大阪球場の
スコアボード〈4回裏・南海63-0西武〉が泣ける。

☐ Data

| 作詞 | 麻生香太郎 | 品番 | CWA-362 |
|---|---|---|---|
| 作曲 | 渡辺勝 | 球団 | 南海ホークス |
| 編曲 | 川村栄二 | ジャンル | 球団愛 |
| レーベル | CROWN | フォーマット | 7" |

## 087 | あぶさん
江本孟紀

あぶさん軍団に続くは、ものまね歌番組の〈ご本人登場〉よ
ろしく水島新司作品のイメージソングを。歌うは作品中であ
ぶさんの飲み仲間として描かれるエモやん。鶴岡雅義による
ド演歌な曲も、連載初期に濃厚に漂っていた少年向け野
球マンガにはない劇画野球マンガの世界を見事に表現して
いる。

☐ Data

| 作詞 | 水島新司／柿沢望 | 品番 | SN-1484 |
|---|---|---|---|
| 作曲 | 鶴岡雅義 | 球団 | 南海ホークス |
| 編曲 | 栗田俊夫 | ジャンル | 選手歌唱 |
| レーベル | TEICHIKU | フォーマット | 7" |

## 088 | YOU
結城めぐみ

88年に放送開始のアニメ「美味しんぼ」主題歌。洗練された都会的なサウンドは、SHŌGUNのキーボーディスト・大谷和夫によるもの。結城めぐみの歌も、これがデビュー曲なのかと驚くほどの抜群の歌唱力だ。楽曲としての評価の高さは根強く、2018年に7インチ盤で復刻発売されたほど。彼女はこの曲を含むシングル5枚・アルバム1枚を残し、97年にホークス・本間満と結婚するも3年後に離婚。現在は福岡県内でボーカルスクールとエステ店を経営しているそう。

□ Data

| 作詞 | 平出よしかつ | 品番 | 10326-07 |
|---|---|---|---|
| 作曲 | 和泉常寛 | 球団 | 福岡ダイエーホークス |
| 編曲 | 大谷和夫 | ジャンル | 家族モノ |
| レーベル | VAP | フォーマット | 7" |

## 089 | 無敵の英雄ドクターK
水木一郎

あらゆる面で日本人投手のパイオニアとなった野茂英雄の応援歌。タイトルの〈ドクターK〉はMLBの奪三振王・ドワイト・グッデンのニックネームが由来で、天才外科医が主人公の真船一雄マンガ作品は無関係。財津和夫や稲垣潤一、杉真理、KANのツアーやレコーディングに参加している谷口守作曲。

□ Data

| 作詞 | 谷口守 | 品番 | CODA-8636 |
|---|---|---|---|
| 作曲 | 谷口守 | 球団 | 近鉄バファローズ |
| 編曲 | 塩入俊哉 | ジャンル | 選手愛 |
| レーベル | COLUMBIA | フォーマット | CDS |

## 090 | モリタはスゴイ!
森田健作

詞・曲:森田公一、歌:森田健作と〈森田尽くし〉で作られたドラゴンズ森田幸一応援歌。急ごしらえ感が、性急なイントロのファンファーレや大サビの歌詞の締めくくり「モリモーモーリーター!」などから滲み出ている。あるラジオ番組でオンエアしようとしたら局側からストップがかかり、理由を訊いたら「千葉県知事選挙期間中だから」と言われ苦笑した思い出が。

□ Data

| 作詞 | 伊藤アキラ | 品番 | BVDH-8 |
|---|---|---|---|
| 作曲 | 森田公一 | 球団 | 中日ドラゴンズ |
| 編曲 | 森田公一 | ジャンル | 選手愛 |
| レーベル | BMG | フォーマット | CDS |

## 091 | BIG DON DONG YOL ～虹を超えて～
キム・ヨンジャ

韓国球界では〈至宝〉と呼ばれた剛腕投手・宣銅烈がドラゴンズに入団した96年のシーズン開幕に合わせて発売された、彼の応援歌。キム・ヨンジャのダイナミックで伸びやかな歌声が良い。

□ Data

| 作詞 | 真名杏樹 | 品番 | CRDN-322 |
|---|---|---|---|
| 作曲 | 羽場仁志 | 球団 | 中日ドラゴンズ |
| 編曲 | 船山基紀 | ジャンル | 選手愛 |
| レーベル | CROWN | フォーマット | CDS |

## 092 | プロ野球小唄　巨人編　西武編
石山秀子

83年発売。プロ野球選手の名前を、その特徴とともに歌う〈折り込みソング〉。タイトルを見ると、A・B面がそれぞれ「巨人編」「西武編」になっているように思えるが、1・2コーラスが「巨人編」、3・4コーラスが「西武編」で、B面はカラオケ。音盤には収録されていないが、歌詞カードにはセ・リーグ各球団分の歌詞が掲載されている。

□ Data

| 作詞 | 相川光正 | 品番 | 10121-07 |
|---|---|---|---|
| 作曲 | 三条ひろし | 球団 | 読売／西武 |
| 編曲 | 湯野カオル | ジャンル | 球団愛 |
| レーベル | VAP | フォーマット | 7" |

## 093 | 新プロ野球小唄　巨人編　西武編
石山秀子

日本テレビの歌謡バラエティー番組「歌まね振りまね スターに挑戦!!」エンディングテーマに採用。ジャケットを番組収録風景の画像に差し替えた上、ジャイアンツの監督交代（藤田元司→王貞治）や選手の引退・移籍などを受け、歌詞の一部を変更、曲名も頭に「新」を冠して84年3月に発売。

□ Data

| 作詞 | 相川光正 | 品番 | 10135-07 |
|---|---|---|---|
| 作曲 | 三条ひろし | 球団 | 読売／西武 |
| 編曲 | 湯野カオル | ジャンル | 球団愛 |
| レーベル | VAP | フォーマット | 7" |

## 094 | 新プロ野球小唄　中日編
鈴木ゆかり

前述092・093の「巨人編」「西武編」から、歌手が「スター
誕生!」合格者の鈴木ゆかりに変更されて84年7月に発
売。こちらの1～4コーラスにはフルでドラゴンズの監督・選
手名が登場する。

□ Data

| 作詞 | 三条ひろし | 品番 | 10152-07 |
|---|---|---|---|
| 作曲 | 三条ひろし | 球団 | 中日ドラゴンズ |
| 編曲 | 湯野カオル | ジャンル | 球団愛 |
| レーベル | VAP | フォーマット | 7" |

## 095 | 新プロ野球小唄　広島編
鈴木ゆかり

84年10月発売の「広島編」。イベントでかけるのはB面の
鈴木ゆかり歌唱バージョン。A面は「ズームイン!!朝!」のコー
ナー「プロ野球いれコミ情報」で、カープが優勝を逃したた
めに公約で頭を丸坊主にした〈事件〉が話題になった、広
島テレビアナウンサーの脇田義信が歌唱している。

□ Data

| 作詞 | 三条ひろし | 品番 | 10168-07 |
|---|---|---|---|
| 作曲 | 三条ひろし | 球団 | 広島東洋カープ |
| 編曲 | 湯野カオル | ジャンル | 球団愛 |
| レーベル | VAP | フォーマット | 7" |

## 096 | スワローズ音頭
坂上二郎

78年の初優勝以降、低迷期に突入してしまったスワロー
ズ。景気づけ、という意味を込めてかは分からないが、83年
に制作された本作、坂上二郎の小唄風なイイ湯加減の歌
に続き、スワローズ8選手による東京音頭のイントロを拝借
した合唱が入る、という曲構成。この年、スワローズに入団
した荒木大輔も合唱に参加している。

□ Data

| 作詞 | 星野哲郎 | 品番 | 07SH 1263 |
|---|---|---|---|
| 作曲 | 鈴木淳 | 球団 | ヤクルトスワローズ |
| 編曲 | 安藤実親 | ジャンル | 球団愛 |
| レーベル | CBS SONY | フォーマット | 7" |

## 097 猛牛河内音頭
三音家浅丸

76年に二代目を襲名した三音家浅丸。河内音頭の現在のスタンダードな演奏スタイル、太鼓・三味線にエレキギターという形を確立した立役者だったという。サインペンで描かれたバファローズユニの巨大な猛牛、左下にニッコリ笑ううつぶらな瞳の近鉄特急・ビスタカーのイラストが可愛らしい。猛牛に驚いているボールたちが被るヘルメットには「ハム」、「ロッテ」と書いてあり、どちらも当時はそこそこ強かった80年作。

☐ Data

| 作詞 | ゆうさぶろう | 品番 | DR6432 |
|---|---|---|---|
| 作曲 | | 球団 | 近鉄バファローズ |
| 編曲 | | ジャンル | 球団愛 |
| レーベル | POLYDOR | フォーマット | 7" |

## 098 マイク仲田音頭
倉本輝勇

いわゆる〈暗黒期〉のタイガースのエース格だった仲田幸司の応援歌「頑張れマイク・34」のカップリング曲。仲田の名前を〈あいうえお作文〉仕立てにした曲構成で、6コーラスまである。「ア! マイク・マイク」という恐ろしく語呂の悪い合いの手が入る。仲田のタイガース在籍晩年の94年という発売のタイミングも微妙。

☐ Data

| 作詞 | 中本精慈 | 品番 | KIDX 152 |
|---|---|---|---|
| 作曲 | 大本恭敬 | 球団 | 阪神タイガース |
| 編曲 | 池多孝春 | ジャンル | 選手愛 |
| レーベル | KING | フォーマット | CDS |

## 099 野村阪神優勝音頭
河内家菊水丸

野村克也がタイガース監督に就任した99年発売。CMソングを多数手掛ける石田雄一のアレンジによるスカ・ビートのダンスナンバー。優勝の期待を込めて制作されたのだろうが、この年の成績は…。99年5月1日に行われた、河内家菊水丸の始球式の実況録音も収録。しかし、本作の最大のキモは「作詞・江本孟紀」だろう。

☐ Data

| 作詞 | 江本孟紀 | 品番 | RCDX-1003 |
|---|---|---|---|
| 作曲 | 河内家菊水丸 | 球団 | 阪神タイガース |
| 編曲 | 石田雄一 | ジャンル | 球団愛 |
| レーベル | COLUMBIA | フォーマット | CDS |

## 100 | Go-Go!トラッキー
亀山つとむとラッキー・キャッツ

制作年度により歌手が異なるトラッキー・サンバ。00年発売盤は92年の活躍で新庄剛志とともに〈亀新フィーバー〉を起こした亀山つとむ。冒頭、亀山の声で「ボクは阪神タイガースのトラッキーです！」という挨拶があるが、これを聴いたタイガースファンから「トラッキーの中身亀ちゃんやったんか!?」とツッコミが入ったとか。

□ Data

| 作詞 | 高田直和 | 品番 | CRDN-678 |
|---|---|---|---|
| 作曲 | 古川忠義 | 球団 | 阪神タイガース |
| 編曲 | 池多孝春 | ジャンル | 選手歌唱 |
| レーベル | CROWN | フォーマット | CDS |

## 101 | 虎・トラ・虎
七海＆クルーズ

03～06年の間に放送されていたサンテレビの音楽番組「Sunday Music Box」に出演していた男性デュオの「クルーズ」に女性歌手の七海が加わり、〈神戸のドリカム〉といったメンバー構成で03年に発売された自主制作ムード歌謡。同番組やクルーズについては安田謙一のエッセイ『神戸、書いてどうなるのか』をご参照ください。

□ Data

| 作詞 | 関野一平 | 品番 | 記載なし |
|---|---|---|---|
| 作曲 | 橋本開 | 球団 | 阪神タイガース |
| 編曲 | 松原曽平 | ジャンル | 球団愛 |
| レーベル | 7 SEA PRODUCTION | フォーマット | CD |

## 102 | 俺の花だよ月見草
野村克也

スワローズ監督時代の93年に発売された、野村克也デビュー曲（ジャケ写はタイガース監督就任時に発売された再発盤）。3コーラス目の歌詞にノムさんの野球人生が込められているかのよう。3コーラス目を聴きながらパンダ柄のセーターを着たノムさんの笑顔を眺めていると、何だかくすぐったい気分になる。このノムさん曲を受けて、音球は〈家族モノ〉に突入する。

□ Data

| 作詞 | 山口洋子 | 品番 | SRDL 4648 |
|---|---|---|---|
| 作曲 | 四方章人 | 球団 | 阪神タイガース |
| 編曲 | 前田俊明 | ジャンル | 選手歌唱 |
| レーベル | SONY | フォーマット | CDS |

## 103 | SUCH A BEAUTIFUL LADY
野村沙知代

野村克也の妻。メディアを賑わせた、いわゆる〈サッチー騒動〉のさなかの99年作。このCDと同時に12インチ盤も発売され、「Light on the Floor Mix／HOUSE Mix」が収録されている。21年にはクレイジーケン (横山剣)「黒猫のファンク」とのカップリングの7インチ盤が発売された。大阪での音球開催時は、お客さんに〈鶴岡派〉の人がいるのか確認しないと容赦ないヤジが飛ぶので、取扱要注意楽曲。

☐ Data

| 作詞 | 野村沙知代／AKIO／エイチ | 品番 | WB-D-001 |
|---|---|---|---|
| 作曲 | GEN | 球団 | 阪神タイガース |
| 編曲 | GEN | ジャンル | 家族モノ |
| レーベル | WONDER BEAT | フォーマット | CD |

## 104 | BE HAPPY 恋のやじろべえ
タンポポ

ハロー!プロジェクトのシャッフル・ユニット、タンポポの第3期メンバーによる唯一のシングル。石川梨華はライオンズ・野上亮磨と17年に、紺野あさ美はスワローズ・杉浦稔大と17年に、柴田あゆみはマリーンズ・南昌輝と16年に結婚(いずれも所属球団名は当時)。メンバー4人中、実に3人がプロ野球選手と、それも全員投手と結婚するという、もはや〈家族モノ〉マニアを喜ばせるためにあったと言っても過言ではない奇跡のユニット。

☐ Data

| 作詞 | つんく | 品番 | EPCE-5178 |
|---|---|---|---|
| 作曲 | つんく | 球団 | 西武／ヤクルト・ロッテ |
| 編曲 | 永井ルイ | ジャンル | 家族モノ |
| レーベル | ZETIMA | フォーマット | CD |

## 105 | 雨のスタジアム
中嶋美智代

00年にマリーンズ・サブローと結婚した、乙女塾出身の中嶋美智代(後にミチヨに改名)のセカンドアルバム『たんぽぽ』収録曲。〈野球場デート〉がテーマで、歌詞に「インフィールドフライ」「エンタイトルツーベース」といった野球用語が出てくるアイドル歌謡はこの曲をおいて他にない。

☐ Data

| 作詞 | 小倉めぐみ | 品番 | PCCA-00379 |
|---|---|---|---|
| 作曲 | 都志見隆 | 球団 | 千葉ロッテマリーンズ |
| 編曲 | 新川博 | ジャンル | 家族モノ |
| レーベル | PONY CANYON | フォーマット | CD |

## 106 | 風とブーケのセレナーデ
### 秋本理央

「ホリプロタレントスカウトキャラバン」出身。旧芸名は橋本清美。NHKの音楽番組「レッツゴーヤング」の番組内グループ〈サンデーズ〉のメンバー。85年、芸名を秋本理央に変更し、OVA『幻夢戦記レダ』主題歌でデビューしたのが本作。その後、アイドル歌手や声優としても活動していたが、東海テレビのドラゴンズ応援番組「ヒロミツのスーパードラゴンズ」のアシスタント時代にドラゴンズ・平野謙と出会い、結婚して引退。出会いの場がなかなか良い。

□ Data

| 作詞 | 岩里祐穂 | 品番 | K07S-671 |
|---|---|---|---|
| 作曲 | 馬飼野康二 | 球団 | 中日ドラゴンズ |
| 編曲 | 鷺巣詩郎 | ジャンル | 家族モノ |
| レーベル | KING | フォーマット | 7" |

## 107 | パステルラブ
### 松本典子

「ミス・セブンティーンコンテスト」グランプリをきっかけに芸能界デビューした彼女の7枚目のシングルは、ザ・スプリームスのカバー「KFEP ME HANGIN' ON ～誘惑を抱きしめて～」。A面も金井夕子のカバー。DX7と思しきシンセベースの音色がいかにも当時を感じさせる87年発売作。この時期はレギュラー出演していた「志村けんのだいじょうぶだぁ」でのコントが印象深い。92年にスワローズ・笘篠賢治と結婚、活動は休業状態となるが、近年はごくたまにメディアに登場している。

□ Data

| 作詞 | 尾崎亜美 | 品番 | 07SH1912 |
|---|---|---|---|
| 作曲 | 尾崎亜美 | 球団 | ヤクルトスワローズ |
| 編曲 | 戸塚修 | ジャンル | 家族モノ |
| レーベル | CBS SONY | フォーマット | 7" |

## 108 | FURIN
### オール巨人・中條かな子

中條かな子出演の関西テレビ「紳助の人間マンダラ」エンディング曲。作詞:島田紳助、作曲:高原兄による番組内企画で誕生した。中條かな子はこのデュエット曲の他、ソロシングルも4枚発売。96年、カープ・緒方孝市との結婚を機に芸能界を引退したが、現在は広島を中心に活動を再開。娘の緒方佑奈は声優として活動、声優ユニット「DIALOGUE+」のメンバーとして2019年にCDデビュー。

□ Data

| 作詞 | 島田紳助 | 品番 | TADX-7388 |
|---|---|---|---|
| 作曲 | 高原兄 | 球団 | 広島東洋カープ |
| 編曲 | 木下秀郎 | ジャンル | 家族モノ |
| レーベル | TAURUS | フォーマット | CDS |

## 109 | 熱帯夜／真夏のエクスタシー
Marcy & Izumi

日本テレビのバラエティー番組「頑張る! TV!!」エンディングテーマとして94年に発売。司会の田代まさしと大神いずみによるデュエットで、ラッツ&スターのカバー曲。オリジナル曲は「さらばシベリア鉄道」を思わせるピアノの3連符フレーズが印象的なアレンジだが、本作はムード歌謡に寄せた仕上がり。大神は日本テレビ退社後の00年、ジャイアンツ・元木大介と結婚、現在もフリーアナウンサーとして活動している。

□ Data

| 作詞 | 湯川れい子 | 品番 | VPDB-20559 |
|---|---|---|---|
| 作曲 | 和泉常寛 | 球団 | 読売ジャイアンツ |
| 編曲 | SPECTER-X-α | ジャンル | 家族モノ |
| レーベル | VAP | フォーマット | CDS |

## 110 | セピアの夏のフォトグラフ
吹石一恵

人気ゲーム『ときめきメモリアル』を実写化した映画の主題歌。主要キャラの藤崎詩織役も務めた吹石一恵は、広瀬香美から「とにかく元気に」と歌唱指導を受けたという。結果、全編にわたって「とにかく元気」な歌声が響く結果となった。とかく黒歴史扱いされるが、人からこの歌声の感想を求められたら「〈10.19〉のダブルヘッダー第二試合で彼女のお父さん(バファローズ・吹石徳一)が一時は勝ち越しとなるホームランをかっ飛ばしたぐらいに痛快な歌声」と答えたい。

□ Data

| 作詞 | 広瀬香美 | 品番 | BVDR-1178 |
|---|---|---|---|
| 作曲 | 広瀬香美 | 球団 | NPB |
| 編曲 | 広瀬香美 | ジャンル | 家族モノ |
| レーベル | BMG | フォーマット | CDS |

## 111 | そんなふたりのラブソング
落合博満・落合信子

ドラゴンズ移籍直前、2年連続3度目の三冠王を達成した86年に発売のデビュー曲「サムライ街道」のB面。信子夫人との〈いい湯加減〉なデュエットソング。イントロのドラムのフィルインからして、広々とした銭湯の洗い場の床に風呂桶がカッコーンとアタックした時に場内に響く音のよう。自宅の狭い浴槽に浸かっていても、この曲を脳内再生すれば、ここはたちどころに男鹿温泉郷だ。

□ Data

| 作詞 | 中山大三郎 | 品番 | TP-17931 |
|---|---|---|---|
| 作曲 | 中山大三郎 | 球団 | 中日ドラゴンズ |
| 編曲 | 薗広昭 | ジャンル | 選手歌唱 |
| レーベル | TOSHIBA EMI | フォーマット | 7" |

## 112 息子へ
落合博満・（セリフ）落合福嗣

93年発売のマキシシングル。大門正明が歌うマンションディベロップ会社・丸増のCMソングとは同名異曲だが、方向性はだいたい同じで、落合の方はメロディ・歌詞にさだまさし「案山子」が加味された感じ。1コーラス終了ごとに、やんちゃ坊主だった頃の落合福嗣のセリフがインサートされる。二つ折りジャケの反対側にある愛犬を連れた落合ファミリーのポートレートが最高だ。

□ Data

| 作詞 | 下地亜記子 | 品番 | TOCT-6898 |
|---|---|---|---|
| 作曲 | 大川健 | 球団 | 中日ドラゴンズ |
| 編曲 | 竜崎孝路 | ジャンル | 選手歌唱 |
| レーベル | TOSHIBA EMI | フォーマット | CD |

## 113 摩天楼ブルース
落合福嗣・KINYA・広野ゆき

「笑っていいとも！」のレギュラーで、共演の松金よね子・渡辺めぐみとともに結成した「よめきんトリオ」のメンバーだったKINYAが09年に立ち上げたユニット「KINYA & Alphaプロジェクト」のミニアルバム。落合福嗣がKINYAや演歌歌手の広野ゆきとともに東京JAPのヒット曲をカバー。現在の声優・ナレーター業に通じる美声を聴かせる。

□ Data

| 作詞 | 売野雅勇 | 品番 | PJSP-089 |
|---|---|---|---|
| 作曲 | 筒美京平 | 球団 | 中日ドラゴンズ |
| 編曲 | 山下透 | ジャンル | 家族モノ |
| レーベル | ALPHA-CORE | フォーマット | CD |

## 114 太陽のきずあと
金田賢一

400勝投手、金田正一の息子。東映映画『太陽のきずあと』主題歌。映画は未見だが主題歌の歌詞に「波止場」と書いて「ハーバー」、「暴走車」と書いて「くるま」とルビが振ってあるのを見て、俄然観てみたくなった。監督は曽根中生だし。現在は「カネダ企画代表取締役」を務めるとともに、舞台や朗読劇を中心に俳優業を継続している。

□ Data

| 作詞 | 東海林良 | 品番 | 7A0048 |
|---|---|---|---|
| 作曲 | 大野克夫 | 球団 | 国鉄スワローズ |
| 編曲 | 大野克夫 | ジャンル | 家族モノ |
| レーベル | CANYON | フォーマット | 7" |

## 115 やったるで！
金田星雄

金田正一の弟。彼自身、60年に国鉄スワローズに投手として入団したプロ野球選手だが、2年で退団。その後は歌手に転向して62年に発売された小宮恵子とのデュエット曲「幸せを掴んじゃおう」がヒット、映画にも出演したという（おそらくカメオ出演と思われる）。65年発売の本作は金田正一原案と表記されているが、原案というか口癖なのでは？レコード会社が仁義を通した、という事だろうか。

□ Data

| 作詞 | 金田正一／たなかゆきを | 品番 | BS-281 |
|---|---|---|---|
| 作曲 | 吉田矢健治 | 球団 | 国鉄スワローズ |
| 編曲 | 吉田矢健治 | ジャンル | 選手歌唱／家族モノ |
| レーベル | KING | フォーマット | 7" |

## 116 男の腕
美空ひばり・金田正一

美空ひばりのシングル曲に、ジャイアンツでの現役晩年のカネやんがセリフで登場。ジャケ写の右下に美空の右手を握る第三者の手が見えるが、二つ折りのジャケを開いてみるとにっこり微笑むカネやんが登場。「どこまでもわしは生きぬくぞ！」と力強い宣言があったところで〈家族モノ〉パートは終了。

□ Data

| 作詞 | 加藤和枝 | 品番 | SAS-1048 |
|---|---|---|---|
| 作曲 | 市川昭介 | 球団 | 国鉄スワローズ |
| 編曲 | | ジャンル | 野球テーマ |
| レーベル | COLUMBIA | フォーマット | 7" |

## 117 金田ロッテ、惜しくも2位。
金田正一・野村克也

TBSラジオのニュース取材音源に古谷綱正の解説が入るドキュメントレコード『にっぽん／1973年の記録』収録。聴きどころは「野村・ホークスと前期優勝を賭けてデッドヒートを繰り広げるも、フライヤーズ戦に敗れて2位が確定した金田・オリオンズ。試合後のカネやんインタビュー中、中継が繋がったノムさんにエールを送るカネやん」のシーン。古谷の「一時は消滅の危機にあったプロ野球、パシフィックリーグの…」との語りには、「30年後にも似たような事が起きるんだよなあ」と。

□ Data

| 作詞 | | 品番 | AMON-7002 |
|---|---|---|---|
| 作曲 | | 球団 | ロッテオリオンズ／南海ホークス |
| 編曲 | | ジャンル | ドキュメンタリー |
| レーベル | AMON | フォーマット | LP |

## 118 | ロッテ親衛隊のうた
ロッテ親衛隊

78年発売「ビバ! オリオンズ」のB面曲。ラテンムード歌謡風という、球団公式ソングとしてちょっとどうなのかと思わずにいられないA面曲に対し「エル! オー! ティティイー! ロッテ!」の連呼も勇ましい「ロッテ親衛隊のうた」は一転してアップテンポなナンバー。なぜこちらをメインにしなかったのかが謎である。

□ Data

| 作詞 | 郷伍郎 | 品番 | RVS-1116 |
|------|--------|------|----------|
| 作曲 | 郷伍郎 | 球団 | ロッテオリオンズ |
| 編曲 | 小六禮次郎 | ジャンル | 公式ソング |
| レーベル | RCA | フォーマット | 7" |

## 119 | 嗚呼!深紅の旗東京に還る
色鉛筆

76年夏の高校野球、第58回大会は桜美林が初優勝を果たし、60年ぶりに東京勢が優勝旗を手にした。その決勝戦の模様を歌詞にしているのだが、出来事を申し述べることに徹し過ぎていて、もはや歌詞なのか実況なのか分からなくなっている。とはいえ、この曲は何度聴いても感動を覚える。このレコードの売り上げ2万枚のうち、1万枚は町田市内で売れたとか。

□ Data

| 作詞 | 郷伍郎 | 品番 | JRT-1502 |
|------|--------|------|----------|
| 作曲 | 郷伍郎 | 球団 | 高校野球 |
| 編曲 | 池多孝春 | ジャンル | 野球テーマ |
| レーベル | RCA | フォーマット | 7" |

## 120 | 高校野球審判の詩
多田滋郎

大変重々しい荘厳な雰囲気のイントロから始まるが、歌メロに入ってから五小節目で突如小唄調に。緩急の付け方が見事だ。作詞は多田滋郎本人によるもの。〈シンガー・ソング・アンパイア〉と言えよう。歌詞カード掲載のプロフィールには「昭和8年(1933年)生まれの52歳」とある。近鉄名古屋線久居駅前の上野英三郎博士とハチ公の銅像建立に長年にわたって尽力されたことでも知られている。

□ Data

| 作詞 | 多田滋郎 | 品番 | 1065-P |
|------|----------|------|--------|
| 作曲 | 奈良響祐(補作多田滋郎) | 球団 | 高校野球 |
| 編曲 | 山倉たかし | ジャンル | 野球テーマ |
| レーベル | VAP | フォーマット | 7" |

## 121 | 甲子園
ランナーズ

高校野球開会式（おそらく第56回大会）。この年は優勝投手となった銚子商・土屋正勝を始め、横浜・永川英植、鹿児島実・定岡正二、土浦日大・工藤一彦の四人が〈高校球界四天王〉と称され大人気に。雲ひとつない青空に「甲子園」だけが素っ気なく浮かぶいたってシンプルなジャケ写だが、楽曲は「〈大地〉を〈風〉のように駆け抜ける高校球児が勝利を目指して〈炎〉となった熱い魂を表現した〈野球のファンタジー〉」とだけ申し上げておく。

□ Data

| 作詞 | 橋本淳 | 品番 | 06SH 367 |
|---|---|---|---|
| 作曲 | 川口真 | 球団 | 高校野球 |
| 編曲 | 川口真 | ジャンル | 野球テーマ |
| レーベル | CBS SONY | フォーマット | 7" |

## 122 | 俺のせいで甲子園に行けなかった
面影ラッキーホール

魂の暗部を狙撃するファンク集団、面影ラッキーホールのセカンドアルバム『代理母』収録曲。「些細な一つの出来事」の際、握られていたのはM社製かS社製の金属バットなのだろう。この曲の主人公の人生に幸多からん事を祈る。

□ Data

| 作詞 | 佐々木"ACKY"あきひ郎 | 品番 | TKCH-71480 |
|---|---|---|---|
| 作曲 | 佐々木"ACKY"あきひ郎 | 球団 | 高校野球 |
| 編曲 | | ジャンル | 野球テーマ |
| レーベル | WAX | フォーマット | CD |

## 123 | アッパレですね！
MEN'S 5

ジャイアンツ・松井秀喜のコミカルな演技が話題を呼んだ、キッコーマン焼肉のたれ「赤だれ」「黒だれ」CMソング。CDバージョンはCMとは歌詞・アレンジが異なる。アニメ「みどりのマキバオー」のエンディングテーマも歌うMEN'S 5は下ネタ系コミックソングのバンドと認知されているが、コミックソングには確かな演奏力が必要なのだと痛感。キッコーマンのホームページを見ると「赤だれ」「黒だれ」の販売は終了し、「我が家は焼肉屋さん」に取って代わられたようで残念。

□ Data

| 作詞 | 淡谷三治 | 品番 | TODT-5028 |
|---|---|---|---|
| 作曲 | 淡谷n'太郎 | 球団 | 読売ジャイアンツ |
| 編曲 | MEN'S 5 | ジャンル | 選手愛 |
| レーベル | TOSHIBA | フォーマット | CDS |

## 124 きたかチョーさん まってたドン
| 川上さんと長島さん

フジテレビ「笑っていいとも!」の放送開始間もない82年の企画盤。当時不仲と言われていた川上哲治と長嶋茂雄の架空のやり取りを「ドン川上」と「プリティ長嶋」による物真似芸で誇張気味に展開するレギュラーコーナー「きたかチョーさん待ってたドン!」が人気を集め、83年にレコード化。細野晴臣は前年のソロアルバム『フィルハーモニー』で当時登場したてのサンプラー、Emulator Iを駆使しているが、この音盤でも多用されている。

□ Data

| 作詞 | 高平哲郎 | 品番 | AH-313 |
|---|---|---|---|
| 作曲 | 細野晴臣 | 球団 | 読売ジャイアンツ |
| 編曲 | 細野晴臣 | ジャンル | 選手愛 |
| レーベル | COLUMBIA | フォーマット | 7" |

## 125 ブッチィー音頭
| あらきなおやとレオ達

83年発売。承認マークこそないものの、ジャケに田淵幸一本人の画像やレオマークも入っているので、ライオンズ球団公認応援歌と思われる。歌詞に「タブチクン」とあるので、言ってみればパロディに本家本元が乗っかったという構図か。編曲は元四人囃子・プラスチックスの佐久間正英。ノイジーなシンセがビートを刻むテクノポップなアレンジ。あらきなおやはテレビドラマ「あばれはっちゃく」シリーズで3代目の主人公を演じていた荒木直也で、荒木とよひさの息子。

□ Data

| 作詞 | 荒木とよひさ | 品番 | SV-7336 |
|---|---|---|---|
| 作曲 | 三木たかし | 球団 | 西武ライオンズ |
| 編曲 | 佐久間正英 | ジャンル | 選手愛 |
| レーベル | VICTOR | フォーマット | 7" |

## 126 今日も勝ったよタイガース
| ボーイフレンド・平田勝男・池田親興・吉竹春樹

小林事務所がタイガースに向けて放つ忍びの者、第三陣。今回も二人組だが、その正体は036掲載のオレンジ・ギャルズで、翌年レコード会社を移籍、「ボーイフレンド」に改名して再デビュー。A面「タイガースよ永遠に」は3選手がメインで歌い、彼女らはコーラス。この曲は逆に3選手がコーラスでボーイフレンドがメイン。イントロのサックスが「ギザギザハートの子守唄」を彷彿させ、ロックンロールな展開かと思いきや、歌メロになった途端「ドリフのズンドコ節」になる不思議な曲構成。

□ Data

| 作詞 | 高田直和 | 品番 | CWA-281 |
|---|---|---|---|
| 作曲 | 三木たかし | 球団 | 阪神タイガース |
| 編曲 | 高田弘 | ジャンル | 選手歌唱 |
| レーベル | CROWN | フォーマット | 7" |

## 127 しなやかに舞え!!
小倉広和

「燃えろ!! 小林」B面曲。中山大三郎の、小林への同情と某組織への怒りが込められた(か、どうかは分からないが)歌詞からして、おそらく小林繁のタイガースへの移籍が決まった直後の79年リリースであろう。若草恵の過剰にファンキーなアレンジが最高だ。甲子園のマウンドで力投する小林の姿の写真を使ったジャケ違い盤がある。

□ Data

| 作詞 | 中山大三郎 | 品番 | HD-4 |
|---|---|---|---|
| 作曲 | 中山大三郎 | 球団 | 阪神タイガース |
| 編曲 | 若草恵 | ジャンル | 選手愛 |
| レーベル | TEICHIKU | フォーマット | 7" |

## 128 たのんまっせ!阪神タイガース
桂春蝶

「スリラー」にも程があるオケトラックに乗って、二代目桂春蝶がタイガースをボヤき、嘆き、怒り、叱咤も激励もする。語り口の淀みのなさはお見事。作詞者名がクレジットされているが、これは架空の人物ですべて二代目桂春蝶のアドリブなのかもしれない。B面はカラオケなので、ラジオ実況音声にさえ目をつぶればインストディスコモノとして使えます。

□ Data

| 作詞 | 大阪太郎 | 品番 | DKS-222 |
|---|---|---|---|
| 作曲 | 三浦一一 | 球団 | 阪神タイガース |
| 編曲 | 藤山節雄 | ジャンル | 球団愛 |
| レーベル | DISCOMATE | フォーマット | 7" |

## 129 唸れ!! 快速球
　　　ードラゴンズの星・小松への讃歌ー
犬飼俊久

東海ラジオアナウンサー犬飼俊久が歌う、小松辰雄投手応援歌。シンプルなオクターブ奏法のタイトなベースラインが効いていて、そこに声質が硬めな犬飼の(PANTAっぽい)ボーカルが意外とマッチしているディスコ歌謡。曲の中盤に入る「コッ! マッ! ツッ! タッツオッ!」コールの拍子が独特だ。

□ Data

| 作詞 | 藤公之介 | 品番 | C-149 |
|---|---|---|---|
| 作曲 | 徳久広司 | 球団 | 中日ドラゴンズ |
| 編曲 | 高田弘 | ジャンル | 選手愛 |
| レーベル | CANYON | フォーマット | 7" |

## 130 | New Age Dragons ～闘う戦士たち～
宮内タカユキ

松本一起・新田一郎の曲を〈アニメソング界の大魔神〉こと宮内タカユキが歌うのだから、それはもうアニソンなのではないか？ ゲートリバーブのかかったドラムにギターやベース、ホーンセクションのエフェクトなど、当時のアニメ・特撮の主題歌を集めた企画盤に混ざっていても気付かれないのではないかと思えてしまうドラゴンズ応援歌。かっこいいですよ。

□ Data

| 作詞 | 松本一起 | 品番 | SV-9228 |
|---|---|---|---|
| 作曲 | 新田一郎 | 球団 | 中日ドラゴンズ |
| 編曲 | 新田一郎 | ジャンル | 球団愛 |
| レーベル | VICTOR | フォーマット | 7" |

## 131 | ディスコ熱血！ジャイアンツ
ベースボール・キング

下の132とは品番が1番違いで、詞・曲・編曲はすべて同じ人という兄弟盤。おそらく歌手も同一人物であろう。楽曲は、「ディスコ」と銘打つには少々物足りない。「巨人の星」風ジャケ、帽子マークがYGではなくGなのは、承認を受けていないからだろう。ボールをリリースした直後の投手がイラストなのも胸マーク部分を隠すのが目的なのでは。いずれも未承認であれば合点が行く。79年4月発売だが、ジャイアンツはこの年、江川騒動やベテラン不振が影響して5位に終わった。

□ Data

| 作詞 | 仲畑貴志 | 品番 | ETP-10560 |
|---|---|---|---|
| 作曲 | 鈴木茂 | 球団 | 読売ジャイアンツ |
| 編曲 | 鈴木茂 | ジャンル | 球団愛 |
| レーベル | EXPRESS | フォーマット | 7" |

## 132 | ディスコ翔べスワローズ！
CHICA & ザ・ファイターズ

そこへいくと、こちらはきっちりとディスコミュージックに仕立てている。ヴィレッジ・ピープルが富士サファリパークで合流して神宮球場を目指して行進しているかのような曲。ジャケはアメコミ風、前年日本一とあってペナントも描かれている。左上の人物はこの年加入のジョン・スコットか？ こちらもマークはYSではなくS。しかし、スワローズ応援歌なのに「ザ・ファイターズ」とはちょっとどうかと思う。スワローズはこの年、主力の不振や広岡辞任もあって最下位に終わった。

□ Data

| 作詞 | 仲畑貴志 | 品番 | ETP-10561 |
|---|---|---|---|
| 作曲 | 鈴木茂 | 球団 | ヤクルトスワローズ |
| 編曲 | 鈴木茂 | ジャンル | 球団愛 |
| レーベル | EXPRESS | フォーマット | 7" |

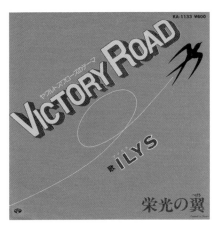

## 133 | VICTORY ROAD
### ILYS

78年発売のヤクルトスワローズのテーマ。流麗なストリングスとメロディーラインのソフトロックで、「シンセドラムを導入した最初の野球応援歌」として記憶しておきたい。歌手名でクレジットされているILYSは〈I Love Yakult Swallows〉の略と思われる。これも実体のないグループだと思っていたら、「キッスは目にして!」の大ヒットで知られるザ・ヴィーナスのデビュー前の名義なのだそう。

□ Data

| 作詞 | 伊藤アキラ | 品番 | KA-1133 |
|------|-----------|------|---------|
| 作曲 | すぎやまこういち | 球団 | ヤクルトスワローズ |
| 編曲 | 田辺信一 | ジャンル | 公式ソング |
| レーベル | MINORU PHONE | フォーマット | 7" |

## 134 | SOUL TIGERS -コバのテーマ-
### SHOCK SHOP

マイケル・ジャクソン「今夜はドント・ストップ」やシック「グッド・タイムス」など、制作当時のディスコのヒット曲からのイイとこ取り、結果的にフロア映えのする楽曲となった。小林繁のファーストアルバムにも収録されているが、演歌やムード歌謡ばかりの中にこの曲があると猛烈な違和感を覚えるので、緩衝材としてこの曲の前に「カリフォルニア・コネクション（水谷豊のカバー）」を配置したのでは、と推察。

□ Data

| 作詞 | A.CAIN | 品番 | C-137 |
|------|--------|------|-------|
| 作曲 | 水谷公生 | 球団 | 阪神タイガース |
| 編曲 | 水谷公生 | ジャンル | 選手愛 |
| レーベル | CANYON | フォーマット | 7" |

## 135 | COME BACK!長嶋
### SHOCK SHOP

マイケル・ジャクソン「今夜はドント・ストップ」やシック「グッド・タイムス」など、制作当時のディスコのヒット曲からのイイとこ取り、結果的にフロア映えのする楽曲となった。と、ここまで上記134とまったく同じ文章だが、実はオケトラックがまったく同一のもので、女性ボーカルの歌詞の差し替えと長嶋引退時の実況音声をオーバーダビングしたものだからだ。こちらは80年11月発売、同年10月の長嶋監督解任直後に〈録って出し〉という訳である。

□ Data

| 作詞 | A.CAIN | 品番 | 7A0039 |
|------|--------|------|--------|
| 作曲 | 水谷公生 | 球団 | 読売ジャイアンツ |
| 編曲 | 水谷公生 | ジャンル | 選手愛 |
| レーベル | CANYON | フォーマット | 7" |

## 136 うわさのセクシークイーン
### 高橋慶彦

81年発売のセカンドシングル。ファースト「君の声がきこえる」も、若草恵のトゥーマッチなアレンジで既存の選手歌モノの概念を崩したが、三連・シンコペ・スラップベースがビシバシの、田原俊彦やレイフ・ギャレットを連想させるアイドル歌謡。それを歌う野球選手の登場は、当時革命的だった。

□ Data

| 作詞 | 冬社花代子 | 品番 | KA-2003 |
|---|---|---|---|
| 作曲 | 風戸慎介 | 球団 | 広島東洋カープ |
| 編曲 | 鷺巣詩郎 | ジャンル | 選手歌唱 |
| レーベル | MINORU PHONE | フォーマット | 7" |

## 137 あなたまかせの夜
### 江本孟紀・センセーション

シャカタクか、はたまた大野雄二かという、ソフィスティケイトされたアーバンでアダルティな夜のムード漂うオケトラックに、エモやんが女性をオンブしながら男尊女卑チックなマニュフェストをほろ酔い加減でシャウト。

□ Data

| 作詞 | なかにし礼 | 品番 | 10075-07 |
|---|---|---|---|
| 作曲 | 渡辺敬之 | 球団 | 阪神タイガース |
| 編曲 | 渡辺敬之 | ジャンル | 選手歌唱 |
| レーベル | VAP | フォーマット | 7" |

## 138 横浜スタジアム（大洋・巨人戦）
### 石川明生

歌詞内の主人公は観戦に訪れた大洋・巨人戦の試合経過を克明に実況する一方で「愛した人のさよならで」傷つき「帰って来てください」とむせび泣いている。歌詞世界のあまりの乖離に、聴き手も思わず「大丈夫か、この人は」と心配になるメランコリック歌謡。歌詞に「別当監督」が登場する歌謡曲は間違いなく世界唯一。歌手・石川明生の略歴に「ハマスタ前にあるレストランに連夜出演」とあるが、記載の電話番号にかけるも今は違う店だった。

□ Data

| 作詞 | どいあきら | 品番 | 17VP-2015 |
|---|---|---|---|
| 作曲 | 城戸章児 | 球団 | 横浜大洋ホエールズ |
| 編曲 | 神保正明 | ジャンル | 野球テーマ |
| レーベル | VICTOR | フォーマット | 7" |

## 139 | 新・射手座の女
### 敏いとうとハッピー＆ブルー

プロ野球からプロのムードコーラスグループに移籍、という快挙を成し遂げた、柳田真宏と藤城和明の2人。狂おしき恋心を描いたムード歌謡の定番曲ながら、軽快なアレンジが藤城の声質に上手くハマっている。B面曲「倖せそうな女」は柳田がメインボーカル。ジャケ写で柳田が着ているセーターは「敏いとうからもらった」ものだとか。

□ Data

| 作詞 | 加藤将貴 | 品番 | 7NCS-4012 |
|---|---|---|---|
| 作曲 | 加藤将貴 | 球団 | 読売ジャイアンツ |
| 編曲 | 池多孝春 | ジャンル | 選手歌唱 |
| レーベル | HIR | フォーマット | 7" |

## 140 | がんばれ!!タブチくん!!
### クレイジー・パーティー

田淵幸一がモデルの、いしいひさいちの4コママンガ『がんばれ!!タブチくん!!』が爆発的なヒットとなった79年、劇場版アニメ映画が製作された。A面はそのオープニング曲。イントロのファンクな粘っこいリズムから一転、爽やかな歌メロのメリハリが面白い。歌詞の冒頭からタブチくんをディスっているが、移籍初年度の田淵本人も当初は不振で、まるで歌詞の通りだった。しかし、本物の田淵がガンガン打ちまくっていたら映画が成り立たなくなるのだから、関係者はさぞかしホッとした事だろう。

□ Data

| 作詞 | 岡田冨美子 | 品番 | DKQ-1072 |
|---|---|---|---|
| 作曲 | 根本要 | 球団 | 西武ライオンズ |
| 編曲 | 乾裕樹 | ジャンル | 選手愛 |
| レーベル | KITTY | フォーマット | 7" |

## 141 | ディスコ！がんばれ!! タブチくん!!
### ブルドッグ・ポリス

79年はまた、映画とは別に関連音盤も生まれた。本作はジャケのイラストが単行本第1巻の表紙と同じ絵、という事は、原作マンガのイメージソング的な位置づけになるのだろう。タイトルに「ディスコ！」と銘打つだけあってBPM速めのファンキー・ディスコ。ブルドッグ・ポリスとは、おそらくこの企画のための覆面バンドだと思うが、みんな凄腕。特にベースが素晴らしい。

□ Data

| 作詞 | 伊藤アキラ | 品番 | SV-6561 |
|---|---|---|---|
| 作曲 | いしだかつのり | 球団 | 阪神タイガース |
| 編曲 | いしだかつのり | ジャンル | 選手愛 |
| レーベル | VICTOR | フォーマット | 7" |

## 142 やったれ、浪速で。日本シリーズ。
鉄砲光三郎

61年の「鉄砲節河内音頭」の大ヒットで知られる河内音頭の音頭取、初代・鉄砲光三郎による、在阪球団同士の日本シリーズ実現を祈願した〈在阪球団叱咤激励ソング〉。ギターのカッティング、パーカッシブに鳴り響くシモンズのサウンドは最高にファンキー。64年以来、長きにわたって開催のなかった関西チーム同士の日本シリーズは23年、ついに実現した。師匠もお喜びだったろう。

□ Data

| 作詞 | 津田義彦 | 品番 | 7SP-0002 |
|---|---|---|---|
| 作曲 | 和田泉 | 球団 | 阪神/近鉄/南海/阪急 |
| 編曲 | 和田泉 | ジャンル | 地域愛 |
| レーベル | NEWS | フォーマット | 7" |

## 143 ベースボール・ブギー
リー・ブラザース

オリオンズのリー兄弟がブルース・ブラザースになりきって歌うは「Can't Turn You Loose」風味のナンバーで、作詞も自ら手掛けている。演奏は「ドリフのヒゲダンス」でおなじみの、たかしまあきひことエレクトリック・シェーバーズ。よく見ると、弟レオンの右手には当時のロッテの新商品「クイッククエンチガム」が握られている。80年は兄弟揃って好成績を上げたが、このレコーディングが功を奏したのかもしれない。

□ Data

| 作詞 | リー・ブラザース | 品番 | SM07-68 |
|---|---|---|---|
| 作曲 | 稲垣次郎 | 球団 | ロッテオリオンズ |
| 編曲 | たかしまあきひこ | ジャンル | 選手歌唱 |
| レーベル | SMS | フォーマット | 7" |

## 144 宇宙よりのパンツマン
辻佳紀

ヘッドコーチを務めたタイガースを退団後、フジテレビ「欽ちゃんのドンとやってみよう!」のコーナー「欽ドン野球」出演を機にタレントに転向し、77年開始のTBS「たまりま7大放送!」のキャラクター・パンツマンを演じた〈ヒゲ辻〉。ベンチャーズ版「バットマンのテーマ」引用のイントロから、曲を貫く疾走感が、たまりません(せんだみつおの声で)!

□ Data

| 作詞 | 沢口義明 | 品番 | TV(H)-39 |
|---|---|---|---|
| 作曲 | 宮川泰 | 球団 | 阪神タイガース |
| 編曲 | 宮川泰 | ジャンル | 選手歌唱 |
| レーベル | KING | フォーマット | 7" |

## 145 | MR.ガッツポーズのテーマ
サウスポー・バンド

80年のパ・リーグの投手タイトルを総ナメにし、〈アメージング・ルーキー〉の異名を誇ったファイターズ木田勇。その年のオフに急遽制作された歌手デビュー曲「青春・I TRY MY BEST」。そのB面は、清水信之による木田応援テーマで、ファンクディスコなインスト曲。「ボコーダーを導入した最初の野球応援歌」として記憶しておきたい。ケー・アイ・ディ・エー・キダ!

□ Data

| 作詞 | | 品番 | 07SH905 |
|---|---|---|---|
| 作曲 | 清水信之 | 球団 | 日本ハムファイターズ |
| 編曲 | 清水信之 | ジャンル | 選手愛 |
| レーベル | CBS SONY | フォーマット | 7" |

## 146 | VIBRATIONS
JAMES LAST BAND

ドイツのポール・モーリアと呼ばれ、ヨーロッパで絶大な人気を誇るというジェイムス・ラスト。この曲に参加しているゲストミュージシャンは、デヴィット・サンボーン、マイケル・ブレッカー、チャック・フィンドレー、リー・リトナー、デイビッド・スピノザ、トニー・レヴィンなどなど、超一流どころが多数。

□ Data

| 作詞 | | 品番 | 7DM-0088 |
|---|---|---|---|
| 作曲 | JAMES LAST | 球団 | 日本プロ野球機構 |
| 編曲 | | ジャンル | ホームラン |
| レーベル | POLYDOR | フォーマット | 7" |

## 147 | ひとりぐらいは
森安利明

黒い霧事件により永久追放となったフライヤーズ・森安敏明。処分から2年後の72年に利明と改名して歌手へ。ホンキートンクピアノと口琴の音色が印象的な3／4拍子のナンバー。「白い青春を抱いて待つ」とは〈クロじゃない、シロだ!〉という主張か。仕事で乗船したイカ釣り船で喧嘩して拳を負傷するなど荒んだエピソードばかりの中、晩年指導した少年野球チームに後のマリーンズ・サブローがいた、という逸話はホッとするし、また泣けもする。

□ Data

| 作詞 | すずきのぶを／小宮四郎安光 | 品番 | DS-1008 |
|---|---|---|---|
| 作曲 | すずきのぶを／小宮四郎安光 | 球団 | 東映フライヤーズ |
| 編曲 | 鈴木信夫 | ジャンル | 選手歌唱 |
| レーベル | DOUM | フォーマット | 7" |

## 148 | 甦れ！俺の西鉄ライオンズ
黒田武士

平和台球場を本拠地としていた最晩年のライオンズは往時の輝かしい姿は見る影もなくなった、という黄金期からのライオンズファンに向けたメッセージソング（私は以前、誤った情報を鵜呑みにして誤った記事をあちこちに書いてしまっておりました。この盤の発売は78年6月、まだチームは九州にあったのです。発売年だけ見て勘違いしておりました。この場で訂正し、お詫び申し上げます）。では、この曲をもって、「紙面版・プロ野球 音の球宴」はお開きといたします。

□ Data

| 作詞 | 中山大三郎 | 品番 | KA-1123 |
|---|---|---|---|
| 作曲 | 中山大三郎 | 球団 | 西鉄ライオンズ |
| 編曲 | 京建輔 | ジャンル | 球団愛 |
| レーベル | MINORU PHONE | フォーマット | 7" |

## 149 | 吼えろライオンズ
平野雅昭

…と思ったら、ボーナストラックが。ライオンズが九州を去って埼玉に移転した79年発売。「地元では周囲から散々いじめられていた子が、所沢の大金持ちに引き取られ、立派なお家も建ててもらって幸せそうな姿を見たら、気持ちが変わりました」という、中山大三郎によるセルフ・アンサーソング。歌うは「演歌チャンチャカチャン」の平野雅昭。

□ Data

| 作詞 | 中山大三郎 | 品番 | BON-1027 |
|---|---|---|---|
| 作曲 | 中山大三郎 | 球団 | 西武ライオンズ |
| 編曲 | 京建輔 | ジャンル | 球団愛 |
| レーベル | ELBON | フォーマット | 7" |

## 150 | 時間よ止まれ
矢沢永吉

音球の客出しソング「つぅ〜みぃなぁ〜やぁつさぁ〜、あぁぁあぁぁ、ぱぁぁしいふぃぃぃぃぃぃぃく」と、何の因果かパ・リーグ者として育ってしまった我が身を憐れみつつ、撤収、解散です。どなた様も「お帰りは 地下鉄で!」。

□ Data

| 作詞 | 山川啓介 | 品番 | 06SH-270 |
|---|---|---|---|
| 作曲 | 矢沢永吉 | 球団 | パシフィック・リーグ |
| 編曲 | | ジャンル | ロックンロール |
| レーベル | CBS SONY | フォーマット | 7" |

Shop
# 01

レコードシャ ホンテン
## レコード社 本店
旧後楽園球場から徒歩8分!「野球」の仕切板がある老舗中古レコードショップ!

□ Shop Information

| | | |
|---|---|---|
| 〒 | 101-0051 | e-mail:info@fuji-recordsha.co.jp |
| 住所 | 東京都千代田区神田神保町2-26 | web:https://www.recordsha.com |
| 営業時間 | 月～土／11:00～20:00 | X:@recordsha |
| | 日曜日／11:00～19:00 | instagram:@recordsha |
| TEL | 03-3262-2553 | |

Shop
# 02

レコードショップナカ
## RECORD SHOP NAKA
大阪球場から程近い中古レコードの名店!守備範囲の広さは南海「100万ドルの内野陣」クラス!

□ Shop Information

| | | |
|---|---|---|
| 〒 | 556-0011 | web:https://linktr.ee/nakareco2 |
| 住所 | 大阪市浪速区難波中2-6-1 | X:@nakareco2 |
| 営業時間 | 11:00～20:00 | instagram:@nakareco2 |
| 定休日 | 水曜日 | |
| TEL | （記載なし） | |

Professional Baseball Disc Guide

2軍チーム

# SECOND TEAM

## 151 | 男のララバイ
落合博満

□ Data

| 作詞 | 中山大三郎 | 品番 | RT07-2046 |
|---|---|---|---|
| 作曲 | 五木ひろし | 球団 | 中日ドラゴンズ |
| 編曲 | 京建輔 | ジャンル | 選手歌唱 |
| レーベル | TOSHIBA | フォーマット | 7" |

シーズンオフはレコードのシーズンイン! オリオンズからドラゴンズに移籍初年度の87年12月リリース。

## 152 | めぐり逢い
落合博満

□ Data

| 作詞 | 中山大三郎 | 品番 | TOKT-2456 |
|---|---|---|---|
| 作曲 | 五木ひろし | 球団 | 中日ドラゴンズ |
| 編曲 | 竜崎孝路 | ジャンル | 選手歌唱 |
| レーベル | TOSHIBA | フォーマット | 7" |

落合といえばレコードと年俸闘争! 推定年俸「165」発言のあった89年12月にもきっちりリリース。

## 153 | 恋の広小路
落合博満／中村美律子

□ Data

| 作詞 | 中山大三郎 | 品番 | TODT-2612 |
|---|---|---|---|
| 作曲 | 中山大三郎 | 球団 | 中日ドラゴンズ |
| 編曲 | 前田俊明 | ジャンル | 選手歌唱 |
| レーベル | TOSHIBAEMI | フォーマット | CDS |

契約交渉に代理人は立てないがデュエットはやるのがオレ流。年俸調停の最中にもきっちりレコーディング。

## 154 | 縁歌酒
落合博満／多岐川舞子

□ Data

| 作詞 | たきのえいじ | 品番 | CODA-624 |
|---|---|---|---|
| 作曲 | 水森英夫 | 球団 | 中日ドラゴンズ |
| 編曲 | 前田俊明 | ジャンル | 選手歌唱 |
| レーベル | COLUMBIA | フォーマット | CDS |

FA制度導入年に選手会を離脱した92年9月発売。ゴタゴタもあってか打撃不振もレコーディングにはスランプなし。

## 155 | 落涙
落合博満

□ Data

| 作詞 | 池田充男 | 品番 | TOST-2790 |
|---|---|---|---|
| 作曲 | 森山慎也 | 球団 | 中日ドラゴンズ |
| 編曲 | 竜崎孝路 | ジャンル | 選手歌唱 |
| レーベル | TOSHIBAEMI | フォーマット | CDS |

4年ぶりに無冠に終わった92年12月のリリース。そんなシーズンだったから「落涙」なのか?

## 156 | 夜明川
落合博満

□ Data

| 作詞 | 下地亜記子 | 品番 | CODA-372 |
|---|---|---|---|
| 作曲 | 五木ひろし | 球団 | 読売ジャイアンツ |
| 編曲 | 竜崎孝路 | ジャンル | 選手歌唱 |
| レーベル | COLUMBIA | フォーマット | CDS |

FA権を行使してジャイアンツに移籍した94年1月にも新曲をリリース。

## 157 | 涙、渇くまで
落合博満／林るり子

□ Data

| 作詞 | 山田孝雄 | 品番 | CODA-885 |
|---|---|---|---|
| 作曲 | 水森英夫 | 球団 | 読売ジャイアンツ |
| 編曲 | 山田年秋 | ジャンル | 選手歌唱 |
| レーベル | COLUMBIA | フォーマット | CDS |

2000本安打達成も名球会入りを拒否した96年2月の発売。入会拒否はレコーディング時間が欲しいから?

## 158 | 抱かれて乾杯
落合博満／若山かずさ

□ Data

| 作詞 | 秋浩二 | 品番 | CODA-1186 |
|---|---|---|---|
| 作曲 | 大谷明裕 | 球団 | 日本ハムファイターズ |
| 編曲 | 南郷達也 | ジャンル | 選手歌唱 |
| レーベル | COLUMBIA | フォーマット | CDS |

「長嶋さんの悩む顔を見たくない」のでファイターズに移籍した97年3月リリース。年々リリースがずれ込む。

## 159 | 霧の別れ
落合博満／若山かずさ

□ Data

| 作詞 | 秋浩二 | 品番 | CODA-1458 |
|---|---|---|---|
| 作曲 | 伊藤雪彦 | 球団 | 日本ハムファイターズ |
| 編曲 | 南郷達也 | ジャンル | 選手歌唱 |
| レーベル | COLUMBIA | フォーマット | CDS |

元三冠王も44歳! なんとか規定打席に乗せた98年3月リリース。厳しいシーズンだっただけにレコーディングずれ込んだか?

## 160 | 旅路のひと
落合博満

□ Data

| 作詞 | 里村龍一 | 品番 | COCP-30108 |
|---|---|---|---|
| 作曲 | 森山慎也 | 球団 | 中日ドラゴンズ |
| 編曲 | 竜崎孝路 | ジャンル | 選手歌唱 |
| レーベル | COLUMBIA | フォーマット | CD |

『落合博満ベストセレクション』収録。鶴岡雅義と東京ロマンチカの曲は「旅路のひとよ」。どちらも歌い出しが「いまごろ」。

## 161 | 風雪ながれ旅
落合博満

□ Data

| 作詞 | 星野哲郎 | 品番 | TOCT-11284 |
|---|---|---|---|
| 作曲 | 船村徹 | 球団 | 中日ドラゴンズ |
| 編曲 | 園広昭 | ジャンル | 選手歌唱 |
| レーベル | EMI | フォーマット | CD |

『落合博満ゴールデン☆ベスト』収録。「落涙」以来の東芝EMI。コロムビアと比べるとカバー比率が上がった。

## 162 | 亜紀子
小林繁

□ Data

| 作詞 | 八谷けい | 品番 | 見本盤 |
|---|---|---|---|
| 作曲 | 内山田洋 | 球団 | 阪神タイガース |
| 編曲 | 高田弘 | ジャンル | 選手歌唱 |
| レーベル | CANYON | フォーマット | 7" |

展開すると、レコードデビューに関する記事掲載のプロモキットとなる特製ジャケ。阪神移籍初年度にリリースする早さたるや。

## 163 | まわり道
小林繁

□ Data

| 作詞 | 佐々木勉 | 品番 | C-167 |
|---|---|---|---|
| 作曲 | 佐々木勉 | 球団 | 阪神タイガース |
| 編曲 | 大谷和夫 | ジャンル | 選手歌唱 |
| レーベル | CANYON | フォーマット | 7" |

江川とのトレードで巨人→阪神の移籍と球歴は「まわり道」でもレコード歴はストレート。

## 164 | カリフォルニア・コネクション
小林繁

□ Data

| 作詞 | 阿木燿子 | 品番 | C25A0083 |
|---|---|---|---|
| 作曲 | 平尾昌晃 | 球団 | 阪神タイガース |
| 編曲 | 大谷和夫 | ジャンル | 選手歌唱 |
| レーベル | CANYON | フォーマット | LP |

アルバム『亜紀子・まわり道』収録。レコードデビュー数ヶ月でアルバムまで出してしまうんだからスゴイ。

## 165 | 昨日の女
小林繁

□ Data

| 作詞 | 阿久悠 | 品番 | 7A0038 |
|---|---|---|---|
| 作曲 | 五十嵐悟 | 球団 | 阪神タイガース |
| 編曲 | 竜崎孝路 | ジャンル | 選手歌唱 |
| レーベル | CANYON | フォーマット | 7" |

80年12月リリース。このシーズン、江川との対戦を終えて巨人への怨念がなくなった情景を歌ったわけではない。

## 166 | しのび逢い
小林繁

□ Data

| 作詞 | 八谷けい／水木れいじ | 品番 | 7A0225 |
|---|---|---|---|
| 作曲 | 浜圭介 | 球団 | 阪神タイガース |
| 編曲 | 竜崎孝路 | ジャンル | 選手歌唱 |
| レーベル | CANYON | フォーマット | 7" |

引退を意識した82年シーズンオフに発売。レコーディングの時期を考えるともうなにか途切れていたのかも。

## 167 | ゆれて赤坂ナイトパブ
小林繁＆よしえ

Data

| 作詞 | 高東静 | 品番 | 7A0408 |
|---|---|---|---|
| 作曲 | 幸耕平 | 球団 | 阪神タイガース |
| 編曲 | 南郷達也 | ジャンル | 選手歌唱 |
| レーベル | CANYON | フォーマット | 7" |

引退後、TBS専属になった84年8月リリース。同年TBSドラマ「ビートたけしの学問ノススメ」出演。だから赤坂?

## 168 | 空返事
小林繁

□ Data

| 作詞 | 茅野遊 | 品番 | 7A0544 |
|---|---|---|---|
| 作曲 | 伊勢正三 | 球団 | 阪神タイガース |
| 編曲 | 馬飼野俊一 | ジャンル | 選手歌唱 |
| レーベル | CANYON | フォーマット | 7" |

阪神タイガースが優勝した85年12月、フィーバーの終息に合わせたかのような最後のリリース。

## 169 | 夢に揺られて
小林繁

□ Data

| | | | |
|---|---|---|---|
| 作詞 | 喜多条忠 | 品番 | C-157 |
| 作曲 | ミッキー吉野 | 球団 | 阪神タイガース |
| 編曲 | 高田弘 | ジャンル | 選手歌唱 |
| レーベル | CANYON | フォーマット | 7" |

162掲載「亜紀子」のB面は、作曲:ミッキー吉野と振り幅がスゴイ!

## 170 | 燃えよドラゴンズ!
板東英二

□ Data

| | | | |
|---|---|---|---|
| 作詞 | 山本正之 | 品番 | AT-1085 |
| 作曲 | 山本正之 | 球団 | 中日ドラゴンズ |
| 編曲 | 神保正明 | ジャンル | 選手歌唱 |
| レーベル | TOHO | フォーマット | 7" |

板東英二のタレント人生を決定づけた名曲! 与那嶺監督時代の優勝メンバーサインジャケ。

## 171 | 少年ドラゴンズの唄
板東英二

□ Data

| | | | |
|---|---|---|---|
| 作詞 | 山本正之 | 品番 | AT-1095 |
| 作曲 | 山本正之 | 球団 | 中日ドラゴンズ |
| 編曲 | 神保正明 | ジャンル | 選手歌唱 |
| レーベル | TOHO | フォーマット | 7" |

商圏確保には子どもから! ファンクラブ組織ソングのさきがけだが板東英二で良かったのか?

## 172 | 燃えよガッツだドラゴンズ
板東英二

□ Data

| | | | |
|---|---|---|---|
| 作詞 | 山本正之 | 品番 | TP-20264 |
| 作曲 | 山本正之 | 球団 | 中日ドラゴンズ |
| 編曲 | 神保正明 | ジャンル | 選手歌唱 |
| レーベル | TOSHIBA | フォーマット | 7" |

タイムボカンシリーズの曲を手がける山本正之が作詞作曲。B面「竜の神様頼みます」。

## 173 | 燃えよドラゴンズ!!
板東英二

□ Data

| | | | |
|---|---|---|---|
| 作詞 | 山本正之 | 品番 | K07S-349 |
| 作曲 | 山本正之 | 球団 | 中日ドラゴンズ |
| 編曲 | 神保正明 | ジャンル | 選手歌唱 |
| レーベル | KING | フォーマット | 7" |

スプリングキャンプのウォームアップジャケ。「燃えよドラゴンズ」の表記揺れも、大らかだったこの時代ならでは。

## 174 | 燃えよ!!ドラゴンズ'77
板東英二

□ Data

| | | | |
|---|---|---|---|
| 作詞 | 山本正之 | 品番 | TP-10174 |
| 作曲 | 山本正之 | 球団 | 中日ドラゴンズ |
| 編曲 | 村上はじめ | ジャンル | 選手歌唱 |
| レーベル | TOSHIBA | フォーマット | 7" |

まったくの余談だが、ジャケの左下に出ている子が着ている仙一シャツのデザインがたまらない。

## 175 | ガッツだ!!ドラゴンズ
板東英二

□ Data

| | | | |
|---|---|---|---|
| 作詞 | 山田司喜 | 品番 | TP-20150 |
| 作曲 | 加藤吉治郎 | 球団 | 中日ドラゴンズ |
| 編曲 | 高田弘 | ジャンル | 選手歌唱 |
| レーベル | TOSHIBA | フォーマット | 7" |

B面は新間正次「ドラキチ音頭」。公選法違反の新間、脱税の板東といろいろ紙面を騒がせたカップリングでもある。

## 176 | よくある酒場の物語
板東英二／上岡龍太郎／香月美保子

□ Data

| | | | |
|---|---|---|---|
| 作詞 | きさらぎ圭介 | 品番 | 7RC-0041 |
| 作曲 | 幸耕平 | 球団 | 中日ドラゴンズ |
| 編曲 | 南郷達也 | ジャンル | 選手歌唱 |
| レーベル | RIVSTAR | フォーマット | 7" |

あまり俳優業をやっていない上岡龍太郎が参加しているのが珍しい。

## 177 | 燃えよドラゴンズ2000
板東英二

□ Data

| | | | |
|---|---|---|---|
| 作詞 | 山本正之 | 品番 | KIDS441 |
| 作曲 | 山本正之 | 球団 | 中日ドラゴンズ |
| 編曲 | 山本正之 | ジャンル | 球団愛 |
| レーベル | KING | フォーマット | CD |

板東英二バージョンの最後がこれ。20世紀の終焉とともに板東英二とドラゴンズのつながりが終わりを告げた。

## 178 | わたし祈ってます
敏いとうとハッピー＆ブルー

□ Data

| | | | |
|---|---|---|---|
| 作詞 | 五十嵐悟 | 品番 | 32NT-143 |
| 作曲 | 五十嵐悟 | 球団 | 読売ジャイアンツ |
| 編曲 | 池多孝春 | ジャンル | 選手歌唱 |
| レーベル | 徳間ジャパン | フォーマット | CD |

新録音ベスト盤。藤城和明は8曲、柳田真宏は6曲、メインボーカルを担当。デュエットで伊藤咲子がゲスト参加。

## 179 | しあわせに
柳田真宏

□ Data

| | | | |
|---|---|---|---|
| 作詞 | 八谷けい | 品番 | RVS-1169 |
| 作曲 | 中山大三郎 | 球団 | 読売ジャイアンツ |
| 編曲 | 竜崎孝路 | ジャンル | 選手歌唱 |
| レーベル | RCA | フォーマット | 7" |

79年にRCAから発売。日テレ系のVAPでないのは阪急ブレーブス移籍の予感があったからか?

## 180 | ふたり
柳田真宏

□ Data

| | | | |
|---|---|---|---|
| 作詞 | 星野哲郎 | 品番 | 10088-07 |
| 作曲 | 市川昭介 | 球団 | 読売ジャイアンツ |
| 編曲 | 竜崎孝路 | ジャンル | 選手歌唱 |
| レーベル | VAP | フォーマット | 7" |

83年5月リリース。引退後のデビュー作…って書くと変な日本語ですね。

## 181 ふたりよがり
柳田真宏・川瀬なな子

□ Data

| 作詞 | 星野哲郎 | 品番 | 10124-07 |
|---|---|---|---|
| 作曲 | 市川昭介 | 球団 | 読売ジャイアンツ |
| 編曲 | 竜崎孝路 | ジャンル | 選手歌唱 |
| レーベル | VAP | フォーマット | 7" |

83年12月リリース。B面は岡裕子とのデュエットで「恋はまわり道」。

## 182 野風増
柳田真宏

□ Data

| 作詞 | 伊奈二朗 | 品番 | 10167-07 |
|---|---|---|---|
| 作曲 | 山本寛之 | 球団 | 読売ジャイアンツ |
| 編曲 | 京建輔 | ジャンル | 選手歌唱 |
| レーベル | VAP | フォーマット | 7" |

84年11月リリース。しかしなんで「野風増」の競作って何曲もあったんだろうね。

## 183 八戸の女
柳田真宏

□ Data

| 作詞 | 星野哲郎 | 品番 | 30115-28 |
|---|---|---|---|
| 作曲 | 市川昭介 | 球団 | 読売ジャイアンツ |
| 編曲 | 竜崎孝路 | ジャンル | 選手歌唱 |
| レーベル | VAP | フォーマット | LP |

アルバム『男の詩』収録曲。ちなみに現在カラオケに入っているのは違う方が歌われた「八戸の女」だから要注意。

## 184 どうかしてるわ
柳田真宏／田中美妃

□ Data

| 作詞 | 藤波研介 | 品番 | PODH-1183 |
|---|---|---|---|
| 作曲 | 水島正和 | 球団 | 読売ジャイアンツ |
| 編曲 | 南郷達也 | ジャンル | 選手歌唱 |
| レーベル | POLYDOR | フォーマット | CDS |

テレビ東京系「スポーツTODAY」を見ていた方なら「わ・る・な・ら・ハイサワー」とつい口ずさんでしまうCMソング。

## 185 ラブ・アゲイン
柳田真宏＆沙羅

□ Data

| 作詞 | 和泉順也 | 品番 | FBCM-14 |
|---|---|---|---|
| 作曲 | 我修院達也 | 球団 | 読売ジャイアンツ |
| 編曲 | 高田弘 | ジャンル | 選手歌唱 |
| レーベル | KING | フォーマット | CD |

2004年に柳田が我修院達也（ex. 若人あきら）作曲のレコードを出す事件性も球団再編騒動でかき消された。

## 186 アカシヤの面影
江本孟紀

□ Data

| 作詞 | 池田充男 | 品番 | SN-1443 |
|---|---|---|---|
| 作曲 | 鶴岡雅義 | 球団 | 阪神タイガース |
| 編曲 | 栗田俊夫 | ジャンル | 選手歌唱 |
| レーベル | TEICHIKU | フォーマット | 7" |

野球はノムさん派だけど、〈鶴岡〉雅義ナンバーを歌うエモやん。大阪ミナミはまだ鶴岡派のお店があるから発言には注意!

## 187 | 霜降り橋まで
江本孟紀

□ Data

| | | | |
|---|---|---|---|
| 作詞 | 河内山剛史 | 品番 | SV-7068 |
| 作曲 | 朝木勇伍 | 球団 | 阪神タイガース |
| 編曲 | 川口真 | ジャンル | 選手歌唱 |
| レーベル | VICTOR | フォーマット | 7" |

ヒゲエモジャケ！ なんとなくヒゲ辻感が出ている。新宿ロフト出演歴もあり、ジャケのギターは伊達ではない。

## 188 | アデュー・アムール
江本孟紀

□ Data

| | | | |
|---|---|---|---|
| 作詞 | さかたかずこ | 品番 | 7DX-1511 |
| 作曲 | 野口五郎 | 球団 | 阪神タイガース |
| 編曲 | J.LATONIO | ジャンル | 選手歌唱 |
| レーベル | POLYDOR | フォーマット | 7" |

エモいアーバンポップシリーズの1曲。たしかに言われてみれば野口五郎だわ。

## 189 | 最後のRAINY-TOWN
江本孟紀

□ Data

| | | | |
|---|---|---|---|
| 作詞 | 森浩美 | 品番 | H33P-20166 |
| 作曲 | 原田真二 | 球団 | 阪神タイガース |
| 編曲 | J.LATONIO | ジャンル | 選手歌唱 |
| レーベル | POLYDOR | フォーマット | CD |

エモいアーバンポップシリーズ、ここでは原田真二を歌う。アルバム「素敵なジェラシー」収録。

## 190 | 男の道
大熊忠義

□ Data

| | | | |
|---|---|---|---|
| 作詞 | 三浦康照 | 品番 | PLS-7312-NP |
| 作曲 | 石中仁人 | 球団 | 阪急ブレーブス |
| 編曲 | 河村利夫 | ジャンル | 選手歌唱 |
| レーベル | COLUMBIA | フォーマット | 7" |

B面「君がいるから」の大熊がグラスを手に微笑むスナック店内ジャケも素晴らしい。

## 191 | 根性一番
大熊忠義

□ Data

| | | | |
|---|---|---|---|
| 作詞 | 三浦康照 | 品番 | AH-270 |
| 作曲 | 石中仁人 | 球団 | 阪急ブレーブス |
| 編曲 | 植原路雄 | ジャンル | 選手歌唱 |
| レーベル | COLUMBIA | フォーマット | 7" |

昭和の野球選手は護摩行よりも座禅！ こんなところにも川上哲治が提唱した禅の教えが生きている？

## 192 | この足で…
大熊忠義（語り福本豊）

□ Data

| | | | |
|---|---|---|---|
| 作詞 | 宮原哲夫 | 品番 | AH-440 |
| 作曲 | 石中仁人 | 球団 | 阪急ブレーブス |
| 編曲 | 伊藤雪彦 | ジャンル | 選手歌唱 |
| レーベル | COLUMBIA | フォーマット | 7" |

ジャケ写をよーくみるとブレービーの中の人（元ジャイアンツドラフト1位）がバッチリ映っている。

## 193 | 傷
大熊忠義・麻川桃代

□ Data

| 作詞 | 宮原哲夫 | 品番 | AH-2006 |
|---|---|---|---|
| 作曲 | 石中仁人 | 球団 | 阪急ブレーブス |
| 編曲 | 伊藤雪彦 | ジャンル | 選手歌唱 |
| レーベル | COLUMBIA | フォーマット | 7" |

福本豊の盗塁をアシストするため2ストライクまで我慢する男・大熊が〈ご当地モノ〉多数の麻川桃代と組んだ曲。

## 194 | 君の声がきこえる
高橋慶彦

□ Data

| 作詞 | さがらよしあき | 品番 | KA-1194 |
|---|---|---|---|
| 作曲 | くぎ哲郎 | 球団 | 広島東洋カープ |
| 編曲 | 若草恵 | ジャンル | 選手歌唱 |
| レーベル | MINORU PHONE | フォーマット | 7" |

普通の松山千春型青春フォークに終わりそうなところを若草恵のアレンジが見事なアクセントに。

## 195 | 僕の世界へ
高橋慶彦

□ Data

| 作詞 | さがらよしあき | 品番 | KA-2070 |
|---|---|---|---|
| 作曲 | くぎ哲郎 | 球団 | 広島東洋カープ |
| 編曲 | 若草恵 | ジャンル | 選手歌唱 |
| レーベル | MINORU PHONE | フォーマット | 7" |

オフコース路線の慶彦！ 近所の女子高の下校時間に合わせてジョギングする慶彦に渋い顔をする北別府の顔が浮かぶ。

## 196 | 鏡の中のメモリー
高橋慶彦

□ Data

| 作詞 | 冬社花代子 | 品番 | KA-2033 |
|---|---|---|---|
| 作曲 | 森田公一 | 球団 | 広島東洋カープ |
| 編曲 | 若草恵 | ジャンル | 選手歌唱 |
| レーベル | MINORU PHONE | フォーマット | 7" |

流川の寺尾聡！ アーバンポップの慶彦！ 守備範囲は野球同様、歌でも広かった。

## 197 | 男道
松岡弘

□ Data

| 作詞 | 松岡弘 | 品番 | SM07-82 |
|---|---|---|---|
| 作曲 | 松岡弘 | 球団 | ヤクルトスワローズ |
| 編曲 | 薗広昭 | ジャンル | 選手歌唱 |
| レーベル | SMS | フォーマット | 7" |

NHK「あなたのメロディー」に松岡弘が応募して生まれた曲。番組スタッフもまさかヤクルトのエースが送るとは思わないよね。

## 198 | 三日一緒に暮らせたら
松岡弘

□ Data

| 作詞 | 関根浩子 | 品番 | SM07-94 |
|---|---|---|---|
| 作曲 | 鈴木淳 | 球団 | ヤクルトスワローズ |
| 編曲 | 薗広昭 | ジャンル | 選手歌唱 |
| レーベル | SMS | フォーマット | 7" |

Bメロに特徴のある〈こんな事言われたいな〉演歌。エース投手に女歌をやらせる発想はどこからきたんだ?

## 199 | 愛あるかぎり
西本聖

□ Data

| | | | |
|---|---|---|---|
| 作詞 | 丘灯至夫 | 品番 | 10289-07 |
| 作曲 | 徳久広司 | 球団 | 読売ジャイアンツ |
| 編曲 | 薗広昭 | ジャンル | 選手歌唱 |
| レーベル | VAP | フォーマット | 7" |

88年2月リリース。VAPから出ているのでジャイアンツ時代だとわかるが、確認しないと不安な年に発売。

## 200 | 男
西本聖

□ Data

| | | | |
|---|---|---|---|
| 作詞 | 丘灯至夫 | 品番 | TD-1278 |
| 作曲 | 小林亜星 | 球団 | 読売ジャイアンツ |
| 編曲 | 髙田弘 | ジャンル | 選手歌唱 |
| レーベル | COLUMBIA | フォーマット | 7" |

読売ジャイアンツから中日ドラゴンズ移籍に伴い、レコード会社もVAPからコロムビアにレコード会社も移籍。

## 201 | 浪花夢情話（新編 桂春団治）
長山洋子／川藤幸三

□ Data

| | | | |
|---|---|---|---|
| 作詞 | 石原信一 | 品番 | VIDL-30093 |
| 作曲 | 宮下健治 | 球団 | 阪神タイガース |
| 編曲 | 山田年秋 | ジャンル | 選手歌唱 |
| レーベル | VICTOR | フォーマット | CDS |

「浪花恋しぐれ」ジェネリック。春団治案件がいくつもあったんでしょうね。

## 202 | KAWATO VOICE
セリフ：川藤幸三

□ Data

| | | | |
|---|---|---|---|
| 作詞 | | 品番 | KACA-0149 |
| 作曲 | | 球団 | 阪神タイガース |
| 編曲 | | ジャンル | 選手歌唱 |
| レーベル | KAERU CAFÉ | フォーマット | CD |

セリフを言わせてもうまい川藤幸三。ある意味ポエムコア音源かもしれないし、ダブ・プレートかもしれない。

## 203 | 猛虎の衆
川藤幸三

□ Data

| | | | |
|---|---|---|---|
| 作詞 | 水木れいじ | 品番 | KICM-20 |
| 作曲 | 市川昭介 | 球団 | 阪神タイガース |
| 編曲 | 前田俊明 | ジャンル | 選手歌唱 |
| レーベル | KING | フォーマット | CD |

「皆の衆」歌謡。村田英雄テイストも出せてしまうのも川藤幸三の人間力と言える。

## 204 | たんぼDEマンボ♪
川藤幸三＆子供達

□ Data

| | | | |
|---|---|---|---|
| 作詞 | 友利歩未 | 品番 | MSCM-10001 |
| 作曲 | パパダイスケ | 球団 | 阪神タイガース |
| 編曲 | パパダイスケ | ジャンル | 選手歌唱 |
| レーベル | ミュージックグリッド | フォーマット | CD |

地元福井の小学生との作品。「にゃんこ」と歌う川藤がカワユス！ 奥様が小学校の先生なのでその繋がりかしら？

## 205 | お嬢さま
### おぼっちゃま

□ Data

| | | | |
|---|---|---|---|
| 作詞 | 篠原仁志 | 品番 | SV-9150 |
| 作曲 | 瀬井広明 | 球団 | その他 |
| 編曲 | 小林信吾 | ジャンル | 家族モノ |
| レーベル | VICTOR | フォーマット | 7" |

水島新司先生のご子息・水島新太郎とサード長嶋のコンビ。家族モノカテゴリーのポテンヒット歌謡。

## 206 | なぜか埼玉
### さいた・まんぞう

□ Data

| | | | |
|---|---|---|---|
| 作詞 | 秋川鮎舟 | 品番 | 7K-22 |
| 作曲 | 秋川鮎舟 | 球団 | 草野球 |
| 編曲 | 小谷充 | ジャンル | 関係者 |
| レーベル | FOR LIFE | フォーマット | 7" |

草野球での審判員活動でおなじみ、さいたまんぞうの最大ヒットソング。不思議と西武沿線感がない。

## 207 | がんばれ!!ライパチくん!!
### ものまねヨイショ軍団

□ Data

| | | | |
|---|---|---|---|
| 作詞 | 草野球児 | 品番 | RS-210 |
| 作曲 | 佐々木勉 | 球団 | 草野球 |
| 編曲 | 池多孝春 | ジャンル | 関連モノ |
| レーベル | TEICHIKU | フォーマット | 7" |

ものまねヨイショ軍団:川口ひろし、はたけんじ、片岡鶴太郎、北口光彦。しかし「川口ひろし」氏は芸名的に問題なかったのか?

## 208 | ほしおのドラゴンズ音頭
### 青空ほしお

□ Data

| | | | |
|---|---|---|---|
| 作詞 | 那古野一 | 品番 | PRS-577A |
| 作曲 | 和田直 | 球団 | 中日ドラゴンズ |
| 編曲 | 岩田光司 | ジャンル | 球団愛 |
| レーベル | CROWN | フォーマット | 7" |

漫才師・青空ほしお歌唱のドラゴンズ曲。B面「やったれ!中日ドラゴンズ」は「中日ドラゴンズ〜炎の応援歌〜」に収録。

## 209 | ティーンエイジ・イーグルス
### イモ欽トリオ

□ Data

| | | | |
|---|---|---|---|
| 作詞 | 松本隆 | 品番 | 7K-84 |
| 作曲 | 細野晴臣 | 球団 | テレビ |
| 編曲 | 白井良明 | ジャンル | 野球テーマ |
| レーベル | FORLIFE | フォーマット | 7" |

同じ松本隆作品でも、大瀧詠一だと客席(「恋のナックルボール」)なのに細野晴臣はプレイヤーという対比ができそう。

## 210 | 元祖!!あと一球音頭
### おはやし隊

□ Data

| | | | |
|---|---|---|---|
| 作詞 | 谷島淳一 | 品番 | SV-9342 |
| 作曲 | 神山純一 | 球団 | 野球 |
| 編曲 | 神山純一 | ジャンル | 野球テーマ |
| レーベル | VICTOR | フォーマット | 7" |

85年のタイガースブームにより「あと一球」コールが全国に広まった。B面「インスト編」は確かにスペシャル。

## 211 | 六つの星
細川たかし／王貞治／山本浩二／田淵幸一／星野仙一／平松政次／松岡弘

□ Data

| 作詞 | 能丸武／中山大三郎 | 品番 | AA-192 |
|---|---|---|---|
| 作曲 | 中山大三郎 | 球団 | セントラルリーグ |
| 編曲 | 高田弘 | ジャンル | 選手歌唱 |
| レーベル | COLUMBIA | フォーマット | 7" |

メンバー中、田淵を除く全員がシングルレコードを出している事実に驚く。スター選手はもっとレコードを出そう！

## 212 | 明日に賭けろ
細川たかし／王貞治／山本浩二／掛布雅之／星野仙一／平松政次／松岡弘

□ Data

| 作詞 | 能丸武／中山大三郎 | 品番 | AK-196 |
|---|---|---|---|
| 作曲 | 藤田浩康 | 球団 | セントラルリーグ |
| 編曲 | 高田弘 | ジャンル | 選手歌唱 |
| レーベル | COLUMBIA | フォーマット | 7" |

田淵の西武ライオンズ移籍に伴い、阪神タイガースからの歌唱メンバーが掛布にチェンジとなった新録音盤。

## 213 | ビクトリー
細川たかし／原辰徳／岡田彰布／高橋慶彦／宇野勝／遠藤一彦／荒木大輔

□ Data

| 作詞 | 能丸武 | 品番 | AH-443 |
|---|---|---|---|
| 作曲 | 中山大三郎 | 球団 | セントラルリーグ |
| 編曲 | 高田弘 | ジャンル | 選手歌唱 |
| レーベル | COLUMBIA | フォーマット | 7" |

その昔、甲子園の試合前練習やRFラジオ日本の野球中継の直前情報番組でこの曲が使用されていましたね。

## 214 | 燃えろ若き星
細川たかし／原辰徳／岡田彰布／高橋慶彦／宇野勝／遠藤一彦／荒木大輔

□ Data

| 作詞 | 能丸武 | 品番 | AH-443 |
|---|---|---|---|
| 作曲 | 中山大三郎 | 球団 | セントラルリーグ |
| 編曲 | 高田弘 | ジャンル | 選手歌唱 |
| レーベル | COLUMBIA | フォーマット | 7" |

ベースラインに特徴あるのはいいが、84年時点でこの曲調の発注なのか？ グレートセントラルは発想が違う。

## 215 | カープ選手かぞえ歌
大下／三村／ホプキンス／山本浩二／衣笠／シェーン／水谷／水沼／道原／外木場／佐伯／池谷／金城／渡辺／宮本／山本一義／古葉／野崎／藤井／田中／阿南

□ Data

| 作詞 | 津田一男／有馬美恵子 | 品番 | SOLJ121 |
|---|---|---|---|
| 作曲 | 不詳 | 球団 | 広島東洋カープ |
| 編曲 | 宮崎尚志 | ジャンル | 選手歌唱 |
| レーベル | CBS SONY | フォーマット | LP |

アルバム『VICTORY CARP』収録。のちに医師となるホプキンス選手とて日本の数え歌を理解できたのだろうか？

## 216 | 今が青春パートⅡ
為五郎と赤ヘル青春仲間

□ Data

| 作詞 | 田村和男 | 品番 | 7KA-3 |
|---|---|---|---|
| 作曲 | 東為五郎 | 球団 | 広島東洋カープ |
| 編曲 | 山中のりまさ | ジャンル | 選手歌唱 |
| レーベル | MINORU PHONE | フォーマット | 7" |

広島のローカルタレント、東為五郎がカープの若手選手を引き連れ歌う青春讃歌。

## 217 | ああ!王者
山口高志／加藤秀司／山田久志／大熊忠義

□ Data

| | | | |
|---|---|---|---|
| 作詞 | 伊藤アキラ | 品番 | AT-4006 |
| 作曲 | 佐藤勝 | 球団 | 阪急ブレーブス |
| 編曲 | 佐藤勝 | ジャンル | 選手歌唱 |
| レーベル | TOHO | フォーマット | 7" |

「1点やってもいいんだよ、2点取るからさ〜」と強いブレーブスを象徴する1枚。

## 218 | 勝利の叫び
朝倉隆、中日ドラゴンズ選手

□ Data

| | | | |
|---|---|---|---|
| 作詞 | 能丸武 | 品番 | PK-100 |
| 作曲 | 市川昭介 | 球団 | 中日ドラゴンズ |
| 編曲 | 小杉仁三 | ジャンル | 選手歌唱 |
| レーベル | COLUMBIA | フォーマット | 7" |

コーラスに星野仙一、鈴木孝政、大島康徳、藤波行雄、田尾安志と勢揃い。

## 219 | 大空と大地の中で
北海道日本ハムファイターズ

□ Data

| | | | |
|---|---|---|---|
| 作詞 | 松山千春 | 品番 | HTBY-1103 |
| 作曲 | 松山千春 | 球団 | 北海道日本ハムファイターズ |
| 編曲 | | ジャンル | 選手歌唱 |
| レーベル | 北海道日本ハムファイターズ | フォーマット | CD |

東日本大震災支援のために発売したチャリティーCD。大トリ中田選手も声がいいんだからシングル出そう!

## 220 | 田淵のホームラン教室
田淵幸一、服部ひろ恵

□ Data

| | | | |
|---|---|---|---|
| 作詞 | 水島新司 | 品番 | SJX-2005 |
| 作曲 | 郷伍郎 | 球団 | 阪神タイガース |
| 編曲 | ボブ佐久間 | ジャンル | 選手歌唱 |
| レーベル | VICTOR | フォーマット | LP |

アルバム『スーパースター22番』収録。ブギの軽快なリズムに乗り田淵幸一が打撃指南!

## 221 | 輝け!!猛虎22番
田淵幸一、服部ひろ恵

□ Data

| | | | |
|---|---|---|---|
| 作詞 | 水島新司 | 品番 | SJX-2005 |
| 作曲 | 郷伍郎 | 球団 | 阪神タイガース |
| 編曲 | ボブ佐久間 | ジャンル | 選手歌唱 |
| レーベル | VICTOR | フォーマット | LP |

『スーパースター22番』収録。コーラスがとにかくカッコよく、田淵の歌声と効果音の「ほつれ」がいい。

## 222 | 愛を知り、愛に生き
若菜嘉晴・秋本圭子

□ Data

| | | | |
|---|---|---|---|
| 作詞 | 千鳥文子 | 品番 | L-1573W |
| 作曲 | 大西教文 | 球団 | 阪神タイガース |
| 編曲 | 高松伸光 | ジャンル | 選手歌唱 |
| レーベル | WARNER-PIONEER | フォーマット | 7" |

以前若菜氏本人に伺ったところ「鍋敷きにでもしてくれ!」と赤面されてしまった秋本圭子とのデュエット。

## 223 | 日本リトルリーグの歌
杉並児童合唱団

□ Data

| | | | |
|---|---|---|---|
| 作詞 | 北村博信 | 品番 | L-2514P |
| 作曲 | 北村博信 | 球団 | リトルリーグ |
| 編曲 | 小六禮次郎 | ジャンル | 関連モノ |
| レーベル | WARNER-PIONEER | フォーマット | 7" |

77年発売「9分の1の男たち」B面曲。なんと日本リトルリーグ野球協会のHPからダウンロードもできる。

## 224 | 日本リトルリーグの歌

□ Data

| | | | |
|---|---|---|---|
| 作詞 | | 品番 | |
| 作曲 | | 球団 | リトルリーグ |
| 編曲 | | ジャンル | 関連モノ |
| レーベル | | フォーマット | SONO |

上記のバージョン違いだが、クレジットがなく詳細不明。詞・曲は同じなので北村博信作品なのは間違いない。

## 225 | 九人のマーチ
杉並児童合唱団

□ Data

| | | | |
|---|---|---|---|
| 作詞 | 薩摩忠 | 品番 | SCS-445 |
| 作曲 | 菊池俊輔 | 球団 | テレビ |
| 編曲 | 菊池俊輔 | ジャンル | 野球テーマ |
| レーベル | COLUMBIA | フォーマット | 7" |

「ドカベン」ってこんな曲あったっけ？ と思いつつエンディング曲ってこうだよねという例に使いたくなる1曲。

## 226 | 少年野球の歌　白球のバラード
鳥栖中学校合唱団

□ Data

| | | | |
|---|---|---|---|
| 作詞 | 末成智子／二田広子 | 品番 | |
| 作曲 | 古賀篤史 | 球団 | 少年野球 |
| 編曲 | 堀田尊 | ジャンル | 関連モノ |
| レーベル | マイレコード福岡 | フォーマット | CDS |

鳥栖市少年野球連盟歌。鳥栖中学校合唱団によるピアノ伴奏合唱と田代中学校・鳥栖商業高校の吹奏楽部によるマーチ。

## 227 | 浦和リトル・リーグの歌 燃えよファイターズ
浦和児童合唱団

□ Data

| | | | |
|---|---|---|---|
| 作詞 | 佐藤清志 | 品番 | JRP-430-A |
| 作曲 | 宗像和 | 球団 | リトルリーグ |
| 編曲 | 奥村一 | ジャンル | 公式ソング |
| レーベル | 日本録音企画 | フォーマット | 7" |

野球レコード（歌）には珍しいソリッドセンター（アダプターなし対応）。

## 228 | 行田市少年野球の歌
行田少年少女合唱団

□ Data

| | | | |
|---|---|---|---|
| 作詞 | 青木至大 | 品番 | |
| 作曲 | 金子義久 | 球団 | 少年野球 |
| 編曲 | 仲村敏 | ジャンル | 公式ソング |
| レーベル | 行田市少年野球連盟 | フォーマット | 7" |

まさかの埼玉県行田市ローカルレコード。今でもこの歌を大会のたびに歌っている事を願ってやまない。

## 229 がんばれ紀州レンジャーズ
和歌山児童合唱団

□ Data

| 作詞 | 雲井蓮 | 品番 | KRO-090328 |
|---|---|---|---|
| 作曲 | 津本和己 | 球団 | 独立リーグ |
| 編曲 | 津本和己 | ジャンル | 球団歌 |
| レーベル | | フォーマット | CD |

関西独立リーグ・紀州レンジャーズのためのオールドスタイルの合唱団。ブルースにも聞こえてしまうのは関独だから?

## 230 レッツ・ゴー! ミスター・ジャイアンツ
西六郷少年合唱団

□ Data

| 作詞 | 若林一郎 | 品番 | |
|---|---|---|---|
| 作曲 | 小林亜星 | 球団 | 読売ジャイアンツ |
| 編曲 | | ジャンル | 選手愛 |
| レーベル | ASAHI SONORAMA | フォーマット | SONO |

小林亜星ワークスのうち、「すきすきソング」枠の楽曲。インパクトの瞬間をきっちり打ち返す亜星サウンド!

## 231 やっぱりジャイアンツ
前川寛介

□ Data

| 作詞 | ゆうき詩子 | 品番 | 7HB-8 |
|---|---|---|---|
| 作曲 | 水森英夫 | 球団 | 読売ジャイアンツ |
| 編曲 | 竜崎孝路 | ジャンル | 球団愛 |
| レーベル | ハミングバード | フォーマット | 7" |

399掲載の池田鴻による同名曲のカバー。A面は作曲・水森英夫先生の「大人編」。

## 232 キャッチ ボール
下川辰平と岡浩也

□ Data

| 作詞 | 山上路夫 | 品番 | C-122 |
|---|---|---|---|
| 作曲 | 小林亜星 | 球団 | 野球 |
| 編曲 | 高田弘 | ジャンル | 野球テーマ |
| レーベル | CANYON | フォーマット | 7" |

78年の発売時、下川辰平は50歳。前年『巨人軍物語進め!!栄光へ』では新人選手の父親役をやっていた。

## 233 ぼくらは未来のベーブ・ルース
ビッグ・マンモス

□ Data

| 作詞 | 古志山美子／山元護久 | 品番 | CX-41 |
|---|---|---|---|
| 作曲 | 服部克久 | 球団 | テレビ |
| 編曲 | 服部克久 | ジャンル | 野球テーマ |
| レーベル | CANYON | フォーマット | 7" |

日本テレビ「おはようこどもショー」がジャニーズならばフジテレビ「ピンポンパン」は子役タレントで勝負。

## 234 ディスコ・ベイビーちゃん
若草ジャイアンツ

□ Data

| 作詞 | | 品番 | DR6088 |
|---|---|---|---|
| 作曲 | | 球団 | テレビ |
| 編曲 | 淡海悟郎 | ジャンル | 野球テーマ |
| レーベル | POLYDOR | フォーマット | 7" |

子ども向け番組の主題歌をディスコアレンジして歌うキッズ7人組。野球要素は最後の「行け行け飛雄馬」だけ。

### 235 | ゆき子
藤田平

□ Data

| 作詞 | 高田直和 | 品番 | 7DX1159 |
|---|---|---|---|
| 作曲 | 竹村次郎 | 球団 | 阪神タイガース |
| 編曲 | 竹村次郎 | ジャンル | 選手歌唱 |
| レーベル | POLYDOR | フォーマット | 7" |

81年首位打者&カムバック賞獲得記念! 足のケガで苦しんだ選手生活なのに監督として正座事件で注目されてしまう。

### 236 | 別れてもふたり
福間納・仲世古明代

□ Data

| 作詞 | 高田直和 | 品番 | CWA-354 |
|---|---|---|---|
| 作曲 | 三木たかし | 球団 | 阪神タイガース |
| 編曲 | 高田弘 | ジャンル | 選手歌唱 |
| レーベル | CROWN | フォーマット | 7" |

2017年の神戸で行われたある歌手のディナーショーで「3万枚売れた」と証言する福間投手。あながち嘘ではなさそう。

### 237 | 男の夢
真弓明信

□ Data

| 作詞 | 高田直和 | 品番 | CWA-338 |
|---|---|---|---|
| 作曲 | 三木たかし | 球団 | 阪神タイガース |
| 編曲 | 三木たかし | ジャンル | 選手歌唱 |
| レーベル | CROWN | フォーマット | 7" |

このシングルレコード発売を告知するテレビCMも流れた。B面「愛はふたたび」は村尾亜紀とのデュエット。

### 238 | GET THE WING!
藤村康雄

□ Data

| 作詞 | 江川かおる | 品番 | BSCPF-1204 |
|---|---|---|---|
| 作曲 | 尾崎和行 | 球団 | オリックスブルーウェーブ |
| 編曲 | 周防泰臣 | ジャンル | 選手歌唱 |
| レーベル | ブルースターミュージック | フォーマット | CD |

実家がカラオケスナックでマイクもホームラン王。元同僚の谷佳知・大島公一がコーラスで参加。

### 239 | 鮨いのち
パンチ佐藤

□ Data

| 作詞 | 中田昌秀 | 品番 | FBDX-1009 |
|---|---|---|---|
| 作曲 | 徳久広司 | 球団 | オリックスブルーウェーブ |
| 編曲 | 南郷達也 | ジャンル | 選手歌唱 |
| レーベル | KING | フォーマット | CDS |

パンチ佐藤氏とはNHK-FMのスタジオでお会いしましたが、非常に腰の低い方でした。

### 240 | 夜汽車
香田勲男

□ Data

| 作詞 | 月 | 品番 | BLM-0002 |
|---|---|---|---|
| 作曲 | 高瀬裕美 | 球団 | 近鉄バファローズ |
| 編曲 | 佐伯準一 | ジャンル | 選手歌唱 |
| レーベル | BLOOM | フォーマット | CD |

近鉄の選手なのにジャケ写は南海電鉄の駅と思われる。

## 241 | あの甲子園の苦闘を胸に
語り：太田幸司

□ Data

| 作詞 | | 品番 | |
|---|---|---|---|
| 作曲 | | 球団 | 高校野球 |
| 編曲 | | ジャンル | 選手コメント |
| レーベル | 女学生の友 | フォーマット | SONO |

「女学生の友」（70年）付録のインタビュー音源。裏には太田幸司のサインが印刷されている。

## 242 | ひとり
山本浩二

□ Data

| 作詞 | 有馬三恵子 | 品番 | SOLB355 |
|---|---|---|---|
| 作曲 | 川口真 | 球団 | 広島東洋カープ |
| 編曲 | 神保正明 | ジャンル | 選手歌唱 |
| レーベル | CBS SONY | フォーマット | 7" |

良質なフォーク歌謡。このオファーを出すとはプロデューサーのセンスが光る。

## 243 | 雨の夜話
山本浩二

□ Data

| 作詞 | 有馬三恵子 | 品番 | 22AH824 |
|---|---|---|---|
| 作曲 | 川口真 | 球団 | 広島東洋カープ |
| 編曲 | 神保正明 | ジャンル | 選手歌唱 |
| レーベル | CBS SONY | フォーマット | LP |

アルバム『VICTORY CARP V2』収録。シングル「ひとり」のB面曲。

## 244 | 詩・「わが詩、わが時」
朗読：山本浩二

□ Data

| 作詞 | 山本浩二 | 品番 | 25AG987 |
|---|---|---|---|
| 作曲 | | 球団 | 広島東洋カープ |
| 編曲 | | ジャンル | 選手歌唱 |
| レーベル | CBS SONY | フォーマット | LP |

アルバム『ミスター赤ヘル山本浩二』収録。コージのポエトリーリーディング!

## 245 | 俺の詩
江夏豊

□ Data

| 作詞 | 藤田まさと | 品番 | SV-6687 |
|---|---|---|---|
| 作曲 | 吉田正 | 球団 | 広島東洋カープ |
| 編曲 | 寺岡真三 | ジャンル | 選手歌唱 |
| レーベル | VICTOR | フォーマット | 7" |

「古葉、大洋よ覇者となれ」に通ずる軍歌調の吉田正サウンドが痺れる。イントロの実況音源も良き。

## 246 | 魅惑のドレス
小早川毅彦＆高橋亜貴子

□ Data

| 作詞 | 橋本淳 | 品番 | L-1731 |
|---|---|---|---|
| 作曲 | 杉本真人 | 球団 | 広島東洋カープ |
| 編曲 | 飛澤宏元 | ジャンル | 選手歌唱 |
| レーベル | WARNER-PIONEER | フォーマット | 7" |

ワープロを知らない今どきのヤングにはわからないジャケの横倍角フォントが時代を感じさせる。

## 247 | がんばれジャイアンツ
藤川純一／荒川少年少女合唱隊

□ Data

| | | | |
|---|---|---|---|
| 作詞 | 田畑しげき | 品番 | CZ-7007 |
| 作曲 | 三木かをる | 球団 | 読売ジャイアンツ |
| 編曲 | 松尾健司 | ジャンル | 球団愛 |
| レーベル | COLUMBIA | フォーマット | LP |

アルバム『世界のホームラン王　王貞治』。アラジンスペシャルのカバーではないのでお子様も安心して聴けます。

## 248 | ああ甲子園
日本合唱協会

□ Data

| | | | |
|---|---|---|---|
| 作詞 | 保富康午 | 品番 | SCS-343 |
| 作曲 | 古関裕而 | 球団 | テレビ |
| 編曲 | 横山菁児 | ジャンル | 野球テーマ |
| レーベル | COLUMBIA | フォーマット | 7" |

野球関連だったらなんでも書いてしまう古関裕而先生書き下ろしのアニソンで稀有な1曲。

## 249 | 若き獅子たち
西武ライオンズ応援合唱団

□ Data

| | | | |
|---|---|---|---|
| 作詞 | 門谷憲二 | 品番 | RD-4107 |
| 作曲 | 伊藤薫 | 球団 | 西武ライオンズ |
| 編曲 | 松井忠重 | ジャンル | 公式ソング |
| レーベル | ラジオシティ | フォーマット | 7" |

文化放送・戸谷真人アナによる「ライオンズナイター」のタイトルコールが頭に浮かぶくらい密接な曲。

## 250 | いけいけドラゴンズ〜中日ドラゴンズ応援歌〜
高島浩二＆ドラゴンズ少年少女合唱団

□ Data

| | | | |
|---|---|---|---|
| 作詞 | みずの稔 | 品番 | XS-70149 |
| 作曲 | 森悦彦 | 球団 | 中日ドラゴンズ |
| 編曲 | | ジャンル | 球団愛 |
| レーベル | TEICHIKU | フォーマット | CDS |

高島音楽事務所による自主制作盤。歌詞違いで「〜中日ドラゴンズ応援歌〜」と「〜星野監督応援歌〜」バージョン収録。

## 251 | 嵐の英雄 （ヒーロー）
ボニー・ジャックス

□ Data

| | | | |
|---|---|---|---|
| 作詞 | 井丸糺／なかにし礼 | 品番 | CODA-1377 |
| 作曲 | 小林亜星 | 球団 | 中日ドラゴンズ |
| 編曲 | 矢田部正 | ジャンル | 公式ソング |
| レーベル | COLUMBIA | フォーマット | CDS |

なかなか定着しない中日ドラゴンズ球団公式応援歌。「この木なんの木」的な小林亜星サウンド。

## 252 | 燃えろ青春
デューク・エイセス

□ Data

| | | | |
|---|---|---|---|
| 作詞 | 笠原和郎 | 品番 | 4RS-1100 |
| 作曲 | 今井重幸 | 球団 | 高校野球 |
| 編曲 | 今井重幸 | ジャンル | 関連モノ |
| レーベル | TOSHIBA | フォーマット | 7" |

全国高等学校定時制通信制軟式野球大会歌。大会歌は04年度の第51回大会から西浦達雄の「新しい風」に。

## 253 東芝府中応援歌（この日ために）
デューク・エイセス

□ Data

| | | | |
|---|---|---|---|
| 作詞 | 岡田悟朗 青木勇 古川誠一郎 志賀大介 | 品番 | E4R-0009 |
| 作曲 | いずみたく | 球団 | 社会人野球 |
| 編曲 | 親泊正昇 | ジャンル | 球団愛 |
| レーベル | TOSHIBA | フォーマット | 7" |

落合博満・初芝清・清水直行（いずれもロッテ）を輩出した社会人野球チーム「東芝府中」の応援歌。

## 254 いざゆけ若鷹軍団THE MEMORIAL LIMITED EDITION
ホーク・ウイングス

□ Data

| | | | |
|---|---|---|---|
| 作詞 | 原田種良／森由里子 | 品番 | FSH-1001 |
| 作曲 | 富山光弘 | 球団 | 福岡ソフトバンクホークス |
| 編曲 | 山本健司 | ジャンル | 球団愛 |
| レーベル | 福岡ソフトバンクホークス | フォーマット | CD |

福岡ソフトバンクホークス誕生記念限定盤。福岡財界から「曲を変えるな！」と押し込められたという伝説を思い出す。

## 255 がんばれ!レッドビッキーズ
かおりくみこ・こおろぎ'73

□ Data

| | | | |
|---|---|---|---|
| 作詞 | 八手三郎 | 品番 | SCS-395 |
| 作曲 | 京建輔 | 球団 | テレビ |
| 編曲 | 京建輔 | ジャンル | 野球テーマ |
| レーベル | COLUMBIA | フォーマット | 7" |

平和なドラマだと思ったらコーチ役として（入団拒否事件でファンに暴行された）荒川尭が出ていたとは！

## 256 やるぞ一発!野球道
千葉由美、ヤング・フレッシュ、こおろぎ'73

□ Data

| | | | |
|---|---|---|---|
| 作詞 | 伊藤アキラ | 品番 | SCS-376 |
| 作曲 | 市川昭介 | 球団 | テレビ |
| 編曲 | 筒井広志 | ジャンル | 野球テーマ |
| レーベル | COLUMBIA | フォーマット | 7" |

テレビアニメ「一発貫太くん」主題歌。市川昭介だからリズムが音頭っぽいの？

## 257 がんばれドカベン
こおろぎ'73

□ Data

| | | | |
|---|---|---|---|
| 作詞 | 水島新司／保富康午 | 品番 | SCS-320 |
| 作曲 | 菊池俊輔 | 球団 | テレビ |
| 編曲 | 菊池俊輔 | ジャンル | 野球テーマ |
| レーベル | COLUMBIA | フォーマット | 7" |

「とれないボールがあるものか！」と作品を見た事がなくてもなぜか知っている曲の典型。

## 258 行け行け飛雄馬
ささきいさお／こおろぎ'73

□ Data

| | | | |
|---|---|---|---|
| 作詞 | 東京ムービー企画部 | 品番 | SCS-377 |
| 作曲 | 渡辺岳夫 | 球団 | テレビ |
| 編曲 | 松山祐士 | ジャンル | 野球テーマ |
| レーベル | COLUMBIA | フォーマット | 7" |

新巨人の星主題歌。昭和40年代と50年代でアニメの作りがガラッと変わった事を感じさせる1曲。

## 259 | 愛してヨコハマ
平松政次

□ Data

| 作詞 | 中山大三郎 | 品番 | BON-1032 |
|------|-----------|------|----------|
| 作曲 | 曽根幸明 | 球団 | 横浜大洋ホエールズ |
| 編曲 | 竜崎孝路 | ジャンル | 選手歌唱 |
| レーベル | ELBON | フォーマット | 7" |

球団横浜移転2年目にリリース、氷川丸ジャケが美しい1枚。デカめの開襟シャツがいかしている。

## 260 | 夜明けまでヨコハマ
平松政次／加川有希

□ Data

| 作詞 | ジェームス三木 | 品番 | 7AC-0035 |
|------|-----------|------|----------|
| 作曲 | 野崎真一 | 球団 | 横浜大洋ホエールズ |
| 編曲 | 小谷充 | ジャンル | 選手歌唱 |
| レーベル | センチュリー（キャニオン） | フォーマット | 7" |

伍代夏子が1年間だけ名乗っていた「加川有希」時代の貴重な1枚。野球レコードにはこういう意外な発見がある。

## 261 | トゥナイト・イン横浜
平松政次／沢村まみ

□ Data

| 作詞 | 大津直也 | 品番 | AFMD-1088 |
|------|-----------|------|----------|
| 作曲 | 岩佐三郎 | 球団 | 横浜大洋ホエールズ |
| 編曲 | 庄司龍 | ジャンル | 選手歌唱 |
| レーベル | アクセスエンタテインメント | フォーマット | CD |

フランク永井路線を狙った〈桜木町で逢いましょう〉歌謡。声はガラスの肩ではなかった。

## 262 | 二人だけのパーティ
加藤博一＆竹村友里

□ Data

| 作詞 | 河島英五 | 品番 | 07SH1862 |
|------|-----------|------|----------|
| 作曲 | 河島英五 | 球団 | 横浜大洋ホエールズ |
| 編曲 | 石田勝範 | ジャンル | 選手歌唱 |
| レーベル | CBS SONY | フォーマット | 7" |

博一ジュニアがこのジャケを見て「エロい顔してるな〜」と爆笑していたというほっこりエピソード。

## 263 | 栄光の背番号34
語り：金田正一

□ Data

| 作詞 | | 品番 | SJX-2001 |
|------|-----------|------|----------|
| 作曲 | | 球団 | 読売ジャイアンツ |
| 編曲 | | ジャンル | 選手コメント |
| レーベル | VICTOR | フォーマット | LP |

証言者の一人スワローズ元監督西垣徳雄は76年、カネやんの要請でオリオンズ球団社長に就任。おそるべし金田式政治力。

## 264 | 多摩川ブルース
柴田勲

□ Data

| 作詞 | 柴田勲 | 品番 | |
|------|-----------|------|----------|
| 作曲 | 不詳 | 球団 | 読売ジャイアンツ |
| 編曲 | | ジャンル | 選手歌唱 |
| レーベル | | フォーマット | CD |

19年巨人OB会総会で配布された自主盤。「練鑑ブルース」をモチーフにした歌。ファームなんてどこでもそうよね。

## 265 | Baseball-Crazy
ミズホの大滝 (背番号16)

□ Data

| | | | |
|---|---|---|---|
| 作詞 | 大瀧詠一 | 品番 | SRCL 5009 |
| 作曲 | 大瀧詠一 | 球団 | 読売ジャイアンツ |
| 編曲 | 多羅尾伴内 | ジャンル | 野球愛 |
| レーベル | NIAGARA | フォーマット | CD |

『ナイアガラ・カレンダー'78』収録。熱烈な巨人ファンの大瀧詠一による野球ソング。野球拳や三三七拍子を取り入れた傑作。

## 266 | 鈴懸の径
長嶋茂雄

□ Data

| | | | |
|---|---|---|---|
| 作詞 | 佐伯孝夫 | 品番 | KVA-3003 |
| 作曲 | 灰田有紀彦 | 球団 | 読売ジャイアンツ |
| 編曲 | | ジャンル | 選手歌唱 |
| レーベル | VICTOR | フォーマット | LP |

アルバム『さよならミスター・ジャイアンツ長嶋茂雄』に収録。立教OBとしては外せない1曲。

## 267 | 果てしない夢を
ZYYG,REV,ZARD＆WANDS featuring 長嶋茂雄

□ Data

| | | | |
|---|---|---|---|
| 作詞 | 上杉昇／坂井泉水 | 品番 | ZADL-1007 |
| 作曲 | 出口雅之 | 球団 | 読売ジャイアンツ |
| 編曲 | 明石昌夫 | ジャンル | 選手歌唱 |
| レーベル | ZAIN | フォーマット | CDS |

日本テレビのジャイアンツ戦中継のエンディングに使われていた、ビーイング・レーベル全盛期の1枚。

## 268 | 恋はうたかた
原辰徳

□ Data

| | | | |
|---|---|---|---|
| 作詞 | 藤公之介 | 品番 | 30051-28 |
| 作曲 | 沢田研二 | 球団 | 読売ジャイアンツ |
| 編曲 | 大野克夫 | ジャンル | 選手歌唱 |
| レーベル | VAP | フォーマット | LP |

アルバム『サムシング』収録曲。オリジナルは82年リリースだが、95年に復刻されたCD盤のジャケ写もいいんすよ。

## 269 | ALL OR NOTHING
宮本和知

□ Data

| | | | |
|---|---|---|---|
| 作詞 | 前田亘輝／坂基文彦 | 品番 | SRDL4556 |
| 作曲 | 前田亘輝／坂基文彦 | 球団 | 読売ジャイアンツ |
| 編曲 | PIPELINE | ジャンル | 選手歌唱 |
| レーベル | SONY | フォーマット | CDS |

親交のある前田亘輝からの曲提供。同じジャイアンツでも篠塚と前田亘輝とは付き合いはあるのかな？

## 270 | 巣鴨で逢いましょう
角盈男／須賀ゆう子

□ Data

| | | | |
|---|---|---|---|
| 作詞 | 数丘夕彦 | 品番 | CRCN-1326 |
| 作曲 | 水森英夫 | 球団 | 読売ジャイアンツ |
| 編曲 | 伊戸のりお | ジャンル | 選手歌唱 |
| レーベル | CROWN | フォーマット | CD |

「『有楽町で逢いましょう』から50年、今度は巣鴨だ！」と三田線みたいな企画になぜ乗ったサンテオレ？

### 271 | あゝ栄光のドラゴンズ
口演：一龍斎貞正

□ Data

| | | | |
|---|---|---|---|
| 作詞 | | 品番 | AT-1089 |
| 作曲 | | 球団 | 中日ドラゴンズ |
| 編曲 | | ジャンル | 球団愛 |
| レーベル | TOHO | フォーマット | 7" |

現・一龍斎貞花によるドラゴンズ講談。スポーツって1シーズンだけでも戦国絵巻になっちゃうんだよな、と実感する1枚。

### 272 | 燃える男 星野仙一物語
口演：一龍斎貞花

□ Data

| | | | |
|---|---|---|---|
| 作詞 | | 品番 | GG-015 |
| 作曲 | | 球団 | 中日ドラゴンズ |
| 編曲 | | ジャンル | 選手愛 |
| レーベル | セブンエイト | フォーマット | CD |

野球は講談向きであるが、その中でも戦国ものフォーマットに合わせやすい星野仙一講談。

### 273 | 痴楽つづり方狂室
柳亭痴楽

□ Data

| | | | |
|---|---|---|---|
| 作詞 | 柳亭痴楽 | 品番 | WN-4 |
| 作曲 | | 球団 | 野球 |
| 編曲 | | ジャンル | 野球テーマ |
| レーベル | ニッポンレコード | フォーマット | 7" |

今こういう選手名を折り込んだ曲ってないですよね。共通認識のある選手がいないから?

### 274 | それ行けナガシマさん!!
秋吉恵美／ヨネスケ

□ Data

| | | | |
|---|---|---|---|
| 作詞 | 石坂まさを | 品番 | BADS-1003 |
| 作曲 | 石坂まさを | 球団 | 読売ジャイアンツ |
| 編曲 | 大場吉信 | ジャンル | 球団愛 |
| レーベル | 心歌レコード | フォーマット | CDS |

93年1月リリース。この年のシーズン前にスワローズから金銭トレードで獲得した長嶋一茂選手を応援す…え?　違うの?

### 275 | タイガースV音頭
河内家菊水丸

□ Data

| | | | |
|---|---|---|---|
| 作詞 | 月亭八方 | 品番 | TEDA-10245 |
| 作曲 | 河内家菊水丸 | 球団 | 阪神タイガース |
| 編曲 | | ジャンル | 球団愛 |
| レーベル | TEICHIKU | フォーマット | CDS |

作詞のための部屋を提供したのが横山ノック。カップリングの「タイガースタイガース」は中山大三郎作詞・作曲。

### 276 | 河内めぐり
初音家豊若

□ Data

| | | | |
|---|---|---|---|
| 作詞 | | 品番 | SR-2142 |
| 作曲 | | 球団 | 高校野球 |
| 編曲 | | ジャンル | 郷土愛 |
| レーベル | マーキュリー | フォーマット | 7" |

「河内めぐり」ではPLが、「センセンづくし」では高校野球が歌詞に登場。大石大二郎顔の豊若ジャケ。

## 277 | ドウドウ7回裏
吉本新喜劇オールスターズ

□ Data

| 作詞 | 掛布雅之 | 品番 | SRDL3655 |
|---|---|---|---|
| 作曲 | 沖祐一 | 球団 | 阪神タイガース |
| 編曲 | 増田俊郎 | ジャンル | 球団愛 |
| レーベル | SONY | フォーマット | CDS |

作詞者の掛布雅之は、この案件にどれくらい介入していたのか？　そこが気になるところ。

## 278 | ガンバレたこ焼きタイガース
西川のりお

□ Data

| 作詞 | 喜多條忠 | 品番 | 7P-63 |
|---|---|---|---|
| 作曲 | 美樹克彦 | 球団 | 阪神タイガース |
| 編曲 | 高島政晴 | ジャンル | 選手愛 |
| レーベル | ポリスター | フォーマット | 7" |

アニメ『じゃりン子チエ』ではまり役だった西川のりおにオファーがあったと推測。単なるコミックソングとして片付けるには惜しい作品。

## 279 | 巨人ファンここにあり
オール阪神・巨人

□ Data

| 作詞 | 中田昌秀 | 品番 | SV-6113 |
|---|---|---|---|
| 作曲 | 浅倉秀章 | 球団 | 読売ジャイアンツ |
| 編曲 | 松原曽平 | ジャンル | 球団愛 |
| レーベル | RCA | フォーマット | 7" |

B面は「阪神ファンここにあり」。でも巨人師匠は阪神さんに比べてデカいから〈巨人〉なのであって、本人はタイガースファンなのよね。

## 280 | MR.アンダースロー
明石家さんま

□ Data

| 作詞 | 阿蓮赤 | 品番 | 06SH627 |
|---|---|---|---|
| 作曲 | 藤山節雄 | 球団 | 阪神タイガース |
| 編曲 | 藤山節雄 | ジャンル | 選手愛 |
| レーベル | CBS SONY | フォーマット | 7" |

大阪ガスのCMにも起用された、小林繁物真似の明石家さんま出世作。小林氏の葬儀には花を贈っていた。

## 281 | ヨーデル勝ち放題
桂雀三郎WITHまんぷくブラザーズ

□ Data

| 作詞 | リピート山中 | 品番 | TOCT22163 |
|---|---|---|---|
| 作曲 | リピート山中 | 球団 | 野球 |
| 編曲 | 赤坂東児／矢倉邦晃 | ジャンル | 野球テーマ |
| レーベル | TOSHIBAEMI | フォーマット | CD |

「ヨーデル食べ放題」のヒットを受け、歌詞変更後ジャイアンツ公式戦応援歌として発表。クレジットに吉田哲人の名が。

## 282 | あとひとり
月亭八方

□ Data

| 作詞 | 月亭八方 | 品番 | RHS-102 |
|---|---|---|---|
| 作曲 | 中村泰士 | 球団 | 野球 |
| 編曲 | あみ啓三 | ジャンル | 野球テーマ |
| レーベル | RCA | フォーマット | 7" |

85年の阪神フィーバーで全国に広まったのが「あとひとり」コール。だから八方さんの債権者の話ではないと思います。

### 283 | 北酒場
中畑清

□ Data

| | | | |
|---|---|---|---|
| 作詞 | なかにし礼 | 品番 | 30105-25 |
| 作曲 | 中村泰士 | 球団 | 読売ジャイアンツ |
| 編曲 | 角田圭伊悟 | ジャンル | 選手歌唱 |
| レーベル | VAP | フォーマット | LP |

アルバム『'83ヤング・ジャイアンツ歌の球宴』。一般社会の年齢からすれば当時の中畑だって十分ヤングなのだが。

### 284 | ヤング・ジャイアンツ〜栄光の道
中畑清

□ Data

| | | | |
|---|---|---|---|
| 作詞 | | 品番 | KVA-3008 |
| 作曲 | | 球団 | 読売ジャイアンツ |
| 編曲 | | ジャンル | 選手歌唱 |
| レーベル | VICTOR | フォーマット | LP |

アルバム『LET'S GO!!ヤング・ジャイアンツ』。これほどまでに、「歌は中畑に任せよう」とコンセンサスがとれている選手も珍しい。

### 285 | 男が一人
定岡正二

□ Data

| | | | |
|---|---|---|---|
| 作詞 | 八谷けい | 品番 | 10021-07 |
| 作曲 | 八谷けい | 球団 | 読売ジャイアンツ |
| 編曲 | 薗広昭 | ジャンル | 選手歌唱 |
| レーベル | VAP | フォーマット | 7" |

アパレルのタイアップがわかるジャケ写なのに中身は真逆の演歌！ タイトルからして西本聖っぽいよね。

### 286 | ガラスの微笑み
定岡正二

□ Data

| | | | |
|---|---|---|---|
| 作詞 | 三浦徳子 | 品番 | 10049-07 |
| 作曲 | 見岳章 | 球団 | 読売ジャイアンツ |
| 編曲 | 大谷和夫 | ジャンル | 選手歌唱 |
| レーベル | VAP | フォーマット | 7" |

ジャケのアパレルのタイアップソング。商業テイストあふれるポップな1枚。作曲は一風堂の見岳章。

### 287 | WIND MAKES ME CRY
栗山英樹

□ Data

| | | | |
|---|---|---|---|
| 作詞 | 岩崎元是 | 品番 | BI-3005 |
| 作曲 | 岩崎元是 | 球団 | ヤクルトスワローズ |
| 編曲 | 岩崎元是 | ジャンル | 選手歌唱 |
| レーベル | POLYDOR | フォーマット | CDS |

ナイアガラ歌謡、特に「恋するカレン」寄り。たしかに彼のキャラクターにあってはいるから妙な納得感がある。

### 288 | 好敵手
栗山英樹

□ Data

| | | | |
|---|---|---|---|
| 作詞 | さだまさし | 品番 | BRDA-4001 |
| 作曲 | さだまさし | 球団 | ヤクルトスワローズ |
| 編曲 | 矢野立美 | ジャンル | 選手歌唱 |
| レーベル | UBAR／POLYDOR | フォーマット | CDS |

のちにWBC代表監督としてさだまさし（スワローズファン）のレコーディングスタジオに迎え入れるとはねぇ。

## 289 Xeno〜見知らぬ人〜
古田敦也

□ Data

| 作詞 | 小泉洋 | 品番 | TODT-3222 |
|---|---|---|---|
| 作曲 | 小泉洋 | 球団 | ヤクルトスワローズ |
| 編曲 | 小泉洋 | ジャンル | 選手歌唱 |
| レーベル | TOSHIBAEMI | フォーマット | CDS |

作詞・作曲の小泉洋氏はTM NETWORKのマニピュレーター。小室ファミリーの末端に古田敦也がいてもいいはず。

## 290 東京恋物語
池山隆寛＆服部浩子

□ Data

| 作詞 | 岡田冨美子 | 品番 | TODT-3129 |
|---|---|---|---|
| 作曲 | 大野克夫 | 球団 | ヤクルトスワローズ |
| 編曲 | 桜庭伸幸 | ジャンル | 選手歌唱 |
| レーベル | TOSHIBA | フォーマット | CDS |

この曲のプロデューサーと池山との出会いは彼が通っていたレコード店店主からの紹介。まるで元ホークス千賀投手みたい。

## 291 おい!!
中西太

□ Data

| 作詞 | 宮原哲夫 | 品番 | 10SH133 |
|---|---|---|---|
| 作曲 | 石中仁人 | 球団 | 西鉄ライオンズ |
| 編曲 | 池多孝春 | ジャンル | 選手歌唱 |
| レーベル | TEICHIKU | フォーマット | 7" |

西鉄ライオンズOBというより日本ハムファイターズ初代監督にして、「日ハムの監督は歌を出す」シリーズの1人。

## 292 夜霧よ二人のために
江藤慎一

□ Data

| 作詞 | 高橋譲治 | 品番 | CW-798 |
|---|---|---|---|
| 作曲 | 叶弦大 | 球団 | 中日ドラゴンズ |
| 編曲 | 小杉仁三 | ジャンル | 選手歌唱 |
| レーベル | CROWN | フォーマット | 7" |

両リーグ首位打者を獲得した江藤の68年デビュー曲。タイトルも曲調も思いっきり石原裕次郎に寄せたムード歌謡。

## 293 さい涯ての旅愁
豊田泰光

□ Data

| 作詞 | 佐伯孝夫 | 品番 | V-41762 |
|---|---|---|---|
| 作曲 | 吉田正 | 球団 | 西鉄ライオンズ |
| 編曲 | 佐野雅美 | ジャンル | 選手歌唱 |
| レーベル | VICTOR | フォーマット | SP |

おそらく現存する最古の野球選手レコード。このレコードがリリースされるに至るまでの旅路が知りたかった。

## 294 男のいる街
豊田泰光

□ Data

| 作詞 | 佐伯孝夫 | 品番 | V-41762 |
|---|---|---|---|
| 作曲 | 吉田正 | 球団 | 西鉄ライオンズ |
| 編曲 | 佐野雅美 | ジャンル | 選手歌唱 |
| レーベル | VICTOR | フォーマット | SP |

「さい涯ての旅愁」のA面。日本シリーズでの活躍があったからだろうが、セールス的にも大成功を収めたのが不思議。

## 295 阪神タイガースの歌
中村鋭一

□ Data

| | | | |
|---|---|---|---|
| 作詞 | 佐藤惣之助 | 品番 | A-89 |
| 作曲 | 古関裕而 | 球団 | 阪神タイガース |
| 編曲 | 浅井修三 | ジャンル | 公式ソング |
| レーベル | TEICHIKU | フォーマット | 7" |

A面は中村鋭一・嶋亜矢「初恋は星に似て」。ABCラジオのスタジオで撮影したジャケ。

## 296 六甲おろし（阪神タイガースの歌）
植草貞夫

□ Data

| | | | |
|---|---|---|---|
| 作詞 | 佐藤惣之助 | 品番 | AH327 |
| 作曲 | 古関裕而 | 球団 | 阪神タイガース |
| 編曲 | 坂下滉 | ジャンル | 公式ソング |
| レーベル | COLUMBIA | フォーマット | 7" |

「甲子園は清原のためにあるのか!」でおなじみの朝日放送アナウンサー。中村鋭一タイプの声質かも。

## 297 六甲おろし
道上洋三

□ Data

| | | | |
|---|---|---|---|
| 作詞 | 佐藤惣之助 | 品番 | ABC-030915 |
| 作曲 | 古関裕而 | 球団 | 阪神タイガース |
| 編曲 | 浅井修三 | ジャンル | 球団愛 |
| レーベル | ABC | フォーマット | CD |

朝日放送ラジオ「おはようパーソナリティー」の前任者中村鋭一アナに続いてリリース。ガッチも出そう!

## 298 トラトラ・マーチ
植草貞夫

□ Data

| | | | |
|---|---|---|---|
| 作詞 | 高田直和 | 品番 | 7DX1149 |
| 作曲 | 梅谷忠洋 | 球団 | 阪神タイガース |
| 編曲 | 竹村次郎 | ジャンル | ファンソング |
| レーベル | POLYDOR | フォーマット | 7" |

植草アナを中心にホームとビジターのユニフォームが混ざる阪神タイガース選手。紅白戦の合間のジャケット撮影か。

## 299 トラトラ阪神応援歌
道上洋三

□ Data

| | | | |
|---|---|---|---|
| 作詞 | なだたか志 | 品番 | 07SH1752 |
| 作曲 | 竹村次郎 | 球団 | 阪神タイガース |
| 編曲 | 竹村次郎 | ジャンル | 球団愛 |
| レーベル | CBS SONY | フォーマット | 7" |

86年リリース。誰もがブリッジのヒッティングテーマをスラスラ歌えてしまうくらい阪神フィーバーはすごかった。

## 300 阪神タイガース　かぞえ唄
道上洋三

□ Data

| | | | |
|---|---|---|---|
| 作詞 | 清藤耕一 | 品番 | 07SH1685 |
| 作曲 | 竹村次郎 | 球団 | 阪神タイガース |
| 編曲 | 竹村次郎 | ジャンル | 球団愛 |
| レーベル | CBS SONY | フォーマット | 7" |

阪神フィーバーと朝日放送ラジオ「おはパソ」案件。虎バン主義のABCは筋金入り。

## 301 負ける気せんね
辛坊治郎／森たけし

□ Data

| 作詞 | きんた・ミーノ | 品番 | Sep-38 |
|---|---|---|---|
| 作曲 | きんた・ミーノ | 球団 | 阪神タイガース |
| 編曲 | おかげ様ブラザーズ | ジャンル | ファンソング |
| レーベル | VICTOR | フォーマット | 7" |

「ズームイン!朝」から生まれて「す・またん!」でも生かされるエバーグリーン的なアンセム。

## 302 負ける気せんね～野村阪神応援ヴァージョン～
森たけし／松村邦洋

□ Data

| 作詞 | 弓庭規生 | 品番 | VIDG-30082 |
|---|---|---|---|
| 作曲 | 弓庭規生 | 球団 | 阪神タイガース |
| 編曲 | おかげ様ブラザーズ | ジャンル | ファンソング |
| レーベル | VICTOR | フォーマット | CDS |

かつての相棒は東京に行ってしまったので山口・田布施から大型（体型も）補強。

## 303 ドラゴンズファイター
きくち教児／台堂真子

□ Data

| 作詞 | 石坂ゆたか | 品番 | BADS-1009 |
|---|---|---|---|
| 作曲 | よしだかずき | 球団 | 中日ドラゴンズ |
| 編曲 | 薗広昭 | ジャンル | 球団愛 |
| レーベル | 創美エンタテイメント | フォーマット | CDS |

日本テレビ系「ズームイン!朝」プロ野球いれこみ情報のドラゴンズパートで使用された。

## 304 燃えよドラゴンズ!!'91
久野誠／鈴木久美子

□ Data

| 作詞 | 山本正之 | 品番 | KIDS-42 |
|---|---|---|---|
| 作曲 | 山本正之 | 球団 | 中日ドラゴンズ |
| 編曲 | 神保雅彰 | ジャンル | 球団愛 |
| レーベル | KING | フォーマット | CDS |

CBC「サンデードラゴンズ」初代司会者久野誠アナによる「燃えドラ」。宮部和裕アナも若狭敬一アナも出そう!

## 305 勝利を我らに!～Let's Win!～
鯉してるオールキャスターズ

□ Data

| 作詞 | 亜蘭知子 | 品番 | VICL-36641 |
|---|---|---|---|
| 作曲 | 塙一郎 | 球団 | 広島東洋カープ |
| 編曲 | 塙一郎 | ジャンル | 球団愛 |
| レーベル | VICTOR | フォーマット | CD |

メンバーはRCCの藤村伊勢、HTV森拓磨、HOME松藤好典、TSS深井瞬の各アナウンサー。

## 306 われら街野球のうた
山田二郎

□ Data

| 作詞 | 山田二郎 | 品番 | DR6144 |
|---|---|---|---|
| 作曲 | 深沢寿男／高田弘 | 球団 | 草野球 |
| 編曲 | 高田弘 | ジャンル | 野球愛 |
| レーベル | POLYDOR | フォーマット | 7" |

TBSのスポーツ&演歌担当山田二郎アナによる歌唱。草ではなく街というところがミソ。

## 307 | 君は今
尾崎将司

□ Data

| 作詞 | 片柳和子 | 品番 | A-260 |
|---|---|---|---|
| 作曲 | 平尾昌晃 | 球団 | 西鉄ライオンズ |
| 編曲 | 竜崎孝路 | ジャンル | 選手歌唱 |
| レーベル | CANYON | フォーマット | 7" |

元西鉄ライオンズ投手・通称ジャンボ尾崎によるスナック映えする小スケベ歌謡テイストあふれる1枚。

## 308 Summer Love
尾崎将司

□ Data

| 作詞 | なかにし礼 | 品番 | 7A0724 |
|---|---|---|---|
| 作曲 | 井上大輔 | 球団 | 西鉄ライオンズ |
| 編曲 | 前田俊明 | ジャンル | 選手歌唱 |
| レーベル | CANYON | フォーマット | 7" |

ゴキゲンなビールミュージックとしても名高い曲。

## 309 | 街の灯がゆれる
星野仙一

□ Data

| 作詞 | 山口洋子 | 品番 | SV-7187 |
|---|---|---|---|
| 作曲 | 曽根幸明 | 球団 | 中日ドラゴンズ |
| 編曲 | 曽根幸明 | ジャンル | 選手歌唱 |
| レーベル | VICTOR | フォーマット | 7" |

実話誌脳なので稲●●と渋谷警察のマッシュアップが星野仙一によって歌われる奇跡の1枚と曲解。

## 310 | 愛する君のために生まれかわりたい
彦野利勝

□ Data

| 作詞 | 佐々木積善 | 品番 | KIDD-1481 |
|---|---|---|---|
| 作曲 | 原淳 | 球団 | 中日ドラゴンズ |
| 編曲 | 原淳 | ジャンル | 選手歌唱 |
| レーベル | KING | フォーマット | CDS |

野球レコードは流行りの楽曲っぽく作られるが、これは郷ひろみっぽくという発注があったと思しき作品。

## 311 | 夢よ!叶え!〜-raise voice〜
Vi Project

□ Data

| 作詞 | オクダシンイチ | 品番 | RSKK-0001 |
|---|---|---|---|
| 作曲 | オクダシンイチ | 球団 | 中日ドラゴンズ |
| 編曲 | | ジャンル | 選手歌唱 |
| レーベル | 2014エンターテインメントオフィス | フォーマット | CD |

メインボーカル平田良介選手による自らの打席出囃子。個人名義選手歌唱音源はおそらくこれが最新と思われる。

## 312 | 俺たちのドラゴンズ
河村保彦

□ Data

| 作詞 | みずの稔 | 品番 | HSR-201 |
|---|---|---|---|
| 作曲 | 和田直 | 球団 | 中日ドラゴンズ |
| 編曲 | 近藤俊一 | ジャンル | 選手歌唱 |
| レーベル | ホメロス | フォーマット | 7" |

「続いては東海テレビです」とプロ野球ニュースの振りが聞こえてきそうなジャケ写。河村さんという人選も渋い。

## 313 | ジェラシー☆ゲーム
広瀬哲朗&紫艶

□ Data

| | | | |
|---|---|---|---|
| 作詞 | 水木れいじ | 品番 | GRDE-65 |
| 作曲 | 平尾昌晃 | 球団 | 日本ハムファイターズ |
| 編曲 | 伊戸のりお | ジャンル | 選手歌唱 |
| レーベル | CROWN | フォーマット | CDS |

広瀬哲朗の出身チーム、HONDAのバイクにまたがるジャケ。まだ紫艶の足首に「34」はなかった（はず）。

## 314 | がんこ親爺の目に涙
大沢啓二

□ Data

| | | | |
|---|---|---|---|
| 作詞 | 鳥井実 | 品番 | CWA-292 |
| 作曲 | 港千尋 | 球団 | 日本ハムファイターズ |
| 編曲 | 南郷達也 | ジャンル | 選手歌唱 |
| レーベル | CROWN | フォーマット | 7" |

芦屋雁之助「娘よ」フォロワーソングの佳作。第二次大沢監督政権でリバイバルヒット。

## 315 | 人生芝居
八名信夫

□ Data

| | | | |
|---|---|---|---|
| 作詞 | 水木かおる | 品番 | SV-7341 |
| 作曲 | 徳久広司 | 球団 | 東映フライヤーズ |
| 編曲 | 京建輔 | ジャンル | 選手歌唱 |
| レーベル | VICTOR | フォーマット | 7" |

東映フライヤーズOBの八名信夫曰く「フライヤーズはやぐれ集団だったが浪商出身者がバイオレンスな雰囲気にした」。

## 316 | 中西太監督のお話
中西太

□ Data

| | | | |
|---|---|---|---|
| 作詞 | | 品番 | |
| 作曲 | | 球団 | 日本ハムファイターズ |
| 編曲 | | ジャンル | ドキュメント |
| レーベル | ASAHI SONORAMA | フォーマット | SONO |

067掲載『ぼくらのファイターズ』収録。西鉄時代に酸いも甘いも経験しているだけに、ちょっとした言葉にも深みを感じる。

## 317 | 新美敏投手のお話
新美敏

□ Data

| | | | |
|---|---|---|---|
| 作詞 | | 品番 | |
| 作曲 | | 球団 | 日本ハムファイターズ |
| 編曲 | | ジャンル | ドキュメント |
| レーベル | ASAHI SONORAMA | フォーマット | SONO |

同上収録。新美のスピーチはともかく、左のキャラクライラストは大杉勝男を差し替えたのではと睨んでいる。

## 318 | 実況（ホームランラッシュ）〜語り〜テーマM〜実況
語り：野村克也

□ Data

| | | | |
|---|---|---|---|
| 作詞 | | 品番 | TW-9006 |
| 作曲 | | 球団 | 南海ホークス |
| 編曲 | | ジャンル | 選手歌唱 |
| レーベル | TOSHIBA | フォーマット | LP |

『四冠王めざしてたたかうノムさん』収録。南海と阪神のファンだった水島新司はノムさんから「どちらかにせい！」とチクリ。

## 319 | たてじまパジャマにつつまれて
キャメル

□ Data

| 作詞 | 諸口あきら | 品番 | TOST-2854 |
|---|---|---|---|
| 作曲 | 宮川泰 | 球団 | 阪神タイガース |
| 編曲 | 旭純 | ジャンル | 球団愛 |
| レーベル | TOSHIBA | フォーマット | CDS |

小林事務所がタイガースに向けて放つ忍びの者は、この二人組が最後と思われる。小渕聡子と後藤真名美の女性デュオ。

## 320 | ウル虎パワーTIGERS
DA BRONX!

□ Data

| 作詞 | DA BRONX | 品番 | MEDK-09201 |
|---|---|---|---|
| 作曲 | DA BRONX | 球団 | 阪神タイガース |
| 編曲 | | ジャンル | ファンソング |
| レーベル | メディコムエンタープライズ | フォーマット | CDS |

「制作中スタッフの中にヤクルト、巨人ファンが混ざっていることが判明。すぐに追放しました。」とジャケ裏に有り。

## 321 | WIN!WIN!タイガース
JK21

□ Data

| 作詞 | B・B・BOMB! | 品番 | MAKY-0002 |
|---|---|---|---|
| 作曲 | BAY-B | 球団 | 阪神タイガース |
| 編曲 | | ジャンル | ファンソング |
| レーベル | マザーズレコード | フォーマット | CD |

元タイガース嶋尾康史プロデュース。08年結成のローカルアイドルグループによるセカンドシングル。

## 322 | 六甲たこおろし
たこやきレインボー

□ Data

| 作詞 | 佐藤惣之助／浅利進吾 | 品番 | SDMC-0113 |
|---|---|---|---|
| 作曲 | 古関裕而／浅利進吾 | 球団 | 阪神タイガース |
| 編曲 | 浅利進吾 | ジャンル | 球団愛 |
| レーベル | SDR | フォーマット | CD |

スターダストプロモーションのアイドルユニット。「オーバー・ザ・たこやきレインボー」カップリング曲。

## 323 | 六甲おろし
Yellow Girls

□ Data

| 作詞 | 佐藤惣之助 | 品番 | COCA-50763 |
|---|---|---|---|
| 作曲 | 古関裕而 | 球団 | 阪神タイガース |
| 編曲 | 佐伯亮 | ジャンル | 公式ソング |
| レーベル | COLUMBIA | フォーマット | CD |

野田阪神よりも野田社長！MEGUMIをセンターにしたイエローキャブ案件「六甲おろし」。

## 324 | 熱い予感「CRIMSON STAR」
MAY BE MAX

□ Data

| 作詞 | 名護利行／柴垣君彦 | 品番 | AXMD-1027 |
|---|---|---|---|
| 作曲 | 藤井博 | 球団 | 阪神タイガース |
| 編曲 | 山田彗 | ジャンル | 選手愛 |
| レーベル | アクセスエンタテイメント | フォーマット | CD |

京都の7人組アイドルユニットMAY BE MAXによる、タイガース赤星憲広案件。

## 325 | 好きよ!ストレート だから今夜もここに来た
ピンクビッキーズ

□ Data

| 作詞 | 山本正之 | 品番 | KICS-99 |
|---|---|---|---|
| 作曲 | 山本正之 | 球団 | 中日ドラゴンズ |
| 編曲 | 藤原いくろう | ジャンル | 選手愛 |
| レーベル | KING | フォーマット | CD |

アルバム『燃えよドラゴンズ!!'91大竜界』収録の与田剛モノ。いや、1年目の与田はすごかったんだからホントに。

## 326 | 翔べ 竜!～ミレニアム2000
DASH

□ Data

| 作詞 | 村井正規 | 品番 | GACA-2 |
|---|---|---|---|
| 作曲 | 中谷馨 | 球団 | 中日ドラゴンズ |
| 編曲 | 岩田光司 | ジャンル | 球団愛 |
| レーベル | GAUSS | フォーマット | CD |

99年発売の自主盤「WE ARE DRAGONS」収録曲のリメイク。

## 327 | 燃えよドラゴンズ!2006
MOEDRAGIRL

□ Data

| 作詞 | 山本正之 | 品番 | VXD-2G2615 |
|---|---|---|---|
| 作曲 | 山本正之 | 球団 | 中日ドラゴンズ |
| 編曲 | 藤原いくろう | ジャンル | 球団愛 |
| レーベル | 燃えよドラ!プロジェクト | フォーマット | CD |

優勝記念盤としてリリース。MoeDraGirlは地元出身のモデル4名で構成されている。

## 328 | WE ARE DRAGONS !
dela

□ Data

| 作詞 | くらはしかん | 品番 | MIUZ-2301 |
|---|---|---|---|
| 作曲 | くらはしかん | 球団 | 中日ドラゴンズ |
| 編曲 | | ジャンル | 球団愛 選手歌唱 家族モノ |
| レーベル | miuzic Entertainment | フォーマット | CD |

名古屋のアイドルグループによるドラゴンズ応援歌。542掲載の曲を作詞者のくらは自身がリメイク。川又・山本昌など選手OBや音華花がゲスト参加。

## 329 | GO UP!
BSGIRLS

□ Data

| 作詞 | LUNA（BSGIRL） | 品番 | AVCD-83539 |
|---|---|---|---|
| 作曲 | 草川瞬&RINZO | 球団 | オリックスバファローズ |
| 編曲 | RINZO | ジャンル | 関連モノ |
| レーベル | AVEX TRAX | フォーマット | CD |

彼女たちのサードシングル。この頃になると京セラドーム大阪のストアでは特典狙いのCD大量購入が続出。

## 330 | サウスポー
ピンク・レディー

□ Data

| 作詞 | 阿久悠 | 品番 | SV-6372 |
|---|---|---|---|
| 作曲 | 都倉俊一 | 球団 | 野球 |
| 編曲 | 都倉俊一 | ジャンル | 野球テーマ |
| レーベル | VICTOR | フォーマット | 7" |

詞のモデルは永射保。引退後に彼が経営していたスナックの名はもちろん「サウスポー」。

## 331 | 女房よ…
野村克也

□ Data

| | | | |
|---|---|---|---|
| 作詞 | 野村沙知代／坂口照幸 | 品番 | TECA-12164 |
| 作曲 | 三木たかし | 球団 | 南海ホークス |
| 編曲 | 若草恵 | ジャンル | 選手歌唱 |
| レーベル | TEICHIKU | フォーマット | CD |

女房礼賛の歌詞はいいのだが、それを本妻である野村沙知代が書いてるところがミソ。歌わされている?

## 332 | フーズ・ミッシング・フー
CLIMB

□ Data

| | | | |
|---|---|---|---|
| 作詞 | CRO／G.TERRY／K.TERRY | 品番 | CP32-5730 |
| 作曲 | CRO／G.TERRY／K.TERRY | 球団 | 読売ジャイアンツ |
| 編曲 | | ジャンル | 選手歌唱 |
| レーベル | TOSHIBA | フォーマット | CD |

クロマティ所属のバンド、クライムのアルバム。RUSHのゲディ・リーがゲスト参加。

## 333 | ガール・ライク・ユー
CLIMB

□ Data

| | | | |
|---|---|---|---|
| 作詞 | CRO NAZARIAN KLEIN G.TERRY K.TERRY | 品番 | RP07-2041 |
| 作曲 | CRO NAZARIAN KLEIN G.TERRY K.TERRY | 球団 | 読売ジャイアンツ |
| 編曲 | | ジャンル | 選手歌唱 |
| レーベル | TOSHIBA | フォーマット | 7" |

「野球の引退後はプロのミュージシャンになる」とインタビューで語っていたクロマティがこれ以降の実績を聞かない。

## 334 | MY GIRL
レジー・スミス

□ Data

| | | | |
|---|---|---|---|
| 作詞 | W.ROBINSON／R.WHITE | 品番 | 7SP-0001 |
| 作曲 | W.ROBINSON／R.WHITE | 球団 | 読売ジャイアンツ |
| 編曲 | 森一美 | ジャンル | 選手歌唱 |
| レーベル | CANYON | フォーマット | 7" |

THE TEMPTATIONSのカバー。パーマネントウェーブのインパクトが強いが歌声はいたってノーマル。

## 335 | 月光価千金
レジー・スミス

□ Data

| | | | |
|---|---|---|---|
| 作詞 | WILLIAM JEROME CHARLES TOBIAS | 品番 | S28S0001 |
| 作曲 | LARRY SHAY | 球団 | 読売ジャイアンツ |
| 編曲 | | ジャンル | 選手歌唱 |
| レーベル | NEWS／CANYON | フォーマット | LP |

アルバム『ハート・トゥ・ハート』収録。「Get Out And Get Under The Moon」はドーム球場に似合わない。

## 336 | 무등산 호랑이들 (無登山虎)
TWO&ONE

□ Data

| | | | |
|---|---|---|---|
| 作詞 | 이찬우 | 品番 | YDR-1039 |
| 作曲 | 임화빈 | 球団 | ヘテタイガース |
| 編曲 | | ジャンル | 選手歌唱 |
| レーベル | YEDANG | フォーマット | LP |

94年1月発売。ヘテタイガースのソン・ドンヨル、イ・ジョンボム、羊水鏡で結成したグループ。

## 337 매트릭스
WHAT!

□ Data

| 作詞 | 구경만 | 品番 | DRMCD-2052 |
|---|---|---|---|
| 作曲 | 구경만 | 球団 | 中日ドラゴンズ |
| 編曲 | | ジャンル | 選手歌唱 |
| レーベル | DOREMI MEDIA | フォーマット | CD |

中日ドラゴンズのサムソン・リーが帰国後にギタリストとして加入していたバンド。たしかに髪型はバンドマンだった。

## 338 RAMICHAN ANTHEM
アレックス・ラミレス featuring DJ ANDRE

□ Data

| 作詞 | ALEX RAMIREZ  DJ ANDRE XAVIER  JESSE MALIE | 品番 | HIMUCD-0004 |
|---|---|---|---|
| 作曲 | DJ ANDRE XAVIER  JESSIE MALIE | 球団 | DENAベイスターズ |
| 編曲 | | ジャンル | 選手歌唱 |
| レーベル | ハイレゾミュージック | フォーマット | CD |

311掲載の平田良介までは最後の個人名義選手歌唱音源と思われた。ご本人の声がそんなに流れないのが残念。

## 339 ダイナミック・イングリッシュ・レッスン・スペシャル・ヴァージョン・レッスン1〜レッスン3
トーマス・オマリー／高井美紀（MBSアナウンサー）

□ Data

| 作詞 | | 品番 | PSCR-5307 |
|---|---|---|---|
| 作曲 | | 球団 | 阪神タイガース |
| 編曲 | | ジャンル | 選手コメント |
| レーベル | POLYSTAR | フォーマット | CD |

『オマリーのダイナミック・イングリッシュ〜オマリーの六甲おろし』収録。MBS野球中継のジングルから派生した企画。

## 340 WILD THING
X

□ Data

| 作詞 | Chip Taylor | 品番 | B23D-41035 |
|---|---|---|---|
| 作曲 | Chip Taylor | 球団 | 映画 |
| 編曲 | | ジャンル | 野球テーマ |
| レーベル | BMG VICTOR | フォーマット | CD |

野球映画『メジャーリーグ』サントラ収録。チャーリー・シーン演じるリッキーのマウンド登場曲としておなじみのナンバー。

## 341 JINGLE BELLS
トレイ・ヒルマン

□ Data

| 作詞 | | 品番 | |
|---|---|---|---|
| 作曲 | | 球団 | 北海道日本ハムファイターズ |
| 編曲 | | ジャンル | 選手歌唱 |
| レーベル | | フォーマット | CD |

東京ドームの弾き語りライブも成功させたヒルマン監督のクリスマスアルバム。

## 342 我是男子漢
張誌家

□ Data

| 作詞 | 郭桂彬 | 品番 | G3072-1 |
|---|---|---|---|
| 作曲 | 郭桂彬 | 球団 | 西武ライオンズ |
| 編曲 | 江健民 | ジャンル | 選手歌唱 |
| レーベル | GMM 8866 GROUP | フォーマット | CD |

24年1月1日に急逝した張誌家が台湾でリリースしたアルバムに収録。アイドル性たっぷりな1枚。

## 343 君よ八月に熱くなれ
高岡健二

□ Data

| | | | |
|---|---|---|---|
| 作詞 | 阿久悠 | 品番 | GK-131 |
| 作曲 | 中田喜直 | 球団 | 高校野球 |
| 編曲 | 森岡賢一郎 | ジャンル | 関連モノ |
| レーベル | KING | フォーマット | 7" |

朝日放送の高校野球中継や「熱闘甲子園」といったらこの曲! という方も多かろう。

## 344 阪神タイガース酒飲み音頭2003
勝吉本酔虎隊

□ Data

| | | | |
|---|---|---|---|
| 作詞 | 岡本圭司／森浩美 | 品番 | SRCL5557 |
| 作曲 | ベートーベン鈴木／森浩美 | 球団 | 阪神タイガース |
| 編曲 | 安部潤 | ジャンル | 球団愛 |
| レーベル | SONY | フォーマット | CD |

03年リリースだから優勝案件かと思いきや5月発売。とんでもない先物商法だった。

## 345 巨人軍の歌〜巨人はでっかいよ
若山彰・守屋浩・三鷹淳／五月みどり・北原謙二

□ Data

| | | | |
|---|---|---|---|
| 作詞 | 椿三平／西條八十 | 品番 | PS72 |
| 作曲 | 古関裕而 | 球団 | 読売ジャイアンツ |
| 編曲 | | ジャンル | 球団愛 |
| レーベル | COLUMBIA | フォーマット | SONO |

2曲目の「巨人はでっかいよ」ともども、曲中に選手の挨拶がインサートされた、いわばノンストップMIXの趣。

## 346 男の友情 背番号3
石原裕次郎

□ Data

| | | | |
|---|---|---|---|
| 作詞 | 大高ひさを | 品番 | NS-159 |
| 作曲 | 上原賢六 | 球団 | 読売ジャイアンツ |
| 編曲 | 塩瀬重雄 | ジャンル | 選手愛 |
| レーベル | TEICHIKU | フォーマット | 7" |

石原良純も長嶋一茂もこの曲を知らなかったという。むしろそれで良し。

## 347 人生しみじみジャイアンツ
川谷拓三

□ Data

| | | | |
|---|---|---|---|
| 作詞 | 大河史 | 品番 | DR-6145 |
| 作曲 | 市川昭介 | 球団 | 読売ジャイアンツ |
| 編曲 | 小杉仁三 | ジャンル | 選手愛 |
| レーベル | POLYDOR | フォーマット | 7" |

この曲をリリースした77年、川谷は野球の試合シーンが出てこない野球映画に出演している。実写版『ドカベン』だ。

## 348 Dragons Forever!
ケイン・コスギ

□ Data

| | | | |
|---|---|---|---|
| 作詞 | 西崎貢／なかにし礼 | 品番 | CODA-1377 |
| 作曲 | なかにし礼／羽柴昂 | 球団 | 中日ドラゴンズ |
| 編曲 | 羽柴昂 | ジャンル | 公式ソング |
| レーベル | COLUMBIA | フォーマット | CDS |

迷走する中日ドラゴンズ公式ソング、このあたりから発注先がバラエティーに富んだものになっていく。

## 349 | Dragons Forever!
ショー・コスギ＆ケイン・コスギ

□ Data

| | | | |
|---|---|---|---|
| 作詞 | 西崎貢／なかにし礼 | 品番 | CODA-1377 |
| 作曲 | なかにし礼／羽柴昂 | 球団 | 中日ドラゴンズ |
| 編曲 | 羽柴昂 | ジャンル | 公式ソング |
| レーベル | COLUMBIA | フォーマット | CDS |

4種類あるシングルCDのなかでショー・コスギがクレジットされているバージョン。

## 350 | マツケン燃えドラ盆おどり
松平健

□ Data

| | | | |
|---|---|---|---|
| 作詞 | 山本正之 | 品番 | VXD-2J3057 |
| 作曲 | 山本正之 | 球団 | 中日ドラゴンズ |
| 編曲 | 藤原いくろう | ジャンル | 球団愛 |
| レーベル | オフィスきちじろう | フォーマット | CD |

絶滅危惧種となってしまった球団音頭モノ。「燃えよドラゴンズ！2008」カップリング曲。

## 351 | 昇竜いざゆけドラゴンズ
松平健

□ Data

| | | | |
|---|---|---|---|
| 作詞 | 中日ドラゴンズ応援団 | 品番 | TNK-032 |
| 作曲 | DJ MITSU | 球団 | 中日ドラゴンズ |
| 編曲 | | ジャンル | 公式ソング |
| レーベル | STAX | フォーマット | CD |

4代目球団歌。nobodyknows+のDJ MITSUの楽曲を歌いこなす松平健。

## 352 | 燃えよドラゴンズ！V2
南利明

□ Data

| | | | |
|---|---|---|---|
| 作詞 | 山本正之 | 品番 | AT-1131 |
| 作曲 | 山本正之 | 球団 | 中日ドラゴンズ |
| 編曲 | 神保正明 | ジャンル | 球団愛 |
| レーベル | TOHO | フォーマット | 7" |

南利明はオリエンタルカレーで有名なフレーズを本作で用いる。だからってハヤシ選手がいたわけではない。

## 353 | 野球小僧
伊武雅刀

□ Data

| | | | |
|---|---|---|---|
| 作詞 | 佐伯孝夫 | 品番 | VIDL-10144 |
| 作曲 | 佐々木俊一 | 球団 | 野球 |
| 編曲 | 三宅純 | ジャンル | 野球テーマ |
| レーベル | VICTOR | フォーマット | CDS |

ミズノのCMソング。小林克也＆ザ・ナンバーワン・バンドバージョンとニコイチ。

## 354 | 野球小僧
小林克也とザ・ナンバーワン・バンド

□ Data

| | | | |
|---|---|---|---|
| 作詞 | 佐伯孝夫 | 品番 | VIHX-1611 |
| 作曲 | 佐々木俊一 | 球団 | 野球 |
| 編曲 | 佐藤輝夫 | ジャンル | 野球テーマ |
| レーベル | INVITATION／VICTOR | フォーマット | 7" |

スネークマンショー「愛の野球場」に出てきた解説者が歌っている、という認識。伊武雅刀バージョンとニコイチ。

## 355 | ズバリ質問
語り：緒方耕一

□ Data

| 作詞 | | 品番 | ODA-7532 |
|---|---|---|---|
| 作曲 | | 球団 | 読売ジャイアンツ |
| 編曲 | | ジャンル | 選手コメント |
| レーベル | サンライズミュージック | フォーマット | CD |

『緒方耕一』収録。アイドル選手のインタビューCDシリーズ。「家まで来ないでくれ!」と訴えるチャチャこと緒方耕一。

## 356 | CM収録こぼれ話
語り：緒方耕一

□ Data

| 作詞 | | 品番 | ODA-7538 |
|---|---|---|---|
| 作曲 | | 球団 | 読売ジャイアンツ |
| 編曲 | | ジャンル | 選手コメント |
| レーベル | サンライズミュージック | フォーマット | CD |

『緒方耕一PARTⅡ』収録。CMレコーディングで下手を打ったのは井上と槙原だと訴えるチャチャ。

## 357 | ズバリ質問PARTⅢ
語り：緒方耕一

□ Data

| 作詞 | | 品番 | ODA-7542 |
|---|---|---|---|
| 作曲 | | 球団 | 読売ジャイアンツ |
| 編曲 | | ジャンル | 選手コメント |
| レーベル | サンライズミュージック | フォーマット | CD |

『緒方耕一PARTⅢ』収録。まだファンからの質問に答えるチャチャ。

## 358 | ズバリ質問
語り：緒方耕一

□ Data

| 作詞 | | 品番 | SRCD-2006 |
|---|---|---|---|
| 作曲 | | 球団 | 読売ジャイアンツ |
| 編曲 | | ジャンル | 選手コメント |
| レーベル | サンライズミュージック | フォーマット | CD |

『緒方耕一PARTⅣ』収録。まだまだファンからの質問に答えるチャチャ。

## 359 | 清原選手からのボイスメッセージ
語り：清原和博

□ Data

| 作詞 | | 品番 | ODA-7417 |
|---|---|---|---|
| 作曲 | | 球団 | 西武ライオンズ |
| 編曲 | | ジャンル | 選手コメント |
| レーベル | サンライズミュージック | フォーマット | CD |

『清原和博』収録。「1本でも多く皆さんがびっくりするようなホームランを打つ!」。打つものを間違えなければねぇ。

## 360 | ボイスメッセージ
語り：西崎幸広

□ Data

| 作詞 | | 品番 | ODA-7471 |
|---|---|---|---|
| 作曲 | | 球団 | 日本ハムファイターズ |
| 編曲 | | ジャンル | 選手コメント |
| レーベル | サンライズミュージック | フォーマット | CD |

『西崎幸広』収録。テンプレ質問に答えるトレンディエース。インタビュアーが話を広げないからレビューするコッチも大変!

## 361 | SWEET ROMAN
村上隆行

□ Data

| | | | |
|---|---|---|---|
| 作詞 | | 品番 | ODA-7433 |
| 作曲 | | 球団 | 近鉄バファローズ |
| 編曲 | | ジャンル | 選手歌唱 |
| レーベル | サンライズミュージック | フォーマット | CD |

『村上隆行』収録。89年にアン・ルイスのバックバンド・メンバーと結婚するが、その後もリリースされるほど大人気!

## 362 | とっておきの話
語り：池山隆寛

□ Data

| | | | |
|---|---|---|---|
| 作詞 | | 品番 | ODA-7504 |
| 作曲 | | 球団 | ヤクルトスワローズ |
| 編曲 | | ジャンル | 選手コメント |
| レーベル | サンライズミュージック | フォーマット | CD |

『池山隆寛』収録。あまり面白発言などないタイプで実は正統派アイドル枠。

## 363 | 思い出の名シーン
語り：内藤尚行

□ Data

| | | | |
|---|---|---|---|
| 作詞 | | 品番 | ODA-7507 |
| 作曲 | | 球団 | ヤクルトスワローズ |
| 編曲 | | ジャンル | 選手コメント |
| レーベル | サンライズミュージック | フォーマット | CD |

『内藤尚行』収録。当然アイドル枠に入る選手だが、セクシー女優との〈こぶし事件〉の後はどうだったんだろう?

## 364 | ボイスメッセージ
語り：湯上谷宏

□ Data

| | | | |
|---|---|---|---|
| 作詞 | | 品番 | ODA-7453 |
| 作曲 | | 球団 | 南海ホークス |
| 編曲 | | ジャンル | 選手コメント |
| レーベル | サンライズミュージック | フォーマット | CD |

『湯上谷宏』収録。さすが「鷹の爪」(086参照)レコーディングメンバーに選抜されるだけの事はあるアイドル性。

## 365 | ヘイ・ハンク
ネルソン・ブリルズ

□ Data

| | | | |
|---|---|---|---|
| 作詞 | DON ORIOLO  MARK BARKAN | 品番 | ECR-10548 |
| 作曲 | DON ORIOLO  MARK BARKAN | 球団 | MLB |
| 編曲 | | ジャンル | 選手歌唱 |
| レーベル | CAPITAL | フォーマット | 7" |

ワンちゃんのチアソングがあるならハンク・アーロンだって! なぜかパイレーツのネルソン・ブリルズ投手が歌唱。

## 366 | And So It Goes
バーニー・ウィリアムス

□ Data

| | | | |
|---|---|---|---|
| 作詞 | Billy Joel | 品番 | UCCR-1035 |
| 作曲 | Billy Joel | 球団 | MLB |
| 編曲 | | ジャンル | 選手歌唱 |
| レーベル | VICTOR | フォーマット | CD |

『THE JOURNEY WITHIN』収録。MLBからきた野球レコードの刺客がまさかのバーニー・ウィリアムス!

## 367 | 勝利めざして
三鷹淳

□ Data

| | | | |
|---|---|---|---|
| 作詞 | 中桐ひさお | 品番 | CODA-276 |
| 作曲 | 中桐ひさお | 球団 | 中日ドラゴンズ |
| 編曲 | 山田年秋 | ジャンル | 球団愛 |
| レーベル | COLUMBIA | フォーマット | CDS |

軍歌調の三鷹淳らしくない可愛らしいジャケ。カップリングの佐々木功「ぼくはタツノオトシゴ」は7インチも存在。

## 368 | カープ讃歌
若山彰

□ Data

| | | | |
|---|---|---|---|
| 作詞 | 央田圭 | 品番 | CWA-42 |
| 作曲 | 米山正夫 | 球団 | 広島東洋カープ |
| 編曲 | 小杉仁三 | ジャンル | 球団愛 |
| レーベル | CROWN | フォーマット | 7" |

このジャケ写、隣の広島バスセンターから撮ったのだろうか。今や貴重な旧・広島市民球場ジャケ。

## 369 | 阪神タイガースの歌
若山彰

□ Data

| | | | |
|---|---|---|---|
| 作詞 | 佐藤物之助 | 品番 | PRE-1133 |
| 作曲 | 古関裕而 | 球団 | 阪神タイガース |
| 編曲 | 浅井修三 | ジャンル | 球団歌 |
| レーベル | COLUMBIA | フォーマット | 7" |

SP盤時代の音源を7インチ化したものと思われる。そう考えると若山彰の芸歴の長さが凄いことに。

## 370 | 巨人軍の歌
若山彰・守屋浩・三鷹淳

□ Data

| | | | |
|---|---|---|---|
| 作詞 | 椿三平／西條八十 | 品番 | SA-1094 |
| 作曲 | 古関裕而 | 球団 | 読売ジャイアンツ |
| 編曲 | | ジャンル | 公式ソング |
| レーベル | COLUMBIA | フォーマット | 7" |

345掲載の「ノンストップMIX」と違い、楽曲はA・B面ともそれぞれ単独で収録。

## 371 | 野球小僧
灰田勝彦

□ Data

| | | | |
|---|---|---|---|
| 作詞 | 佐伯孝夫 | 品番 | FS-6828 |
| 作曲 | 佐々木俊一 | 球団 | 野球 |
| 編曲 | | ジャンル | 野球テーマ |
| レーベル | VICTOR | フォーマット | SONO |

冊子「灰田勝彦 野球小僧は歌う」の付録。灰田勝彦は草野球にセミプロ級を連れてくるので鶴田浩二から苦言を呈された。

## 372 | 背番号は言えない
荒川文子

□ Data

| | | | |
|---|---|---|---|
| 作詞 | 笠置公平 | 品番 | C-4069 |
| 作曲 | 村沢良介 | 球団 | 野球 |
| 編曲 | 大久保徳二郎 | ジャンル | 野球テーマ |
| レーベル | TEICHIKU | フォーマット | SP |

SP盤の時代に活躍した女性歌手による野球ソング。

## 373 熱球時代
大木実／セリフ：小西得郎

□ Data

| 作詞 | 清水みのる | 品番 | C-4069 |
|---|---|---|---|
| 作曲 | 大久保徳二郎 | 球団 | 野球 |
| 編曲 | 大久保徳二郎 | ジャンル | 野球テーマ |
| レーベル | TEICHIKU | フォーマット | SP |

野球中継解説の草分け小西得郎のフレーズがレコードになる、わりと先進的かつ標準的な企画盤。

## 374 ドラゴンズ音頭
曽根史朗・川崎千恵子

□ Data

| 作詞 | 金光聖喜／平山忠夫 | 品番 | MV-3035 |
|---|---|---|---|
| 作曲 | 利根一郎 | 球団 | 中日ドラゴンズ |
| 編曲 | 小沢直与志 | ジャンル | 球団愛 |
| レーベル | VICTOR | フォーマット | 7" |

球団と中日新聞系のマスコミで構成された「ドラゴンズ音頭制定委員会」なる組織が動いて作成した模様。

## 375 燃えよドラゴンズ!'99
舟木一夫

□ Data

| 作詞 | 山本正之 | 品番 | CODA-1766 |
|---|---|---|---|
| 作曲 | 山本正之 | 球団 | 中日ドラゴンズ |
| 編曲 | 神保雅彰 | ジャンル | 球団愛 |
| レーベル | COLUMBIA | フォーマット | CDS |

尾張一宮出身の舟木一夫がリリース。25年ぶりにオリコン40位にランクインするなど景気のいい作品。

## 376 涙の敗戦投手
舟木一夫

□ Data

| 作詞 | 丘灯至夫 | 品番 | SAS-206 |
|---|---|---|---|
| 作曲 | 戸塚三博 | 球団 | 野球 |
| 編曲 | 福田正 | ジャンル | 野球テーマ |
| レーベル | COLUMBIA | フォーマット | 7" |

同じ「敗戦投手」でもさだまさしはノックアウト直後の情景だが、舟木一夫は球場の外に出ている割り切り感。

## 377 野球小唄
小林旭

□ Data

| 作詞 | 星野哲郎 | 品番 | CW-427 |
|---|---|---|---|
| 作曲 | 叶弦大 | 球団 | 野球 |
| 編曲 | 重松岩雄 | ジャンル | 野球テーマ |
| レーベル | CROWN | フォーマット | 7" |

「恋の山手線」・「自動車ショー歌」の系譜、折り込みソングの野球バージョン。

## 378 北国のエース
上原和夫

□ Data

| 作詞 | 信原じゅん | 品番 | DR1515 |
|---|---|---|---|
| 作曲 | 松田 | 球団 | 高校野球 |
| 編曲 | 早川博二 | ジャンル | 選手愛 |
| レーベル | POLYDOR | フォーマット | 7" |

元祖甲子園のアイドル三沢高校のエース太田幸司モノ。まさかコーちゃんが中高年になって精力剤のラジオCMに出るとは!

## 379 | 西本幸雄監督・コーチ・選手インタビュー

□ Data

| 作詞 | | 品番 | TW-70001 |
|---|---|---|---|
| 作曲 | | 球団 | 近鉄バファローズ |
| 編曲 | | ジャンル | 選手コメント |
| レーベル | TOSHIBA | フォーマット | LP |

『'80年プロ野球声の名鑑 近鉄バファローズ』収録。優勝した翌年なので参加メンバーは顔なじみの選手ばかり。

## 380 | 梶本隆夫監督・コーチ・選手インタビュー

□ Data

| 作詞 | | 品番 | TW-70002 |
|---|---|---|---|
| 作曲 | | 球団 | 阪急ブレーブス |
| 編曲 | | ジャンル | 選手コメント |
| レーベル | TOSHIBA | フォーマット | LP |

『'80プロ野球声の名鑑 阪急ブレーブス』収録。阪急ブレーブス時代の柳田真宏選手の音声が入っている。

## 381 | 大沢啓二監督・コーチ・選手インタビュー

□ Data

| 作詞 | | 品番 | TW-70003 |
|---|---|---|---|
| 作曲 | | 球団 | 日本ハムファイターズ |
| 編曲 | | ジャンル | 選手コメント |
| レーベル | TOSHIBA | フォーマット | LP |

『'80プロ野球声の名鑑 日本ハムファイターズ』収録。当時は生え抜きが育ってきたと思ったが、大半が移籍組だった。

## 382 | 山内一弘監督・コーチ・選手インタビュー

□ Data

| 作詞 | | 品番 | TW-70004 |
|---|---|---|---|
| 作曲 | | 球団 | ロッテオリオンズ |
| 編曲 | | ジャンル | 選手コメント |
| レーベル | TOSHIBA | フォーマット | LP |

『'80プロ野球声の名鑑 ロッテ オリオンズ』収録。有藤、白、張本という豪華強面メンバーの声が聴ける!

## 383 | 広瀬淑功監督・コーチ・選手インタビュー

□ Data

| 作詞 | | 品番 | TW-70005 |
|---|---|---|---|
| 作曲 | | 球団 | 南海ホークス |
| 編曲 | | ジャンル | 選手コメント |
| レーベル | TOSHIBA | フォーマット | LP |

『'80プロ野球声の名鑑 南海ホークス』収録。南海ホークス時代の上田次郎（朗）投手の音声が入っている。

## 384 | 根本陸夫監督・コーチ・選手インタビュー

□ Data

| 作詞 | | 品番 | TW-70006 |
|---|---|---|---|
| 作曲 | | 球団 | 西武ライオンズ |
| 編曲 | | ジャンル | 選手コメント |
| レーベル | TOSHIBA | フォーマット | LP |

『'80プロ野球声の名鑑 西武ライオンズ』収録。所沢移転2年目のライオンズ、リアル「がんばれ!!タブチくん!」。

### 385 | 古葉竹識監督・コーチ・選手インタビュー

□ Data

| 作詞 | | 品番 | TW-70007 |
|---|---|---|---|
| 作曲 | | 球団 | 広島東洋カープ |
| 編曲 | | ジャンル | 選手コメント |
| レーベル | TOSHIBA | フォーマット | LP |

『'80年プロ野球声の名鑑 広島東洋カープ』収録。赤ヘルブームの真っ只中、いかついおじさん選手にアイドル扱い!

### 386 | 土井淳監督・コーチ・選手インタビュー

□ Data

| 作詞 | | 品番 | TW-70008 |
|---|---|---|---|
| 作曲 | | 球団 | 横浜大洋ホエールズ |
| 編曲 | | ジャンル | 選手コメント |
| レーベル | TOSHIBA | フォーマット | LP |

『'80プロ野球声の名鑑 横浜大洋ホエールズ』収録。横浜移転後2人目となる土井監督初年度のリリース。

### 387 | 中利夫監督・コーチ・選手インタビュー

□ Data

| 作詞 | | 品番 | TW-70009 |
|---|---|---|---|
| 作曲 | | 球団 | 中日ドラゴンズ |
| 編曲 | | ジャンル | 選手コメント |
| レーベル | TOSHIBA | フォーマット | LP |

『'80プロ野球声の名鑑 中日ドラゴンズ』収録。80年版「燃えよドラゴンズ!」と比較すると宇野と水谷がいない。

### 388 | D・ブレイザー監督・コーチ・選手インタビュー

□ Data

| 作詞 | | 品番 | TW-70010 |
|---|---|---|---|
| 作曲 | | 球団 | 阪神タイガース |
| 編曲 | | ジャンル | 選手コメント |
| レーベル | TOSHIBA | フォーマット | LP |

『'80プロ野球声の名鑑 阪神タイガース』収録。阪神タイガース伝統の〈お家騒動〉の薫り漂うメンバーにしびれる。

### 389 | 長嶋茂雄監督・コーチ・選手インタビュー

□ Data

| 作詞 | | 品番 | TW-70011 |
|---|---|---|---|
| 作曲 | | 球団 | 読売ジャイアンツ |
| 編曲 | | ジャンル | 選手コメント |
| レーベル | TOSHIBA | フォーマット | LP |

『'80プロ野球声の名鑑 読売巨人軍』収録。プロ8年で12球団勝利を達成した古賀正明投手の最終年度の声が聴ける。

### 390 | 武上四郎監督・コーチ・選手インタビュー

□ Data

| 作詞 | | 品番 | TW-70012 |
|---|---|---|---|
| 作曲 | | 球団 | ヤクルトスワローズ |
| 編曲 | | ジャンル | 選手コメント |
| レーベル | TOSHIBA | フォーマット | LP |

『'80プロ野球声の名鑑 ヤクルトスワローズ』収録。その後もなんやかんやでユニフォームを着ている方が多い人選。

## 391 | 勝利の女神
たいらいさお

□ Data

| | | | |
|---|---|---|---|
| 作詞 | 山上路夫 | 品番 | K07S-4027 |
| 作曲 | 小林亜星 | 球団 | 軟式野球 |
| 編曲 | 筒井広志 | ジャンル | すいせん |
| レーベル | KING | フォーマット | 7" |

すいせん・東京都軟式野球連盟。この「推薦」が曲者で実際にどのように運用されているのかよくわからない。

## 392 | 行くのだタイガース
たいらいさお

□ Data

| | | | |
|---|---|---|---|
| 作詞 | 山口洋子 | 品番 | GK-394 |
| 作曲 | 猪俣公章 | 球団 | 阪神タイガース |
| 編曲 | 小杉仁三 | ジャンル | 球団愛 |
| レーベル | KING | フォーマット | 7" |

西武ライオンズファンの山口洋子が作詞。阪神ファンの阿久悠もミラクル元年奇跡を呼んじゃう歌詞書いてるからノーカン!

## 393 | 栄光の彼方へ
水木一郎

□ Data

| | | | |
|---|---|---|---|
| 作詞 | 橋本淳 | 品番 | SCS-461 |
| 作曲 | 渡辺宙明 | 球団 | テレビ |
| 編曲 | 渡辺宙明 | ジャンル | 野球テーマ |
| レーベル | COLUMBIA | フォーマット | 7" |

テレビアニメ「野球狂の詩」エンディングテーマ。「北の狼 南の虎」に通ずる雰囲気を感じる。

## 394 | 北の狼南の虎
水木一郎

□ Data

| | | | |
|---|---|---|---|
| 作詞 | 橋本淳 | 品番 | SCS-460 |
| 作曲 | 中村泰士 | 球団 | テレビ |
| 編曲 | 萩田光雄 | ジャンル | 野球テーマ |
| レーベル | COLUMBIA | フォーマット | 7" |

水島新司のベースは浪花節だよなぁとしみじみする「野球狂の詩」のスピンオフ的位置づけ作品。

## 395 | 燃えよドラゴンズ!2002
水木一郎

□ Data

| | | | |
|---|---|---|---|
| 作詞 | 山本正之 | 品番 | CODA-2045 |
| 作曲 | 山本正之 | 球団 | 中日ドラゴンズ |
| 編曲 | 神保雅彰 | ジャンル | 球団愛 |
| レーベル | COLUMBIA | フォーマット | CD |

数ある「燃えよドラゴンズ」の水木一郎バージョンの最初がこれ。平歌に入る直前のベースラインのうねりが良い。

## 396 | ファイターズ讃歌
速水けんたろう

□ Data

| | | | |
|---|---|---|---|
| 作詞 | 石川信一 | 品番 | CRCP-566 |
| 作曲 | 中村泰士 | 球団 | 北海道日本ハムファイターズ |
| 編曲 | 土屋俊輔 | ジャンル | 球団愛 |
| レーベル | CROWN | フォーマット | CD |

諸般の事情でお蔵入りになった札幌ファーストバージョン。車の運転は怖いですね。

## 397 | 輝け!未来へ〜HIT&RUN〜
速水けんたろう

□ Data

| | | | |
|---|---|---|---|
| 作詞 | 門屋陽平／速水けんたろう | 品番 | TECN15615 |
| 作曲 | 石川寛門／速水けんたろう | 球団 | 日本ハムファイターズ |
| 編曲 | 石川寛門 | ジャンル | 球団愛 |
| レーベル | TEICHIKU | フォーマット | CD |

テレビ埼玉制作のファイターズ戦中継（解説は宇田東植）でもおなじみの楽曲。

## 398 | 行け行け飛雄馬
おおたけし・森みどり

□ Data

| | | | |
|---|---|---|---|
| 作詞 | 東京ムービー企画部 | 品番 | ORF-1015 |
| 作曲 | 渡辺岳夫 | 球団 | 読売ジャイアンツ |
| 編曲 | 梅垣達志 | ジャンル | 球団愛 |
| レーベル | ORANGE HOUSE | フォーマット | 7" |

ディスコサウンドの「行け行け飛雄馬」。情念のあるおおたけしの歌声がいいんすよ。

## 399 | やっぱりジャイアンツ
池田鴻

□ Data

| | | | |
|---|---|---|---|
| 作詞 | ゆうき詩子 | 品番 | PRT-1134 |
| 作曲 | 水森英夫 | 球団 | 読売ジャイアンツ |
| 編曲 | 矢野立美 | ジャンル | 球団愛 |
| レーベル | TOSHIBA | フォーマット | 7" |

「翔べ! ガンダム」で名高い池田鴻が苦悩するジャイアンツ・ファンを歌い上げる。

## 400 | 檄!帝国華撃団
真宮寺さくら＆帝国歌劇団

□ Data

| | | | |
|---|---|---|---|
| 作詞 | 広井王子 | 品番 | BVDR-1606 |
| 作曲 | 田中公平 | 球団 | 社会人野球 |
| 編曲 | | ジャンル | 得点テーマ |
| レーベル | LIPOP | フォーマット | CDS |

「CRサクラ大戦」大当たりテーマであり、自社社会人野球チームの得点テーマでもある。

## 401 | 野球狂の詩
堀江美都子

□ Data

| | | | |
|---|---|---|---|
| 作詞 | | 品番 | SCS-396 |
| 作曲 | 渡辺宙明 | 球団 | テレビ |
| 編曲 | 渡辺宙明 | ジャンル | 野球テーマ |
| レーベル | COLUMBIA | フォーマット | 7" |

30歳過ぎると機微がよくわかるようになり、子どもの頃とは見方が変わる野球漫画の定番。

## 402 | 一球さん
堀江美都子

□ Data

| | | | |
|---|---|---|---|
| 作詞 | 保富康午 | 品番 | SCS-412 |
| 作曲 | 荒木とよひさ | 球団 | テレビ |
| 編曲 | 丸山雅仁 | ジャンル | 野球テーマ |
| レーベル | COLUMBIA | フォーマット | 7" |

「男どアホウ甲子園」の続編なのだが、テーマソングの雰囲気がガラリと変わる。これも時代の流れか。

### 403 | ピッチバックワンの歌
ハニー・ナイツ

□ Data

| 作詞 | 山本直純 | 品番 | |
|---|---|---|---|
| 作曲 | 山本直純 | 球団 | 阪神タイガース |
| 編曲 | | ジャンル | サイドビジネス |
| レーベル | ダイドー | フォーマット | SONO |

村山実のアイドルスマイルが眩しいジャケ。彼が引退後経営していた運動具用品店では扱っていたのか?

### 404 | 田所医師の語り
ナレーター：日下武史

□ Data

| 作詞 | | 品番 | TW-9011 |
|---|---|---|---|
| 作曲 | | 球団 | 阪神タイガース |
| 編曲 | | ジャンル | ドキュメンタリー |
| レーベル | TOSHIBA | フォーマット | LP |

『栄光の11番 村山実』収録。本人、対戦相手、家族のみならず担当医師にまでインタビューした引退記念アルバム。

### 405 | トラキチ音頭
加藤まさいち／麻希純子

□ Data

| 作詞 | 阪神寅男 | 品番 | E4R-0096 |
|---|---|---|---|
| 作曲 | 阪神寅男 | 球団 | 阪神タイガース |
| 編曲 | 阪神寅男 | ジャンル | 球団愛 |
| レーベル | TOSHIBA | フォーマット | 7" |

タイトルが放送上不適切!? ABCラジオ「おはパソ」でゲストがこの単語を発したらCM明けに道上アナが謝罪した。

### 406 | トラキチ音頭
麻希純子／加藤まさいち

□ Data

| 作詞 | 阪神寅男 | 品番 | E4R-0087 |
|---|---|---|---|
| 作曲 | 阪神寅男 | 球団 | 阪神タイガース |
| 編曲 | 阪神寅男 | ジャンル | 球団愛 |
| レーベル | TOSHIBA | フォーマット | 7" |

タイトルが放送上不適切と言われてしまう珍品…ってボーカル違いなのか! 阪神タイガースモノの深淵を感じさせる。

### 407 | トラトラ音頭
嶺よう子

□ Data

| 作詞 | | 品番 | |
|---|---|---|---|
| 作曲 | | 球団 | 阪神タイガース |
| 編曲 | | ジャンル | 球団愛 |
| レーベル | サウンドワークス | フォーマット | 7" |

これぞ自主制作盤! 阪神タイガースモノはこのパターンがあるから無限のユニバースと言える。明日への活力!

### 408 | 阪神タイガースかぞえ唄（優勝ヴァージョン）
道上洋三

□ Data

| 作詞 | 清藤耕一 | 品番 | 28AH1969 |
|---|---|---|---|
| 作曲 | 竹村次郎 | 球団 | 阪神タイガース |
| 編曲 | 竹村次郎 | ジャンル | 球団愛 |
| レーベル | CBS SONY | フォーマット | LP |

アルバム『VICTORYタイガース'85』収録。当然シングルカットされている。

## 409 吼えろタイガース
浪花家辰丸

□ Data

| | | | |
|---|---|---|---|
| 作詞 | 浪花家辰丸／東龍 | 品番 | K07D-90023 |
| 作曲 | | 球団 | 阪神タイガース |
| 編曲 | | ジャンル | 球団愛 |
| レーベル | KING | フォーマット | 7" |

イイ顔ジャケ、そうとしか言いようがないのが困る。ビジュアル系とはこういうものと勘違いしてました。

## 410 ほえろ小林ふり向くな!!
京山幸枝若

□ Data

| | | | |
|---|---|---|---|
| 作詞 | もず唱平 | 品番 | RAB-130 |
| 作曲 | 三山敏 | 球団 | 阪神タイガース |
| 編曲 | 高松伸光 | ジャンル | 選手愛 |
| レーベル | ローオンレコード | フォーマット | 7" |

先代・京山幸枝若のジャケ写が格好いいのでカラーページに「強い要望」でねじ込みました。

## 411 男・川藤・晴れ姿
浪花太郎

□ Data

| | | | |
|---|---|---|---|
| 作詞 | たかたかし | 品番 | RE-738 |
| 作曲 | 岡千秋 | 球団 | 阪神タイガース |
| 編曲 | 斉藤恒夫 | ジャンル | 選手愛 |
| レーベル | TEICHIKU | フォーマット | 7" |

B面「昭和の春団治」。球団承認印あり。阪急百貨店からやってきた今のタイガースの幹部ならハンコ押すかな？

## 412 阪神タイガース応援団VS読売巨人私設応援団(試合前のエール交歓ヤジ合戦)
ナレーター：みのもんた

□ Data

| | | | |
|---|---|---|---|
| 作詞 | | 品番 | PP-55 |
| 作曲 | | 球団 | 阪神／読売 |
| 編曲 | | ジャンル | ドキュメンタリー |
| レーベル | TEICHIKU | フォーマット | LP |

ドキュメント『面白プロ野球ファン応援合戦』より。電気グルーヴ「密林の猛虎打線」のサンプリング元がこのアルバム。

## 413 面白応援傑作集 PART 1
面白ものまねナレーション：北口光彦

□ Data

| | | | |
|---|---|---|---|
| 作詞 | | 品番 | 12HS-2 |
| 作曲 | | 球団 | 阪神タイガース |
| 編曲 | | ジャンル | ドキュメンタリー |
| レーベル | TEICHIKU | フォーマット | LP |

『面白応援ドキュメント トラ・トラ・トラ 阪神応援ものまね大合戦』収録。甲子園のスタンドにマイクを置いて記録。

## 414 ああ阪神
ナレーター：中村鋭一（朝日放送）

□ Data

| | | | |
|---|---|---|---|
| 作詞 | | 品番 | AYL-1 |
| 作曲 | | 球団 | 阪神タイガース |
| 編曲 | | ジャンル | ドキュメンタリー |
| レーベル | TEICHIKU | フォーマット | LP |

『吼えろ!タイガース 輝く阪神タイガース40年の歩み』収録。なによりライナーの藤本義一の項目がヤバ素晴らしい。

### 415 | 吼えろ 吼えろ タイガース21
尾鷲義仁

□ Data

| | | | |
|---|---|---|---|
| 作詞 | 永島弘子 | 品番 | CRCP-521 |
| 作曲 | 富田梓仁 | 球団 | 阪神タイガース |
| 編曲 | 小杉仁三 | ジャンル | ファンソング |
| レーベル | CROWN | フォーマット | CD |

99年リリース同名曲のリメイクかと思ったら詞も手を加えていた。カップリング曲「おやじのタイガース」も味わい深い。

### 416 | うわさのベースボール巨人編
葵三音子

□ Data

| | | | |
|---|---|---|---|
| 作詞 | 阿久悠 | 品番 | UC-12 |
| 作曲 | 市川昭介 | 球団 | 読売ジャイアンツ |
| 編曲 | 佐々永治 | ジャンル | 関連モノ |
| レーベル | UNION | フォーマット | 7" |

日本テレビ「うわさのチャンネル」テーマ曲。徳光アナが四の字固め喰らうだけじゃないのね。

### 417 | それ行けカープ
南一誠

□ Data

| | | | |
|---|---|---|---|
| 作詞 | 有馬三恵子 | 品番 | COCA-16090 |
| 作曲 | 宮崎尚志 | 球団 | 広島東洋カープ |
| 編曲 | 宮崎尚志 | ジャンル | 公式ソング |
| レーベル | COLUMBIA | フォーマット | CD |

シングル「広島天国」に収録。タイトル曲もある意味カープ関連曲。

### 418 | それ行けカープ（若き鯉たち）
角川博

□ Data

| | | | |
|---|---|---|---|
| 作詞 | 有馬三恵子 | 品番 | RVS-1204 |
| 作曲 | 宮崎尚志 | 球団 | 広島東洋カープ |
| 編曲 | 薗広昭 | ジャンル | 公式ソング |
| レーベル | RCA | フォーマット | 7" |

広島ホームテレビが企画したバージョン。角川博はプロ野球ニュースのオフ企画で加藤博一と組んで出演した成果か?

### 419 | 燃える赤ヘル僕らのカープ
加納ひろし

□ Data

| | | | |
|---|---|---|---|
| 作詞 | 石本美由紀 | 品番 | TKCA-74487 |
| 作曲 | 横山菁児 | 球団 | 広島東洋カープ |
| 編曲 | soundbreakers | ジャンル | 球団愛 |
| レーベル | 徳間ジャパン | フォーマット | CD |

レコード時代は「事崎正司」名義だがCD時代になり「加納ひろし」に。レコードはまさに記録なり。

### 420 | ファインプレーを君と一緒に～Go!Go!ジャイアンツ～
五木ひろし WITH チームジャビッツ21 FEAT.徳光和夫

□ Data

| | | | |
|---|---|---|---|
| 作詞 | 大本卓／荒木とよひさ | 品番 | VPCB-82195 |
| 作曲 | 船村徹 | 球団 | 読売ジャイアンツ |
| 編曲 | 蔦将包 | ジャンル | 公式ソング |
| レーベル | VAP | フォーマット | CD |

球団創立70周年記念で歌詞公募。審査委員長は50年に入団テストに落ちた船村徹先生。

## 421 六甲おろし
唐渡吉則

□ Data

| 作詞 | 佐藤惣之助 | 品番 | CODA-174 |
|---|---|---|---|
| 作曲 | 古関裕而 | 球団 | 阪神タイガース |
| 編曲 | 佐伯亮 | ジャンル | 球団愛 |
| レーベル | COLUMBIA | フォーマット | CDS |

毎日放送ではこちらのミスター・トラclass)と唐渡バージョンがよく使われていた印象がある。

## 422 ド・ドンと行こうぜタイガース〜熱闘編
唐渡吉則

□ Data

| 作詞 | 水木れいじ | 品番 | VICL-62765 |
|---|---|---|---|
| 作曲 | 岡千秋 | 球団 | 阪神タイガース |
| 編曲 | 塙一郎 | ジャンル | 球団愛 |
| レーベル | VICTOR | フォーマット | CD |

唐渡吉則のMBS放送生活30周年を記念して制作されたミニアルバム。

## 423 野球星
田中よしひこ

□ Data

| 作詞 | 石川武敏 | 品番 | TCS-1034 |
|---|---|---|---|
| 作曲 | 望月吾郎 | 球団 | 読売ジャイアンツ |
| 編曲 | 斉藤恒夫 | ジャンル | 選手愛 |
| レーベル | TEICHIKU | フォーマット | 7" |

山梨出身の田中よしひこが山梨日大明誠高校出身の木田優夫投手の応援ソングを歌う。

## 424 野球星
田中よしひこ

□ Data

| 作詞 | 石川武敏 | 品番 | TEDA-10030 |
|---|---|---|---|
| 作曲 | 望月吾郎 | 球団 | 読売ジャイアンツ |
| 編曲 | 斉藤恒夫 | ジャンル | 選手愛 |
| レーベル | TEICHIKU | フォーマット | CDS |

山梨出身の田中よしひこが山梨日大明誠高校出身、読売ジャイアンツの木田優夫投手の歌詞違い応援ソングを歌う。

## 425 ホームラン酒場
三沢あけみ

□ Data

| 作詞 | 清水みのる | 品番 | VS-1152 |
|---|---|---|---|
| 作曲 | 渡久地政信 | 球団 | 野球 |
| 編曲 | 渡久地政信 | ジャンル | 野球テーマ |
| レーベル | VICTOR | フォーマット | 7" |

三沢あけみは「年忘れにっぽんの唄」の印象があるが23年もベンチ入り。

## 426 恋のベースボール
徳久広司

□ Data

| 作詞 | 徳久広司 | 品番 | L-1638 |
|---|---|---|---|
| 作曲 | 徳久広司 | 球団 | 野球 |
| 編曲 | 馬飼野俊一 | ジャンル | 野球テーマ |
| レーベル | WARNER-PIONEER | フォーマット | 7" |

歌詞に選手名を折り込んだ〈恋の山手線〉歌謡。今名前が出せる選手ってどれくらいいるんだろう?

## 427 ファン代表 横溝正史（作家）氏インタビュー
語り：横溝正史

□ Data

| 作詞 | | 品番 | 22AH911 |
|------|---|--------|---------|
| 作曲 | | 球団 | 近鉄バファローズ |
| 編曲 | | ジャンル | 球団愛 |
| レーベル | CBS SONY | フォーマット | LP |

アルバム『近鉄バファローズ栄光のV1』収録。横溝正史のクリスマスパーティというパワーワードが見逃されがち。

## 428 近鉄の歌
ダークダックス

□ Data

| 作詞 | 永六輔 | 品番 | |
|------|--------|--------|---|
| 作曲 | 中村八大 | 球団 | 近鉄バファローズ |
| 編曲 | | ジャンル | 愛社精神 |
| レーベル | | フォーマット | SONO |

66年「ひかり」晩秋号付録。まさか社内報の誌名が名古屋〜関西圏のライバルの看板列車名になろうとは。

## 429 バファローズ音頭
高橋元太郎

□ Data

| 作詞 | 西沢爽 | 品番 | 06SH540 |
|------|--------|--------|---------|
| 作曲 | 竹村次郎 | 球団 | 近鉄バファローズ |
| 編曲 | 竹村次郎 | ジャンル | 球団愛 |
| レーベル | CBS SONY | フォーマット | 7" |

河内音頭ではないので全国の皆様にも踊りやすいかと。イントロ部の打球音がシンコペーションなのがシャレている。

## 430 音で綴る前期優勝への足跡（一）
実況：ラジオ大阪及NRN各局

□ Data

| 作詞 | | 品番 | TW-60025 |
|------|---|--------|----------|
| 作曲 | | 球団 | 近鉄バファローズ |
| 編曲 | | ジャンル | ドキュメンタリー |
| レーベル | TOSHIBA | フォーマット | LP |

『祝・前期優勝 目指せV1!近鉄バファローズ』収録。79年前期優勝の軌跡をラジオ大阪を中心とした実況音源で再現。

## 431 プレイオフ・ハイライト近鉄バファローズ先勝
実況：ラジオ大阪

□ Data

| 作詞 | | 品番 | TW-4053 |
|------|---|--------|---------|
| 作曲 | | 球団 | 近鉄バファローズ |
| 編曲 | | ジャンル | ドキュメンタリー |
| レーベル | TOSHIBA | フォーマット | 7" |

79年優勝記念7インチ。バファローズ戦中継を行っていたラジオ大阪の音源で綴る優勝への軌跡。

## 432 バッファロー・ドリーム
高石ともや＆ザ・ナターシャ・セブン

□ Data

| 作詞 | 阿久悠 | 品番 | ETP-10636 |
|------|--------|--------|-----------|
| 作曲 | 高石ともや | 球団 | 近鉄バファローズ |
| 編曲 | 木田たかすけ | ジャンル | 球団愛 |
| レーベル | TOSHIBA | フォーマット | 7" |

江夏の21球を喰らった近鉄バファローズをイメージして書いた阿久悠の詩にメロディをつけた名曲。

### 433 | 草魂
流健二郎

□ Data

| | | | |
|---|---|---|---|
| 作詞 | 星野哲郎 | 品番 | RE-674 |
| 作曲 | 聖川湧 | 球団 | 近鉄バファローズ |
| 編曲 | 池多孝春 | ジャンル | 選手愛 |
| レーベル | TEICHIKU | フォーマット | 7" |

本書公開編集会議にて「買ったけど聴かないレコードありますよね～」と中嶋。頷く一同。

### 434 | 阪急ブレーブス応援歌～上田監督インタビュー

□ Data

| | | | |
|---|---|---|---|
| 作詞 | | 品番 | YESC 33 |
| 作曲 | | 球団 | 阪急ブレーブス |
| 編曲 | | ジャンル | ドキュメンタリー |
| レーベル | 宝塚企画 エイプリル・ミュージック | フォーマット | LP |

『日本一!阪急ブレーブス』収録。75年優勝記念アルバム。福本選手のファインプレーに沸く観客の表情が裏ジャケ。

### 435 | 第7戦

□ Data

| | | | |
|---|---|---|---|
| 作詞 | | 品番 | YESC 59 |
| 作曲 | | 球団 | 阪急ブレーブス |
| 編曲 | | ジャンル | ドキュメンタリー |
| レーベル | 宝塚企画 エイプリル・ミュージック | フォーマット | LP |

『V2 阪急ブレーブス』収録。76年の日本シリーズの実況音源。足立投手の「(巨人ファンよ)もっと騒げ」が話題に。

### 436 | 第4戦

□ Data

| | | | |
|---|---|---|---|
| 作詞 | | 品番 | YESC 73 |
| 作曲 | | 球団 | 阪急ブレーブス |
| 編曲 | | ジャンル | ドキュメンタリー |
| レーベル | 宝塚企画 エイプリル・ミュージック | フォーマット | LP |

『V3!阪急ブレーブス』収録。77年の日本シリーズの実況音源。第4戦での簑田選手の好走塁が注目された。

### 437 | 高松の女
岡村浩二

□ Data

| | | | |
|---|---|---|---|
| 作詞 | 三浦康照 | 品番 | SAS-2025 |
| 作曲 | 三浦康照 | 球団 | 阪急ブレーブス |
| 編曲 | 荒川康男 | ジャンル | 選手歌唱 |
| レーベル | COLUMBIA | フォーマット | 7" |

大熊・藤井と歌自慢揃いの阪急ブレーブス選手にあって、岡村は71年デビューと、彼らの先駆け的存在。

### 438 | DIAMOND
BsGirls

□ Data

| | | | |
|---|---|---|---|
| 作詞 | シシダヤスヒロ | 品番 | AVCD-83082 |
| 作曲 | シシダヤスヒロ | 球団 | オリックスバファローズ |
| 編曲 | シシダヤスヒロ | ジャンル | 関連モノ |
| レーベル | AVEX TRAX | フォーマット | CD |

その昔、京セラドーム大阪の最前席はBsGirls目当ての方が押さえていたというエピソードも。

## 439 | HANSHIN TIGERS
SIM REDMOND BAND

□ Data

| 作詞 | Sim Redmond and SRB | 品番 | LBCY-416 |
|---|---|---|---|
| 作曲 | Sim Redmond and SRB | 球団 | 阪神タイガース |
| 編曲 | Sim Redmond and SRB | ジャンル | 球団愛 |
| レーベル | YELLOW BUS | フォーマット | CD |

たまたま大阪に行ってたらタイガース優勝のタイミングに当たったバンドの旅日記的な楽曲。

## 440 | イチロー!
XOLA

□ Data

| 作詞 | XOLA | 品番 | TOCT-4354 |
|---|---|---|---|
| 作曲 | XOLA | 球団 | MLB |
| 編曲 | | ジャンル | 選手愛 |
| レーベル | TOSHIBA EMI | フォーマット | CD |

オフィシャルテーマソングと銘打っている。XOLA MALIKは当時シアトルマリナーズの音楽プロデューサーを務めていた。

## 441 | 野茂英雄のテーマ HIDE〜O
ディアマンテス

□ Data

| 作詞 | IRVING BURGIE / WILLIAM ATTAWAY | 品番 | PHDL-1044 |
|---|---|---|---|
| 作曲 | IRVING BURGIE / WILLIAM ATTAWAY | 球団 | MLB |
| 編曲 | | ジャンル | 選手愛 |
| レーベル | MARCURY | フォーマット | CDS |

ベタな曲ほどよく当たる! ヒデオからここまで引っ張るのは見事。

## 442 | レッツ・ゴー!イチロー
ベンチャーズ

□ Data

| 作詞 | | 品番 | MYCV-20004 |
|---|---|---|---|
| 作曲 | THE VENTURES / DAVID CARR | 球団 | MLB |
| 編曲 | THE VENTURES | ジャンル | 選手愛 |
| レーベル | M&Iカンパニー | フォーマット | CD |

イチローブームは日本需要を当て込んだベンチャーズをも動かした。

## 443 | ガンバレ!!ハンク・アーロン
リチャード・ウィリー

□ Data

| 作詞 | ERNIE HARWELL | 品番 | DP1929 |
|---|---|---|---|
| 作曲 | BILL SLAYBACK | 球団 | MLB |
| 編曲 | | ジャンル | 選手愛 |
| レーベル | POLYDOR | フォーマット | 7" |

選手愛はワンちゃんだけではない! スキャンダルが特にないアーロンだって人気はあるんだぞ!

## 444 | がっちりローラ〜マンボ
ペレス・プラード楽団

□ Data

| 作詞 | RICHARD ADLER / JERRY ROSS | 品番 | SS-1119 |
|---|---|---|---|
| 作曲 | RICHARD ADLER / JERRY ROSS | 球団 | 野球 |
| 編曲 | | ジャンル | 野球テーマ |
| レーベル | VICTOR | フォーマット | 7" |

映画『くたばれ!ヤンキース』主題曲をマンボ化したもの。

## 445 | Heart
Russ Brown, Jimmie Komack, Nathaniel Frey, Albert Linville

□ Data

| | | | |
|---|---|---|---|
| 作詞 | Richard Adler, Jerry Ross | 品番 | 3948-2-RG |
| 作曲 | Richard Adler, Jerry Ross | 球団 | 映画 |
| 編曲 | | ジャンル | 関連モノ |
| レーベル | VICTOR | フォーマット | CD |

ミュージカル「くたばれヤンキース」の楽曲で構成されたアルバム『DAMN YANKEES』収録。

## 446 | TAKE ME OUT TO THE BALLGAME
エディー・レイトン

□ Data

| | | | |
|---|---|---|---|
| 作詞 | JACK NORWORTH | 品番 | SSD 1073 |
| 作曲 | ALBERT VON TILZER | 球団 | MLB |
| 編曲 | | ジャンル | ミュージカル |
| レーベル | RCA VICTOR | フォーマット | CD |

アルバム『YA GOTTA HAVE HEART』収録。R・ホワイティング著『和を以て日本となす』の原題「You Gotta Have Wa」はこのダジャレ。

## 447 | I Love Baseball（Take Me Out To The Ballgame）
THE BROTHERS FOUR

□ Data

| | | | |
|---|---|---|---|
| 作詞 | JACK NORWORTH | 品番 | SWCS-1001 |
| 作曲 | ALBERT VON TILZER | 球団 | 野球 |
| 編曲 | | ジャンル | 野球テーマ |
| レーベル | | フォーマット | CD |

「私を野球に連れてって」の歌詞に「Ichiro,Sasaki,Matsui」の名を折り込んだ新録音盤。

## 448 | アイ・ラブ・ベースボール〜がんばれホームチーム〜
速水けんたろう

□ Data

| | | | |
|---|---|---|---|
| 作詞 | Nori | 品番 | SWCS-1002 |
| 作曲 | Robert L.Flick | 球団 | 野球 |
| 編曲 | 山原一浩 | ジャンル | 野球テーマ |
| レーベル | ジャパンミュージックシステム | フォーマット | CD |

「私を野球に連れてって」にオリジナルの日本語詞を付けたもの。「マーチ」「ダンス」と複数のバージョンを収録。

## 449 | がんばれ!ベアーズ-青春カーニバル-
マリリン

□ Data

| | | | |
|---|---|---|---|
| 作詞 | 田中のぶ子 | 品番 | ETP-10656 |
| 作曲 | 小田裕一郎 | 球団 | 少年野球 |
| 編曲 | 川口真 | ジャンル | 関連モノ |
| レーベル | TOSHIBA | フォーマット | 7" |

「マリリン」とクレジットされているが、これはのちのジャズシンガー「マリーン」の来日当初の名義。

## 450 | 紀州レンジャーズ〜僕らの描く空〜
小椋誠也

□ Data

| | | | |
|---|---|---|---|
| 作詞 | 小椋誠也 | 品番 | KSTM1003 |
| 作曲 | 小椋誠也 | 球団 | 独立リーグ |
| 編曲 | | ジャンル | 球団愛 |
| レーベル | KST MUSIC OFFICE | フォーマット | CD |

関西独立リーグ「紀州レンジャーズ」の公式応援歌。歌い上げるスタイルなのが現代的。

## 451 ハートにVを飾って―赤色革命―
アワーズ（AWARDS）

□ Data

| 作詞 | さがらよしあき | 品番 | KC-9529 |
|---|---|---|---|
| 作曲 | 中村弘明 | 球団 | 広島東洋カープ |
| 編曲 | アワーズ（AWARDS） | ジャンル | 選手愛 |
| レーベル | MINORU PHONE | フォーマット | LP |

『高橋慶彦 ベスト・アルバム』収録。ファーストなのにベストだったりAWARDSなるバンドも謎。

## 452 打て打てヨシヒコかっ飛ばせ
事崎正司

□ Data

| 作詞 | 石本美由起 | 品番 | AK-207 |
|---|---|---|---|
| 作曲 | 横山菁児 | 球団 | 広島東洋カープ |
| 編曲 | 横山菁児 | ジャンル | 選手愛 |
| レーベル | COLUMBIA | フォーマット | 7" |

アイドル高橋慶彦のファンソング。額装して飾りたくなるアートワーク。B面「赤ヘル勝歌」。

## 453 男!衣笠
北川圭二

□ Data

| 作詞 | たかはらゆたか | 品番 | AY07-78 |
|---|---|---|---|
| 作曲 | 松井義久 | 球団 | 広島東洋カープ |
| 編曲 | 京建輔 | ジャンル | 選手愛 |
| レーベル | アポロン | フォーマット | 7" |

東京近郊に限った表現で申し訳ないが「富士そば演歌」というフレーズが湧き上がる一曲。

## 454 痛快!赤ヘル音頭
柏村武昭

□ Data

| 作詞 | 吉岡治 | 品番 | A-287 |
|---|---|---|---|
| 作曲 | 市川昭介 | 球団 | 広島東洋カープ |
| 編曲 | 市川昭介 | ジャンル | ファンソング |
| レーベル | CANYON | フォーマット | 7" |

「お笑いマンガ道場」のMCで知られる同氏がRCC局アナ時代にリリース。カープ私設応援団がコーラス。

## 455 燃えろ!赤ヘル
平石重信と私設応援団有志

□ Data

| 作詞 | 有馬三惠子 | 品番 | C-155 |
|---|---|---|---|
| 作曲 | 曽根幸明 | 球団 | 広島東洋カープ |
| 編曲 | 曽根幸明 | ジャンル | 球団愛 |
| レーベル | CANYON | フォーマット | 7" |

平石重信は私設応援団長。B面は柏村武昭「痛快赤ヘル音頭」で、市川昭介と曽根幸明のカップリングという豪華盤。

## 456 ぼくらのカープ!
RCC児童合唱団

□ Data

| 作詞 | 有馬三惠子 | 品番 | SOLJ121 |
|---|---|---|---|
| 作曲 | 宮本尚志 | 球団 | 広島東洋カープ |
| 編曲 | 宮本尚志 | ジャンル | チーム愛 |
| レーベル | CBS SONY | フォーマット | LP |

アルバム『VICTORY CARP』収録。子どもインタビューから歌の間に入るエフェクトの不気味さたるや!

## 457 | どうしたの?広島東洋カープ
東孝成

□ Data

| 作詞 | 久仁京介 | 品番 | 4RS-795 |
|---|---|---|---|
| 作曲 | かみ・たかし | 球団 | 広島東洋カープ |
| 編曲 | かみ・たかし | ジャンル | 球団愛 |
| レーベル | TOSHIBA | フォーマット | 7" |

東芝委託制作自主品番。山本浩二にバント指示をするくらい煮詰まっている歌詞が素敵。のちに正式リリースされた。

## 458 | さすらい星
東為五郎

□ Data

| 作詞 | 江夏豊 | 品番 | KA-1223 |
|---|---|---|---|
| 作曲 | 船村徹 | 球団 | 広島東洋カープ |
| 編曲 | 丸山雅仁 | ジャンル | 関連モノ |
| レーベル | MINORU PHONE | フォーマット | 7" |

作詞が江夏豊。ジャケットにも江夏豊。東為五郎が着ている江夏豊トレーナーがナイス。

## 459 | ガッツだ!Mr.赤ヘル
東為五郎

□ Data

| 作詞 | 東孝成 | 品番 | TP-10587 |
|---|---|---|---|
| 作曲 | 東孝成 | 球団 | 広島東洋カープ |
| 編曲 | 坂下滉 | ジャンル | ファンソング |
| レーベル | TOSHIBA | フォーマット | 7" |

79年発売のカープ応援歌。山本浩・江夏・水谷など、主力選手を〈ミスター赤ヘル〉と持ち上げまくる曲。

## 460 | ガッツだ!Mr.赤ヘル'81
東為五郎

□ Data

| 作詞 | 東為五郎 | 品番 | H4R-8053 |
|---|---|---|---|
| 作曲 | 東為五郎 | 球団 | 広島東洋カープ |
| 編曲 | 坂下滉 | ジャンル | 球団愛 |
| レーベル | TOSHIBA | フォーマット | 7" |

ジャケだけ見たら上記459と同じ盤に見える81年発売の続編。歌詞に登場する選手も大幅に増加。

## 461 | ガッツだ!Mr.赤ヘル パートⅢ
東為五郎・南一誠

□ Data

| 作詞 | 石本美由紀 | 品番 | PRCD-1404 |
|---|---|---|---|
| 作曲 | 東為五郎 | 球団 | 広島東洋カープ |
| 編曲 | 坂下滉 | ジャンル | 球団愛 |
| レーベル | 徳間ジャパン | フォーマット | CD |

東為五郎の作品集『今も青春!』収録の08年バージョン。歌詞から選手名が消えた。

## 462 | Let's Go! Red!
カープガールズ2015

□ Data

| 作詞 | 上田起士 | 品番 | AVCD83349 |
|---|---|---|---|
| 作曲 | 大西克巳 | 球団 | 広島東洋カープ |
| 編曲 | 大西克巳 | ジャンル | 球団愛 |
| レーベル | AVEX TRAX | フォーマット | CD |

マツダZOOM ZOOMスタジアムの女性スタッフ13名によるユニット。「小西鯉」の面々にもカバーして欲しい。

## 463 | 夢は終わらない
武内千佳

□ Data

| | | | |
|---|---|---|---|
| 作詞 | QUMICO FUCEI | 品番 | TKV-14 |
| 作曲 | 山田直毅 | 球団 | 専門学校野球 |
| 編曲 | 山田直毅 | ジャンル | 野球テーマ |
| レーベル | BEST COLLEGES | フォーマット | CDS |

どこで聞いたか覚えてないが言われみれば確かに聞いた事のある専門学校のCMソング。

## 464 | はばたけ!わがナイン
井ノ口博美／古川のぼる

□ Data

| | | | |
|---|---|---|---|
| 作詞 | 古川のぼる | 品番 | PRA-11543 |
| 作曲 | 望月成道 | 球団 | 高校野球 |
| 編曲 | 牧野三朗 | ジャンル | 関連モノ |
| レーベル | VICTOR | フォーマット | 7" |

受験生応援のフクロウ博士CMでおなじみ「はばたけ!禁多浪」をベースとした高校球児応援歌。

## 465 | あゝ甲子園
三波豊和

□ Data

| | | | |
|---|---|---|---|
| 作詞 | 麻生香太郎 | 品番 | 06SH59 |
| 作曲 | 三木たかし | 球団 | 高校野球 |
| 編曲 | 三木たかし | ジャンル | 関連モノ |
| レーベル | CBS SONY | フォーマット | 7" |

こちらも「買ったけど針落とした事ないレコードありますよね」談義で盛り上がったレコード。

## 466 | 花の甲子園
池田勝紀

□ Data

| | | | |
|---|---|---|---|
| 作詞 | 国弘年外 | 品番 | R-360033 |
| 作曲 | 望月成道 | 球団 | 高校野球 |
| 編曲 | 牧野三朗 | ジャンル | 関連モノ |
| レーベル | アテネミュージック | フォーマット | 7" |

池田勝紀は80年代のテレ東でおなじみ「ふくろう博士の日本家庭教師センター」のCMソングを歌っていた方。

## 467 | 高校野球
壷井むつ美

□ Data

| | | | |
|---|---|---|---|
| 作詞 | 山上路夫 | 品番 | DR6393 |
| 作曲 | 平尾昌晃 | 球団 | 高校野球 |
| 編曲 | 竜崎孝路 | ジャンル | 関連モノ |
| レーベル | POLYDOR | フォーマット | 7" |

正統派アイドル歌謡。早い引退が惜しまれる。

## 468 | カーネーション投手
渡真介

□ Data

| | | | |
|---|---|---|---|
| 作詞 | 阿久悠 | 品番 | L-175W |
| 作曲 | 三木たかし | 球団 | 高校野球 |
| 編曲 | 三木たかし | ジャンル | 関連モノ |
| レーベル | WARNER PIONEER | フォーマット | 7" |

ブルース・リーと倉田保明のポテンヒット的風貌の渡真介。野口五郎路線の作品。

## 469 | あゝ青春に悔いはなし
明石光司

□ Data

| 作詞 | まきのりを | 品番 | |
|---|---|---|---|
| 作曲 | まきのりを | 球団 | 高校野球 |
| 編曲 | | ジャンル | 関連モノ |
| レーベル | 東北連合朝日会 | フォーマット | SONO |

三沢高校対松山商業の決勝延長18回再試合モノ。世間的にも大きな話題だったことを実感させられる1枚。

## 470 | 夕日のマウンド
寺内タケシとブルージーンズ

□ Data

| 作詞 | 大森和夫 | 品番 | NCS-1098 |
|---|---|---|---|
| 作曲 | 大森和夫 | 球団 | 高校野球 |
| 編曲 | 大森和夫 | ジャンル | 選手愛 |
| レーベル | KING | フォーマット | 7" |

ブルージーンズのメンバー・大森和夫が「小さな大投手」と呼ばれた秋田商業・今川敬三の不慮の事故死を悼んで制作。

## 471 | HEROES 健闘熊工 輝く準V

□ Data

| 作詞 | | 品番 | |
|---|---|---|---|
| 作曲 | | 球団 | 高校野球 |
| 編曲 | | ジャンル | 関連モノ |
| レーベル | 熊工野球後援会 | フォーマット | CDS |

奇跡のバックホームを喰らったほうの熊本工後援会CD。同校OB・川上哲治のメッセージを収録。

## 472 | 慶應義塾高等学校の歌

□ Data

| 作詞 | 村野四郎 | 品番 | PLS-7073 |
|---|---|---|---|
| 作曲 | 服部正 | 球団 | 高校野球 |
| 編曲 | | ジャンル | 校歌 |
| レーベル | COLUMBIA | フォーマット | 7" |

高校の校歌であれっ? と思った23年夏の甲子園。大学と高校だから校歌も違うとは頭ではわかるんですけどね。

## 473 | 東海大学付属相模高等学校校歌

□ Data

| 作詞 | 松前重義 | 品番 | |
|---|---|---|---|
| 作曲 | 松前紀男 | 球団 | 高校野球 |
| 編曲 | | ジャンル | 校歌 |
| レーベル | | フォーマット | 7" |

よく聞いているはずなのに案外覚えていない曲の一つ。横浜高校のほうはわりと覚えているのにね。

## 474 | PL学園校歌

□ Data

| 作詞 | 湯浅竜起 | 品番 | |
|---|---|---|---|
| 作曲 | 東信太郎 | 球団 | 高校野球 |
| 編曲 | 野村康弘 | ジャンル | 校歌 |
| レーベル | 日本アイ・ディー | フォーマット | CD |

スラスラ歌えると世代がわかる曲。21世紀にはあらゆる意味で行けなかった校歌になってしまったか。

## 475 | WE LOVE MARINES
M☆Splash!!

□ Data

| | | | |
|---|---|---|---|
| 作詞 | 山上路夫 | 品番 | TECH10069 |
| 作曲 | 梅垣達志 | 球団 | 千葉ロッテマリーンズ |
| 編曲 | 杉内信介 | ジャンル | 球団愛 |
| レーベル | TEICHIKU | フォーマット | CD |

公式モノが手に入らない事でおなじみの球団歌のM☆Splash!!版。

## 476 | カンパイ娘
マリーンズカンパイガールズ

□ Data

| | | | |
|---|---|---|---|
| 作詞 | MARINES KAMPAI GIRLS&EREKA SUZUKI | 品番 | AVC1-83332 |
| 作曲 | EREKA SUZUKI&SigN | 球団 | 千葉ロッテマリーンズ |
| 編曲 | EREKA SUZUKI／SigN&Q★Lazy | ジャンル | 関係者 |
| レーベル | AVEX | フォーマット | CD |

アイドル戦国時代の熱波はパ・リーグにも波及し、マリンスタジアムの売り子選抜チームによる楽曲が生まれた。

## 477 | COOLだぜ!
伝承歌劇団-エウロパの軌跡-

□ Data

| | | | |
|---|---|---|---|
| 作詞 | Dahna／YUKKA | 品番 | ASCM-0701 |
| 作曲 | Dahna | 球団 | 千葉ロッテマリーンズ |
| 編曲 | | ジャンル | 公式ソング |
| レーベル | ASプロジェクト | フォーマット | CD |

マリーンズ公式キャラクターソング。同じ鳥類でクールミントガムのペンギンを引っ張り出すとは。

## 478 | 古葉、大洋よ覇者となれ
大石吾朗

□ Data

| | | | |
|---|---|---|---|
| 作詞 | 石本美由起／星野哲郎／なかにし礼 | 品番 | RT07-2328 |
| 作曲 | 吉田正 | 球団 | 横浜大洋ホエールズ |
| 編曲 | 三木たかし | ジャンル | 球団愛 |
| レーベル | TOSHIBA | フォーマット | 7" |

A面大石吾朗歌唱。B面は大洋ホエールズ応援合唱団。おそらく最後の軍歌調球団ソング。

## 479 | ダダダ大魔神!
Rn=City

□ Data

| | | | |
|---|---|---|---|
| 作詞 | つんく | 品番 | |
| 作曲 | つんく | 球団 | 横浜ベイスターズ |
| 編曲 | 鈴木Daichi秀行 | ジャンル | 選手愛 |
| レーベル | | フォーマット | CD |

大阪城公園ストリートライブから発生したRn=Cityによる佐々木主浩モノ。CDにユニフォームを着せた特殊パッケージ。

## 480 | VIVAヨコハマ
松本梨香

□ Data

| | | | |
|---|---|---|---|
| 作詞 | | 品番 | ABDS-3 |
| 作曲 | | 球団 | 横浜ベイスターズ |
| 編曲 | Takashi Takaomi | ジャンル | 関連モノ |
| レーベル | AMJ | フォーマット | CDS |

「横浜チャンチャカチャン」モノ。ジャケに佐々木主浩がいる。ところでやくみつるは横浜か?

## 481 | みんな野球選手になりたかった頃
アンタッチャブル

□ Data

| 作詞 | 野本有流 | 品番 | NH-2000 |
|---|---|---|---|
| 作曲 | 幸木無二 | 球団 | 南海ホークス |
| 編曲 | 土井淳 | ジャンル | 球団愛 |
| レーベル | 落語工房 | フォーマット | CD |

コーラスにカズ山本を迎えた関西ブルースの名盤。南海と近鉄を渡り歩いた山本和範から昭和のコクが出ている。

## 482 | ダイヤモンドの鷹
RYUDOGUMI

□ Data

| 作詞 | 阿久悠 | 品番 | 10·8H-3095 |
|---|---|---|---|
| 作曲 | 宇崎竜童 | 球団 | 福岡ダイエーホークス |
| 編曲 | RYUDOGUMI | ジャンル | 球団愛 |
| レーベル | EPIC SONY | フォーマット | CDS |

軍歌調しか知らない昭和生まれのよい子にとって、平成新球団らしい斬新なアプローチで驚いたもんですよ。

## 483 | 南海ファンやもん
アンタッチャブル

□ Data

| 作詞 | 東野博昭／野本弦助 | 品番 | AH-765 |
|---|---|---|---|
| 作曲 | 野本弦助 | 球団 | 南海ホークス |
| 編曲 | 十井淳 | ジャンル | 球団愛 |
| レーベル | COLUMBIA | フォーマット | 7" |

在阪パ・リーグにはバブル景気という言葉がなく、21世紀に羽ばたくために大阪球場を取り壊してしまった。

## 484 | 鷹ノ巣FIGHT!
IMAICH

□ Data

| 作詞 | さだゆうじ／林秀紀 | 品番 | |
|---|---|---|---|
| 作曲 | さだゆうじ／林秀紀 | 球団 | 福岡ダイエーホークス |
| 編曲 | 一木弘之 | ジャンル | 球団愛 |
| レーベル | RKB毎日 | フォーマット | CD |

RKB毎日「MOMO-CAN DO!」の企画モノ。さだゆうじと林秀紀のデュオ。

## 485 | それ行けダイエーホークス音頭
島倉千代子

□ Data

| 作詞 | 戸川勝喜 | 品番 | |
|---|---|---|---|
| 作曲 | 船村徹 | 球団 | 福岡ダイエーホークス |
| 編曲 | 南郷達也 | ジャンル | 球団愛 |
| レーベル | COLUMBIA | フォーマット | CD |

どんたくテイストあふれるのんびりしたお千代さんサウンド。西鉄ライオンズ層を取り込もうとしたのか?

## 486 | いざゆけ若鷹軍団
ばってん少女隊

□ Data

| 作詞 | 原田種良／森由里子 | 品番 | VICL-37161 |
|---|---|---|---|
| 作曲 | 富山光弘 | 球団 | 福岡ソフトバンクホークス |
| 編曲 | AKIRASTAR | ジャンル | 公式ソング |
| レーベル | VICTOR | フォーマット | CD |

メジャーデビューCD『おっしょい!』収録。ジャケ写は「〈期間限定／ホークスとごいっしょ盤〉」。

## 487 炎に身を焦がして
アースシェイカー

□ Data

| | | | |
|---|---|---|---|
| 作詞 | 西田昌史 | 品番 | TOCT-8424 |
| 作曲 | 西田昌史 | 球団 | 映画 |
| 編曲 | アースシェイカー | ジャンル | 野球テーマ |
| レーベル | TOSHIBA EMI | フォーマット | CD |

アースシェイカーによる映画『塀の中のプレイ・ボール』主題歌。映画には川藤幸三が看守役で出演。

## 488 阪神タイガースの歌
立川清登

□ Data

| | | | |
|---|---|---|---|
| 作詞 | 佐藤惣之助 | 品番 | 17R-1001 |
| 作曲 | 古関裕而 | 球団 | 阪神タイガース |
| 編曲 | 小沢直与志 | ジャンル | 球団歌 |
| レーベル | VICTOR | フォーマット | 7" |

ご祝儀事の席で「六甲おろし」を歌う機会が多いかと思うが、独唱で一番参考になるのがこのバージョン。

## 489 六甲おろしー阪神タイガースの歌ー〜 PUNK 六連発連虎ヴァージョン〜
快音団

□ Data

| | | | |
|---|---|---|---|
| 作詞 | 佐藤惣之助 | 品番 | OGCD1001 |
| 作曲 | 古関裕而 | 球団 | 阪神タイガース |
| 編曲 | (写真データなし) | ジャンル | 球団愛 |
| レーベル | on-going | フォーマット | CD |

ゲストボイス・川藤幸三！困った時には川藤幸三！1曲1分50秒という短さなので6連発して尺調整。

## 490 ワッショイ!阪神タイガース!!
Booms

□ Data

| | | | |
|---|---|---|---|
| 作詞 | 小松良行／藤間哲朗 | 品番 | POP-1110 |
| 作曲 | 大川哲由 | 球団 | 阪神タイガース |
| 編曲 | 武宏 | ジャンル | ファンソング |
| レーベル | POP RECORD | フォーマット | CD |

Boomsはペパーミント、SMILE、Kittenからなる阪神タイガース大好きっ子総勢16人の歌って踊れるFunkyなユニットです！

## 491 阪神タイガースの優勝を知らない子供たち
リリアン&友情出演の皆様

□ Data

| | | | |
|---|---|---|---|
| 作詞 | 北山修／NOBU,SHU&SEKO | 品番 | TP-17766 |
| 作曲 | 杉田二郎 | 球団 | 阪神タイガース |
| 編曲 | 上田薫 | ジャンル | ファンソング |
| レーベル | TOSHIBA | フォーマット | 7" |

リリース翌年に優勝してしまった名曲。メンバー的にMBSラジオ風味。

## 492 何がなんでも阪神タイガース
オヨネーズ

□ Data

| | | | |
|---|---|---|---|
| 作詞 | 長田あつし | 品番 | GRCE-7 |
| 作曲 | 上田長政 | 球団 | 阪神タイガース |
| 編曲 | 伊戸のりお | ジャンル | 球団愛 |
| レーベル | CROWN | フォーマット | CD |

長田あつしはサンテレビ「生カラTV」の審査員席に座っている印象が強い。同番組にもちゃんと板東英二は食い込んでいた。

## 493 俺の阪神タイガース
高橋キヨシ

□ Data

| 作詞 | 品川隆二 | 品番 | COZA-82 |
|------|----------|------|---------|
| 作曲 | たちばなけんじ | 球団 | 阪神タイガース |
| 編曲 | 大川友章 | ジャンル | 球団愛 |
| レーベル | COLUMBIA | フォーマット | CDS |

黄金の野村克也像と並ぶ監督人気便乗商法案件。まだこの頃は20世紀の残り香があったのかも。

## 494 我らが阪神タイガース
流石乃佐助

□ Data

| 作詞 | 桂きん太郎 | 品番 | TKCA72375 |
|------|-----------|------|-----------|
| 作曲 | 石川寛門 | 球団 | 阪神タイガース |
| 編曲 | 中西進 | ジャンル | 球団愛 |
| レーベル | 徳間ジャパン | フォーマット | CD |

関西で忍者・マスクマジシャンとして活動している流石乃佐助による楽曲。

## 495 阪神タイガースかぞえ唄（平成バージョン）
道上洋三

□ Data

| 作詞 | 清藤耕一 | 品番 | SRDL3527 |
|------|----------|------|----------|
| 作曲 | 竹村次郎 | 球団 | 阪神タイガース |
| 編曲 | PAPA2 | ジャンル | 球団愛 |
| レーベル | SONY | フォーマット | CDS |

亀新フィーバーにはABCラジオ「おはようパーソナリティ道上洋三です」も乗っかっていた!

## 496 勝ちて帰れ
星野隆子

□ Data

| 作詞 | Pekino | 品番 | |
|------|--------|------|---|
| 作曲 | Giuseppe Verdi | 球団 | 阪神タイガース |
| 編曲 | k.sK | ジャンル | 球団愛 |
| レーベル | おぺら読本出版 | フォーマット | CD |

『ベートーヴェンとヴェルディで歌う阪神タイガース新応援歌』収録。日本石油の監督への電報「カッテカエレ」の元ネタ。

## 497 燃えろ!タイガース
アンディ小山

□ Data

| 作詞 | 高田直和 | 品番 | HD-5 |
|------|----------|------|------|
| 作曲 | 梅谷忠洋 | 球団 | 阪神タイガース |
| 編曲 | 大垣公光 | ジャンル | 球団愛 |
| レーベル | CONTINENTAL | フォーマット | 7" |

034掲載「燃えろ!タイガース」の、こちらがオリジナル。いたって普通! 平和!

## 498 ダイナマイト・タイガース
吉田克史

□ Data

| 作詞 | 谷島淳一／吉川静夫 | 品番 | SV-9121 |
|------|------------------|------|---------|
| 作曲 | 吉田克史 | 球団 | 阪神タイガース |
| 編曲 | 森田一浩 | ジャンル | 球団愛 |
| レーベル | VICTOR | フォーマット | 7" |

私設応援団モノ。阪神ダイナマイト打線の導火線・真弓がダイナマイトの中に入ってからパッとしなくなった。

### 499 | 長嶋一茂君のパパ評

□ Data

| | | | |
|---|---|---|---|
| 作詞 | | 品番 | TW-9003 |
| 作曲 | | 球団 | 読売ジャイアンツ |
| 編曲 | | ジャンル | ドキュメンタリー |
| レーベル | TOSHIBA | フォーマット | LP |

『輝く巨人軍GIANTS』収録。後楽園に置き忘れられた一茂君のインタビューやワンちゃんのピアノが楽しめる貴重盤。

### 500 | カミンバック長嶋
松原愛

□ Data

| | | | |
|---|---|---|---|
| 作詞 | 山田孝雄 | 品番 | CWA-264 |
| 作曲 | みなみらんぼう | 球団 | 読売ジャイアンツ |
| 編曲 | 石原ちび太 | ジャンル | 選手愛 |
| レーベル | CROWN | フォーマット | 7" |

「音球」イベントでフロアが盛り上がりすぎて警察沙汰になったロシアン長嶋ミュージック。

### 501 | 巨人軍物語 進め!!栄光へ
陣野命

□ Data

| | | | |
|---|---|---|---|
| 作詞 | 岡本育子 | 品番 | DT-4104 |
| 作曲 | 佐藤勝 | 球団 | 読売ジャイアンツ |
| 編曲 | 佐藤勝 | ジャンル | 関連モノ |
| レーベル | TOHO | フォーマット | 7" |

映画「巨人軍物語」主題歌。B面の二軍疲れソングの歌詞が厳しい。

### 502 | 引退スピーチ
長嶋茂雄

□ Data

| | | | |
|---|---|---|---|
| 作詞 | | 品番 | L-10010 |
| 作曲 | | 球団 | 読売ジャイアンツ |
| 編曲 | | ジャンル | ドキュメンタリー |
| レーベル | WARNER PIONEER | フォーマット | LP |

アルバム『ミスターG 栄光の背番号3』より。引退スピーチの記憶違い論争に決着をつけるレコード。

### 503 | あゝ長嶋茂雄
語り：常木建男（ニッポン放送）

□ Data

| | | | |
|---|---|---|---|
| 作詞 | | 品番 | B-3 |
| 作曲 | | 球団 | 読売ジャイアンツ |
| 編曲 | | ジャンル | ドキュメンタリー |
| レーベル | CANYON | フォーマット | 7" |

長嶋茂雄引退スピーチなど収録。球場一周する実況が実にいい。このあたりはラジオの底力を感じる。

### 504 | がんばれ長嶋ジャイアンツ
ふるさわけんとペンペン合唱団

□ Data

| | | | |
|---|---|---|---|
| 作詞 | 寺山修司 | 品番 | 06SH-61 |
| 作曲 | 小林亜星 | 球団 | 読売ジャイアンツ |
| 編曲 | 張遠久 | ジャンル | 球団愛 |
| レーベル | CBS SONY | フォーマット | 7" |

A面の「人工芝にペンペン草」だけ聴きがちだが、音頭調のこの曲もアレンジにびっくりするけどいい曲なんですよ。

## 505 がんばれ長嶋ジャイアンツ
湯原昌幸

□ Data

| 作詞 | 寺山修司 | 品番 | A-267 |
|---|---|---|---|
| 作曲 | 小林亜星 | 球団 | 読売ジャイアンツ |
| 編曲 | 小杉仁三 | ジャンル | 球団愛 |
| レーベル | CANYON | フォーマット | 7" |

湯原昌幸と長嶋監督が握手したジャケットでおなじみカントリー調の名曲。詞からは寺山修司の香りがまったくしない。

## 506 フラミンゴ・ジャイアンツ
トライアル

□ Data

| 作詞 | 新宮正春 | 品番 | PP-9001〜2 |
|---|---|---|---|
| 作曲 | トライアル | 球団 | 読売ジャイアンツ |
| 編曲 | トライアル | ジャンル | 選手愛 |
| レーベル | TEICHIKU | フォーマット | LP |

アルバム『ジャイアンツ〜長島G,栄光へ翔る〜』収録。ONから王貞治時代への移行がわかるタイトルはさすが新宮正春。

## 507 長嶋・巨人軍V1栄光の記録

□ Data

| 作詞 | | 品番 | DK-1 |
|---|---|---|---|
| 作曲 | | 球団 | 読売ジャイアンツ |
| 編曲 | | ジャンル | ドキュメンタリー |
| レーベル | CANYON | フォーマット | 7" |

長嶋監督胴上げの模様など収録。ようやく見られたチョーさんの胴上げで商業的に待ちわびた関係者も多かっただろう。

## 508 衝撃の記者会見
音源：ニッポン放送

□ Data

| 作詞 | | 品番 | A8H0001-C |
|---|---|---|---|
| 作曲 | | 球団 | 読売ジャイアンツ |
| 編曲 | | ジャンル | ドキュメンタリー |
| レーベル | CANYON | フォーマット | SONO |

長嶋茂雄監督退任記者会見を収録。大洋ホエールズとの熾烈な3位争いの末、貯金1という結果では退任も止むなし。

## 509 さよなら!長嶋
シーズン・オフ

□ Data

| 作詞 | 中山大三郎 | 品番 | CD-239 |
|---|---|---|---|
| 作曲 | 中山大三郎 | 球団 | 読売ジャイアンツ |
| 編曲 | 若草恵 | ジャンル | 選手愛 |
| レーベル | COLUMBIA | フォーマット | 7" |

中山大三郎先生は西鉄返せだったり長嶋茂雄にさよなら告げたり忙しい。なお長嶋監督解任時にも再発。二匹目!

## 510 ON返せ
友和

□ Data

| 作詞 | 新井友和 | 品番 | OT-1011 |
|---|---|---|---|
| 作曲 | 新井友和 | 球団 | 読売ジャイアンツ |
| 編曲 | | ジャンル | 選手愛 |
| レーベル | 音のメルヘン屋 | フォーマット | 7" |

レーベルが「音のメルヘン屋」なのに内容はさながらデモ活動。

## 511 Tigers Gets The Glory
CHIAKI feat Dave Navarro Danny Deigan etc.

□ Data

| 作詞 | 千秋 | 品番 | FICI3001 |
|---|---|---|---|
| 作曲 | ERIC GORFAIN他 | 球団 | 阪神タイガース |
| 編曲 | | ジャンル | 球団愛 |
| レーベル | 阪神コンテンツリンク | フォーマット | CD |

「VICTORY〜猛虎に捧ぐTRIBUTE TO HANSHIN TIGERS〜」収録。漫才コンビ・ストリークの出囃子でもおなじみ。

## 512 Hustle Tigers
タイガーズ・バク

□ Data

| 作詞 | タイガー大越／忍幸一 | 品番 | K-1002 |
|---|---|---|---|
| 作曲 | タイガー大越 | 球団 | 阪神タイガース |
| 編曲 | タイガー大越 | ジャンル | 球団愛 |
| レーベル | 甲陽サウンズ | フォーマット | CD |

ジャズ・トランペッター、タイガー大越のタイガース応援歌集。ムッシュ吉田氏の顔が浮かんでしまうタイトルだ。

## 513 みごと優勝!ザ タイガース オンド みごと優勝バージョン
杉本紘宇

□ Data

| 作詞 | 余炉頭弥兵 | 品番 | TECA11608 |
|---|---|---|---|
| 作曲 | 余炉頭弥兵 | 球団 | 阪神タイガース |
| 編曲 | 寺下幸照 | ジャンル | 球団愛 |
| レーベル | TEICHIKU | フォーマット | CD |

03年8月リリース。杉本紘宇は梅田のビヤホールで30年も「六甲おろし」を歌ってきた大阪タイガースからのファン。

## 514 みごと優勝!ザ タイガース オンド 歓喜の甲子園バージョン
余炉頭弥兵

□ Data

| 作詞 | 余炉頭弥兵 | 品番 | |
|---|---|---|---|
| 作曲 | 余炉頭弥兵 | 球団 | 阪神タイガース |
| 編曲 | 寺下幸照 | ジャンル | 球団愛 |
| レーベル | カビラ楽器店 | フォーマット | CD |

尼崎信用金庫勤務の余炉頭弥兵が、関連会社退社後にリリース。85年阪神タイガース優勝記念定期預金の広報を担当。

## 515 どこまでやんねんタイガース
KYOSUKE MIYAMURA

□ Data

| 作詞 | 駒木寿夫／泉のぼる | 品番 | HTK-0000 |
|---|---|---|---|
| 作曲 | 岩城一生／伊坂康司 | 球団 | 阪神タイガース |
| 編曲 | 山田慧 | ジャンル | ファンソング |
| レーベル | TIGER PROJECT | フォーマット | CD |

亀新フィーバーから生まれた自主制作シンガーの作品。盛り沢山にした結果、とっちらかってしまうという自主盤あるある。

## 516 トラ!トラ!トラ!
三井はんと大村はん

□ Data

| 作詞 | 綾和也 | 品番 | XZCM-2003 |
|---|---|---|---|
| 作曲 | ファンキー末吉 | 球団 | 阪神タイガース |
| 編曲 | | ジャンル | 球団愛 |
| レーベル | X.Y.Z. | フォーマット | CD |

阪神タイガース優勝祈願曲として02年6月発売。翌年優勝するんだから出してみるもんですね。

## 517 | GO!GO!掛布
遠藤良春

□ Data

| | | | |
|---|---|---|---|
| 作詞 | 中山大三郎 | 品番 | RS-77 |
| 作曲 | 中山大三郎 | 球団 | 阪神タイガース |
| 編曲 | 若草恵 | ジャンル | 選手愛 |
| レーベル | TEICHIKU | フォーマット | 7" |

間違い探しのようなジャケットが2バージョンあるが、中身が一緒でも気になって買ってしまうパターン。

## 518 | カラオケミリオン・ヒットシリーズ「GO!GO!掛布」
カラオケ音源

□ Data

| | | | |
|---|---|---|---|
| 作詞 | 中山大三郎 | 品番 | KK-256 |
| 作曲 | 中山大三郎 | 球団 | 阪神タイガース |
| 編曲 | 若草恵 | ジャンル | 選手愛 |
| レーベル | COLUMBIA | フォーマット | 7" |

数の子ミュージックメイトがDJプレイした奈良ののど自慢大会レコードで歌っていた方がいたので需要はあったんだな。

## 519 | 頑張れ！真弓
ジョー・赤木

□ Data

| | | | |
|---|---|---|---|
| 作詞 | 梅田幸三 | 品番 | 4RS-1143 |
| 作曲 | 安慶名正 | 球団 | 阪神タイガース |
| 編曲 | 下野太一郎 | ジャンル | 選手愛 |
| レーベル | TOSHIBA | フォーマット | 7" |

自主制作の真弓応援歌。真弓の愛称〈ジョー〉に因んだと思われるジョー・赤木は現在も城裕樹の名で活動中らしい。

## 520 | 行くぜ！小林 ミスター・ダンディー
伊東憲二

□ Data

| | | | |
|---|---|---|---|
| 作詞 | 喜多條忠 | 品番 | CW-1834 |
| 作曲 | 中村千里 | 球団 | 阪神タイガース |
| 編曲 | 神保正明 | ジャンル | 選手愛 |
| レーベル | CROWN | フォーマット | 7" |

「やったぜ!756」歌唱の伊東憲二だが、大手レコード会社でも野球モノばかり歌う羽目になるとは思わなかっただろう。

## 521 | 輝け若虎
梅津 薫

□ Data

| | | | |
|---|---|---|---|
| 作詞 | 梅津薫 | 品番 | GSS-1173-CP |
| 作曲 | 梅津薫 | 球団 | 阪神タイガース |
| 編曲 | | ジャンル | 選手愛 |
| レーベル | COLUMBIA | フォーマット | CDS |

亀山・新庄・久慈を讃える曲なのだがカップリングの「TIGER SHAKIN' GOIN ON」がロカビリーで面白い。

## 522 | 好っきゃねん
ミス花子とじゃんぷあんどじゃんぷ

□ Data

| | | | |
|---|---|---|---|
| 作詞 | ミス花子 | 品番 | 7A0148 |
| 作曲 | ミス花子 | 球団 | 阪神タイガース |
| 編曲 | 長野秀夫 | ジャンル | 地域愛 |
| レーベル | CANYON | フォーマット | 7" |

郷土愛ソングであるが、なぜ西宮市のチームが大阪の象徴になるのか？ が、のちの歴史家は疑問に思うのだろう。

## 523 イーグスル音頭
庄司恵子

□ Data

| 作詞 | 斉藤常雄 | 品番 | VZCG-10538 |
|---|---|---|---|
| 作曲 | 斉藤常雄 | 球団 | 東北楽天ゴールデンイーグルス |
| 編曲 | 千葉有一 | ジャンル | 球団愛 |
| レーベル | 日本伝統文化振興財団 | フォーマット | CD |

あくまでも「良くする」のいーぐする。みんな大人なんだから、あんまり深く詮索しない!

## 524 THE マンパワー
モーニング娘。

□ Data

| 作詞 | つんく | 品番 | EPCE-5348 |
|---|---|---|---|
| 作曲 | つんく | 球団 | 東北楽天ゴールデンイーグルス |
| 編曲 | 松原憲 | ジャンル | 公式ソング |
| レーベル | アップフロントワークス | フォーマット | CD |

2005年「ミュージックステーション」での田尾監督の表情がこの年のイーグルスの先行きを物語っていた。

## 525 越えろ!楽天イーグルス
℃-UTE

□ Data

| 作詞 | つんく | 品番 | TGCS-4850 |
|---|---|---|---|
| 作曲 | つんく | 球団 | 東北楽天ゴールデンイーグルス |
| 編曲 | 鈴木DAICHI秀行 | ジャンル | 球団愛 |
| レーベル | アップフロントワークス | フォーマット | CD |

PVで℃-UTEメンバーの腰につけている帽子のサイズがデカいのは当時の野村克也監督のサイズに合わせたからか?

## 526 羽ばたけ楽天イーグルス
狗鷲合唱団

□ Data

| 作詞 | 藤巻浩／勝山聡／井岡美里 | 品番 | TRGE-0001 |
|---|---|---|---|
| 作曲 | 藤巻浩 | 球団 | 東北楽天ゴールデンイーグルス |
| 編曲 | 藤巻浩 | ジャンル | 球団歌 |
| レーベル | 楽天野球団レコーズ | フォーマット | CD |

『東北楽天ゴールデンイーグルス球団歌』収録。竜飛崎から磐梯山まで歌詞の通りカバーできた感じ。

## 527 紅の翼～2009楽天イーグルス公式応援歌～
堀内孝雄

□ Data

| 作詞 | 庄司哲洋／堀内孝雄 | 品番 | TGCS5452 |
|---|---|---|---|
| 作曲 | 堀内孝雄 | 球団 | 東北楽天ゴールデンイーグルス |
| 編曲 | | ジャンル | 球団愛 |
| レーベル | アップフロントワークス | フォーマット | CD |

コーラスが村田めぐみ(メロン記念日)。スカイAの中継エンディングでよく聴きました。

## 528 ヤクルトの歌
ボニージャックス

□ Data

| 作詞 | 小林純一 | 品番 | NCS-62 |
|---|---|---|---|
| 作曲 | 磯辺俶 | 球団 | ヤクルトスワローズ |
| 編曲 | | ジャンル | 愛社精神 |
| レーベル | KING | フォーマット | 7" |

地下鉄駅からヤフオクドームに向かう途中に必ず見る石碑でおなじみのヤクルト。チームを愛するなら会社も愛そう。

## 529 アトムズ・マーチ
砂川啓介

☐ Data

| | | | |
|---|---|---|---|
| 作詞 | サトウハチロー | 品番 | TP-2606 |
| 作曲 | 岩代浩一 | 球団 | ヤクルトアトムズ |
| 編曲 | 岩代浩一 | ジャンル | 球団歌 |
| レーベル | TOSHIBA | フォーマット | 7" |

この歌詞でヨシ！とした経緯を知りたい。530掲載のボニージャックスバージョンとはアレンジがまったく異なる。

## 530 アトムズマーチ
ボニージャックス

☐ Data

| | | | |
|---|---|---|---|
| 作詞 | サトウハチロー | 品番 | なし |
| 作曲 | 岩代浩一 | 球団 | サンケイアトムズ |
| 編曲 | | ジャンル | 公式ソング |
| レーベル | アトムズ後援会 | フォーマット | SONO |

なんと8インチソノ（直径20cm）。かつて子ども向けSPでは8インチが用いられていたらしいが野球盤では希少。

## 531 ヤクルトV1達成！
ナレーター：胡口和雄（ニッポン放送）

☐ Data

| | | | |
|---|---|---|---|
| 作詞 | | 品番 | DC-5 |
| 作曲 | | 球団 | ヤクルトスワローズ |
| 編曲 | | ジャンル | ドキュメンタリー |
| レーベル | CANYON | フォーマット | 7" |

78年リーグ優勝決定戦実況音源。胴上げされる広岡監督が「クーデターで追放される王族」のように見えるあの試合。

## 532 とびだせヤクルト・スワローズ
松岡弘

☐ Data

| | | | |
|---|---|---|---|
| 作詞 | 菅野さほ子 | 品番 | TP-20186 |
| 作曲 | 鈴木淳 | 球団 | ヤクルトスワローズ |
| 編曲 | 竜崎孝路 | ジャンル | 公式ソング |
| レーベル | TOSHIBA | フォーマット | 7" |

ジャケに複数バリエーションあり。B面は「スワローズ親衛隊の歌」。

## 533 スキよ！ダイスキ君
ソフトクリーム

☐ Data

| | | | |
|---|---|---|---|
| 作詞 | 伊藤アキラ | 品番 | 7K-115 |
| 作曲 | 後藤次利 | 球団 | ヤクルトスワローズ |
| 編曲 | 後藤次利 | ジャンル | 親会社 |
| レーベル | FOR LIFE | フォーマット | 7" |

荒木大輔出演のヤクルトジョアCMソング。「神宮球場の地下通路は私の追っかけ対策ではない」とは本人談。

## 534 進め！ヤクルト・スワローズ
ヤクル党

☐ Data

| | | | |
|---|---|---|---|
| 作詞 | 高田文夫 | 品番 | PCDH-00012 |
| 作曲 | 羽田一郎 | 球団 | ヤクルトスワローズ |
| 編曲 | 松浦晃久 | ジャンル | 球団愛 |
| レーベル | PONY CANYON | フォーマット | CDS |

メンバーは高田文夫・三宅裕司・城戸真亜子・春風亭昇太・松本明子などニッポン放送「ラジオビバリー昼ズ」企画。

## 535 燃えよドラゴンズ
山本正之

□ Data

| | | | |
|---|---|---|---|
| 作詞 | 山本正之 | 品番 | PIDA-1011 |
| 作曲 | 山本正之 | 球団 | 中日ドラゴンズ |
| 編曲 | 山本正之 | ジャンル | 球団愛 |
| レーベル | PIONEER | フォーマット | CDS |

シングル文庫版。カップリング曲「府中捕物控」とは三億円事件がテーマであり、東芝府中時代の落合博満の事ではない。

## 536 燃えよドラゴンズ!' 98
山本正之

□ Data

| | | | |
|---|---|---|---|
| 作詞 | 山本正之 | 品番 | AP-155 |
| 作曲 | 山本正之 | 球団 | 中日ドラゴンズ |
| 編曲 | 山本正之 | ジャンル | 球団愛 |
| レーベル | アートパラダイス | フォーマット | CDS |

過去の戦術や結果が歌詞に織り込まれている。サインをバラした板東英二解説のCBCの中継を揶揄したものではない。

## 537 燃えよドラゴンズ!平成FIVE
久野誠

□ Data

| | | | |
|---|---|---|---|
| 作詞 | 山本正之 | 品番 | KIDS-165 |
| 作曲 | 山本正之 | 球団 | 中日ドラゴンズ |
| 編曲 | 神保雅彰 | ジャンル | 球団愛 |
| レーベル | KING | フォーマット | CDS |

久野誠アナが出演した映画『ミスター・ベースボール』の公開年にリリース。

## 538 ドラゴンズよありがとう
山本正之

□ Data

| | | | |
|---|---|---|---|
| 作詞 | 斉藤吾朗／山本正之 | 品番 | D-3011 |
| 作曲 | 山本正之 | 球団 | 中日ドラゴンズ |
| 編曲 | | ジャンル | 球団愛 |
| レーベル | CANYON | フォーマット | LP |

LP『オオ!われらがドラゴンズ』収録。歌手「山本正之」としてのデビュー曲。

## 539 中日ドラゴンズ・マーチ
ワーナー・パイオニア少年・少女合唱団他

□ Data

| | | | |
|---|---|---|---|
| 作詞 | | 品番 | L-1516P |
| 作曲 | 藤家虹二 | 球団 | 中日ドラゴンズ |
| 編曲 | 菅野光亮 | ジャンル | 球団愛 |
| レーベル | WARNER-PIONEER | フォーマット | 7" |

中日スポーツの公募入賞曲。B面「中日ドラゴンズ・ファンファーレ～応援歌」。ジャケはイラスト版と2バージョンあり。

## 540 ドラゴンズ行進曲
すどうかづみ／高杉俊价

□ Data

| | | | |
|---|---|---|---|
| 作詞 | 中山大三郎 | 品番 | 7DX1498 |
| 作曲 | 美樹克彦 | 球団 | 中日ドラゴンズ |
| 編曲 | 馬場良 | ジャンル | ファンソング |
| レーベル | POLYDOR | フォーマット | 7" |

ジャケには第1次星野政権時代のスローガン「HARD PLAY、HARD」と書くつもりが中学生がやりそうな誤記載を!

## 541 | 好きよ!ドラゴンズ
八汐亜矢子

□ Data

| 作詞 | 竜巻球史 | 品番 | TP-17974 |
|---|---|---|---|
| 作曲 | 青木玲二 | 球団 | 中日ドラゴンズ |
| 編曲 | 園広昭 | ジャンル | ファンソング |
| レーベル | TOSHIBA | フォーマット | 7" |

岐阜ご当地ソングをよく歌う八汐亜矢子が取り組んだ、いわば長良川球場主催ゲームのような1枚。

## 542 | WE ARE DRAGONS
FUSHIRYU

□ Data

| 作詞 | くらはしかん | 品番 | |
|---|---|---|---|
| 作曲 | 中谷馨 | 球団 | 中日ドラゴンズ |
| 編曲 | 水谷史之 | ジャンル | 球団愛 |
| レーベル | ユアーズミュージック | フォーマット | CD |

1999年発売の自主制作盤。タイトル曲は中日スポーツの4コママンガ「おれたちゃドラゴンズ」作者、くらはしかんの作詞。

## 543 | いざ行け強竜ドラゴンズ
ドラゴンスターズ

□ Data

| 作詞 | 津良竜一／みずの稔 | 品番 | TEDA-10461 |
|---|---|---|---|
| 作曲 | 野々卓也 | 球団 | 中日ドラゴンズ |
| 編曲 | 池多孝春 | ジャンル | 球団愛 |
| レーベル | TEICHIKU | フォーマット | CDS |

「いざ行け『強竜』ドラゴンズ」と強竜がつく。「カッチャカッチャ阪急」のようなチャカポコ感。

## 544 | VICTORY−俺は勝つ
伊藤秀志

□ Data

| 作詞 | 伊藤秀志 | 品番 | BKDA-0016 |
|---|---|---|---|
| 作曲 | 伊藤秀志 | 球団 | 中日ドラゴンズ |
| 編曲 | 原淳 | ジャンル | 球団愛 |
| レーベル | バンダイ・ミュージックエンタテインメント | フォーマット | CDS |

ナゴヤドームジャケがまぶしい。これも東海ラジオっぽい人選。伊藤秀志は072掲載の水谷ミミ「夕焼けのうた」作者。

## 545 | 男人生タイガース
市川勝海

□ Data

| 作詞 | 水木れいじ | 品番 | KIDX 457 |
|---|---|---|---|
| 作曲 | 竹村次郎 | 球団 | 阪神タイガース |
| 編曲 | 竹村次郎 | ジャンル | 球団愛 |
| レーベル | KING | フォーマット | CDS |

コメント:テイチクでリリースした7インチのリメイク盤。コンバットマーチからド演歌調へと一転するイントロに思わずニヤリ。

## 546 | はばたけ小松（カラオケ）
カラオケ音源

□ Data

| 作詞 | 山本正之 | 品番 | DRQ6951 |
|---|---|---|---|
| 作曲 | 山本正之 | 球団 | 中日ドラゴンズ |
| 編曲 | 神保正明 | ジャンル | 選手愛 |
| レーベル | POLYDOR | フォーマット | 7" |

当時時速150キロは脅威の速球で、そりゃカラオケレコードだって発売されるぐらいの衝撃。

## 547 | NとLの野球帽
CHAGE&ASKA

□ Data

| 作詞 | CHAGE | 品番 | PCDA-00744 |
|---|---|---|---|
| 作曲 | CHAGE | 球団 | 西鉄ライオンズ |
| 編曲 | 重実徹 | ジャンル | 球団愛 |
| レーベル | CANYON | フォーマット | CDS |

「RIVER」のカップリング。言われてみれば西鉄ライオンズ世代なんだよな、と気づかせる一曲。

## 548 | 翼は折れても
杉野強

□ Data

| 作詞 | 美樹克彦&英二 | 品番 | |
|---|---|---|---|
| 作曲 | 美樹克彦 | 球団 | 西鉄ライオンズ |
| 編曲 | | ジャンル | 選手愛 |
| レーベル | | フォーマット | CD |

黒い霧事件に巻き込まれた池永正明投手復権運動ソング。小野ヤスシの口上のインパクトが強い。

## 549 | 君こそライオンズ
西郷輝彦

□ Data

| 作詞 | 黒瀬泰宏／本間繁義 | 品番 | CW-1422 |
|---|---|---|---|
| 作曲 | 中村八大 | 球団 | 太平洋クラブライオンズ |
| 編曲 | 小杉仁三 | ジャンル | 公式ソング |
| レーベル | CROWN | フォーマット | 7" |

これまた複数ジャケットがあるので福岡時代末期のライオンズは一筋縄ではいかない。

## 550 | がんばれば愛
クレージー・パーティー

□ Data

| 作詞 | 伊藤アキラ | 品番 | DKQ1082 |
|---|---|---|---|
| 作曲 | 大滝詠一 | 球団 | 西武ライオンズ |
| 編曲 | 乾裕樹 | ジャンル | 関連モノ |
| レーベル | KITTY | フォーマット | 7" |

「がんばれ!!タブチくん!!激闘ペナントレース」サントラより。根本要のハイトーンヴォイスが特徴的な名曲。

## 551 | Vのシナリオ〜吼えろライオンズ!
ばんばひろふみ

□ Data

| 作詞 | チャゲ&飛鳥(田尾のパートはだまさし) | 品番 | 07・5H-251 |
|---|---|---|---|
| 作曲 | チャゲ&飛鳥 | 球団 | 西武ライオンズ |
| 編曲 | 村上啓介 | ジャンル | 球団愛 |
| レーベル | エピック | フォーマット | 7" |

「夕焼けニャンニャン」で石橋貴明が歌詞の一部を歌っていたのは当時文化放送に出入りした事で耳にしたと思われる。

## 552 | 吠えろライオンズ
成田洋明／西武ライオンズ応援合唱団

□ Data

| 作詞 | 石川優子 | 品番 | APDA-175 |
|---|---|---|---|
| 作曲 | 石川優子 | 球団 | 西武ライオンズ |
| 編曲 | 鈴木豪 | ジャンル | 球団愛 |
| レーベル | APOLLON | フォーマット | CDS |

作者の石川優子とライオンズの交点はやはりチャゲという事になるのか?

## 553 | '74栄光の足跡／飛龍の歴史
ナレーター：田口豊太郎（CBC）

□ Data

| 作詞 | | 品番 | TW-50001 |
|---|---|---|---|
| 作曲 | | 球団 | 中日ドラゴンズ |
| 編曲 | | ジャンル | ドキュメンタリー |
| レーベル | TOSHIBA | フォーマット | LP |

『やったぞ!ドラゴンズ』収録。1974年優勝記念アルバム。74年シーズンの経過とこれまでの球団史で構成。

## 554 | 天まで昇れドラゴンズ
新間正次

□ Data

| 作詞 | 新間正次 | 品番 | 7DX1108 |
|---|---|---|---|
| 作曲 | 伴久一 | 球団 | 中日ドラゴンズ |
| 編曲 | 大島健一 | ジャンル | ファンソング |
| レーベル | POLYDOR | フォーマット | 7" |

名古屋のラジオスター、〈新間ちゃん〉として大活躍していた頃のナイスジャケ。これもCBC案件になる?

## 555 | お祭りワッショイドラゴンズ!!
園山ゆうこ

□ Data

| 作詞 | 中谷馨 | 品番 | KIKD37 |
|---|---|---|---|
| 作曲 | 中谷馨 | 球団 | 中日ドラゴンズ |
| 編曲 | 中谷馨 | ジャンル | 球団愛 |
| レーベル | KING | フォーマット | 7" |

いい具合にいい加減な名古屋ジャケの好例。どのように撮影に向かったか想像するだに楽しい。

## 556 | BANG BANG!ドラゴンズ
花井その子・こおろぎ'73

□ Data

| 作詞 | 滝田由加子／市川昭介 | 品番 | AH-572 |
|---|---|---|---|
| 作曲 | 市川昭介 | 球団 | 中日ドラゴンズ |
| 編曲 | 高田弘 | ジャンル | 球団愛 |
| レーベル | COLUMBIA | フォーマット | 7" |

B面は水木一郎とこおろぎ'73による「勝利の叫び」。水木一郎と中日ドラゴンズのつながりは、実は長い。

## 557 | はばたけ小松
山本正之

□ Data

| 作詞 | 山本正之 | 品番 | DR6363 |
|---|---|---|---|
| 作曲 | 山本正之 | 球団 | 中日ドラゴンズ |
| 編曲 | 神保正明 | ジャンル | 選手愛 |
| レーベル | POLYDOR | フォーマット | 7" |

軍歌調行進曲の小松辰雄応援歌。B面に「燃えよドラゴンズ!79」。

## 558 | 辰ちゃん音頭
竹内すみ子

□ Data

| 作詞 | 青木かつみ | 品番 | KA-1180 |
|---|---|---|---|
| 作曲 | 沖之株勝美 | 球団 | 中日ドラゴンズ |
| 編曲 | 池多孝春 | ジャンル | 選手愛 |
| レーベル | MINORU PHONE | フォーマット | 7" |

アートワークがアレな名古屋ジャケと勝手に呼んでいるジャンルの1枚。B面「鉄腕マーチ」両曲とも振付あり。

## 559 | プラスのスマイル!!
CLOVER

□ Data

| | | | |
|---|---|---|---|
| 作詞 | 永井ルイ | 品番 | CRDP-209 |
| 作曲 | 永井ルイ | 球団 | 日本ハムファイターズ |
| 編曲 | 永井ルイ | ジャンル | 球団愛 |
| レーベル | CROWN | フォーマット | CDS |

99年日本ハムファイターズイメージソングだが、歌詞に野球をイメージさせられるフレーズがまったくない。

## 560 | ファイターズと共に
TRIPLANE

□ Data

| | | | |
|---|---|---|---|
| 作詞 | HYOUE EBATA | 品番 | NFCD-27353 |
| 作曲 | HYOUE EBATA | 球団 | 北海道日本ハムファイターズ |
| 編曲 | TRIPLANE | ジャンル | 球団愛 |
| レーベル | AVEX ENTERTAINMENT | フォーマット | CD |

北海道日本ハムファイターズ「10TH SEASON プロジェクト」テーマソング。

## 561 | GO!GO!ファイターズ
宮本毅

□ Data

| | | | |
|---|---|---|---|
| 作詞 | 大島隆二 | 品番 | CRCP-534 |
| 作曲 | 大島隆二 | 球団 | 北海道日本ハムファイターズ |
| 編曲 | 大島隆二 | ジャンル | 球団愛 |
| レーベル | CROWN | フォーマット | CD |

GAORAでも流れていた札幌移転時の印象が強い曲。あまり聞かれなくなったのも惜しい。

## 562 | ファイターズ讃歌
上杉周大

□ Data

| | | | |
|---|---|---|---|
| 作詞 | 石原信一 | 品番 | VPCC-82317 |
| 作曲 | 中村泰士 | 球団 | 北海道日本ハムファイターズ |
| 編曲 | 湯浅篤 | ジャンル | 公式ソング |
| レーベル | VAP | フォーマット | CD |

ささきいさお・速水けんたろうに続く、「ブギウギ専務」による三代目ソング。

## 563 | LA LA LA FIGHTERS
福原美穂

□ Data

| | | | |
|---|---|---|---|
| 作詞 | いしわたり淳治 | 品番 | SRCL7043 |
| 作曲 | 福原美穂/福原将宜/中村越明/大澤越明 | 球団 | 北海道日本ハムファイターズ |
| 編曲 | 安原兵衛 | ジャンル | 公式ソング |
| レーベル | SONY | フォーマット | CD |

千葉マリンスタジアムでこの曲が7回表攻撃前に流れて場内が「どうすりゃいいのよ」と困惑する空気が好きだった。

## 564 | 千葉、心つなげよう

□ Data

| | | | |
|---|---|---|---|
| 作詞 | MMJP | 品番 | LMCD-0002 |
| 作曲 | MMJP | 球団 | 千葉ロッテマリーンズ |
| 編曲 | | ジャンル | 球団愛 |
| レーベル | | フォーマット | CD |

ようやく球団が千葉の各市町村とコミットできた印象を与えた1曲。

## 565 | We Love MARINES 2000 ver.
CHIBA "ROCK" MARINES

□ Data

| | | | |
|---|---|---|---|
| 作詞 | Michio Yamagami | 品番 | TECE30169 |
| 作曲 | Tatsushi Umegaki | 球団 | 千葉ロッテマリーンズ |
| 編曲 | Shinsuke Sugiuchi | ジャンル | 関連モノ |
| レーベル | TEICHIKU | フォーマット | CD |

指定管理者以降のマリーンズではロック期に当たる時期にリリースされた1枚。

## 566 | 若き王者たち

□ Data

| | | | |
|---|---|---|---|
| 作詞 | 板橋光子 | 品番 | PCCH-00096 |
| 作曲 | 板橋光子 | 球団 | 湘南シーレックス |
| 編曲 | 井上日徳 | ジャンル | 公式ソング |
| レーベル | PONY CANYON | フォーマット | CD |

00年代にあったベイスターズファームチームの球団歌。ニッポン放送のCM的なサウンド。

## 567 | 地平を駆ける獅子を見た（40TH バージョン）
松崎しげる

□ Data

| | | | |
|---|---|---|---|
| 作詞 | 阿久悠 | 品番 | SSLS-1840 |
| 作曲 | 小林亜星 | 球団 | 西武ライオンズ |
| 編曲 | 冷泉三区音響研究所 | ジャンル | 公式ソング |
| レーベル | 徳間ジャパン | フォーマット | CD |

アレンジャーはCMや映画、劇伴・効果音を手掛ける福岡の冷泉三区音響研究所・今村哲之。

## 568 | 吠えろライオンズ（LIONS 70THバージョン）
広瀬香美

□ Data

| | | | |
|---|---|---|---|
| 作詞 | 石川優子 | 品番 | TKCA-74885 |
| 作曲 | 石川優子 | 球団 | 埼玉西武ライオンズ |
| 編曲 | 冷泉三区音響研究所 | ジャンル | 球団愛 |
| レーベル | JAPAN RECORD | フォーマット | CD |

広瀬香美自身、太平洋時代からの筋金入りのライオンズファンというのが意外な発見。

## 569 | それ行けカープ
塩見大治郎

□ Data

| | | | |
|---|---|---|---|
| 作詞 | 有馬三惠子 | 品番 | 06SH549 |
| 作曲 | 宮崎尚志 | 球団 | 広島東洋カープ |
| 編曲 | 宮崎尚志 | ジャンル | 公式ソング |
| レーベル | CBS SONY | フォーマット | 7" |

75年リリースとはジャケット違いの1枚。ヨシヒコ人気を受け、彼の画像をフィーチャーして再リリースか？

## 570 | 闘魂こめて
藤川純一

□ Data

| | | | |
|---|---|---|---|
| 作詞 | 椿三平／西條八十 | 品番 | AH-341 |
| 作曲 | 古関裕而 | 球団 | 読売ジャイアンツ |
| 編曲 | | ジャンル | 公式ソング |
| レーベル | COLUMBIA | フォーマット | 7" |

品番SCS-301の76年盤とは異なり、B面はアンサンブル・ボッカ「行け行け飛雄馬」を収録の83年盤。

## 571 | それゆけぼくらのファイターズ
ささきいさお／コロムビアゆりかご会

□ Data

| | | | |
|---|---|---|---|
| 作詞 | 石原美代子／中村泰士 | 品番 | GSS-1185-CP |
| 作曲 | 石原美代子／中村泰士 | 球団 | 日本ハムファイターズ |
| 編曲 | 高田弘 | ジャンル | 球団愛 |
| レーベル | COLUMBIA | フォーマット | CDS |

7インチでは少年ファイターズを意識した子どもジャケだったが、CDSになると成長して大人になったファンの姿に。

## 572 | 熱血ファイターズの歌
INDEPENDENCE

□ Data

| | | | |
|---|---|---|---|
| 作詞 | 山本正之 | 品番 | BXDA2186 |
| 作曲 | 山本正之 | 球団 | 日本ハムファイターズ |
| 編曲 | 山本正之 | ジャンル | 球団愛 |
| レーベル | ベラ・ボー エンタテインメント | フォーマット | CD |

メッシュで作った覆面歌手のような趣き。「一緒や！　なんぼ打っても！」の叫びが聞こえるような歌詞が最高。

## 573 | 熱血ファイターズの歌2002
INDEPENDENCE

□ Data

| | | | |
|---|---|---|---|
| 作詞 | 山本正之 | 品番 | BBCA1201 |
| 作曲 | 山本正之 | 球団 | 日本ハムファイターズ |
| 編曲 | 山本正之 | ジャンル | 球団愛 |
| レーベル | ベラ・ボー エンタテインメント | フォーマット | CD |

「「毎度！」言うなら毎度勝て！」の名言を生んだ大島監督政権第2弾。「木元、阿久根、実松だ！」のリリックにキュンとくる。

## 574 | KAMAGAYAトキメキファイターズ～鎌サポ・ヴァージョン
速水けんたろう

□ Data

| | | | |
|---|---|---|---|
| 作詞 | 桂佳太郎／速水けんたろう | 品番 | CRCP-575 |
| 作曲 | 速水けんたろう | 球団 | 北海道日本ハムファイターズ |
| 編曲 | 奥山明 | ジャンル | 公式ソング |
| レーベル | CROWN | フォーマット | CD |

コンピ「ファイターズ鎌ヶ谷ソングス」収録。鎌熊バージョンの「ファイターズ讃歌」も非常に佳き。

## 575 | BALLPARK V-DANCE
KGY40Jr.

□ Data

| | | | |
|---|---|---|---|
| 作詞 | 福田優一 | 品番 | EMRCD-1002 |
| 作曲 | 福田優一 | 球団 | 北海道日本ハムファイターズ |
| 編曲 | | ジャンル | 球団愛 |
| レーベル | Eggs'n Muffin | フォーマット | CD |

鎌ヶ谷のダンスユニットが作った鎌ヶ谷ファイターズ案件。鎌ヶ谷では独自の文化が育まれている。

## 576 | ジンギスカン
ファイターズガール

□ Data

| | | | |
|---|---|---|---|
| 作詞 | BERND MEINUNGER | 品番 | WQCQ-893 |
| 作曲 | RALPH SIEGEL | 球団 | 北海道日本ハムファイターズ |
| 編曲 | NAOKI ITAI, YUSUKE KOSHIRO | ジャンル | 公式ソング |
| レーベル | WARNER | フォーマット | CD |

ジャケのデザインが初期モーニング娘。っぽい事で一部で話題に。解説者に「太い商いですね」と言われた鮭の曲も収録。

## 577 | 白いボールのファンタジー
トランザム

□ Data

| | | | |
|---|---|---|---|
| 作詞 | 嶋田富士彦 | 品番 | VICL-35742 |
| 作曲 | 中村八大 | 球団 | パシフィック・リーグ |
| 編曲 | チト河内 | ジャンル | プロテストソング |
| レーベル | VICTOR | フォーマット | CD |

このCDの一般発売化や選手会バージョンの制作にあたり中村八大の長男・中村力丸の強力なサポートがあったという。

## 578 | 白いボールのファンタジー
日本プロ野球選手会

□ Data

| | | | |
|---|---|---|---|
| 作詞 | 嶋田富士彦 | 品番 | OKBU-001 |
| 作曲 | 中村八大 | 球団 | NPB |
| 編曲 | AXBITES | ジャンル | プロテストソング |
| レーベル | | フォーマット | CD |

「六甲のおいしい水」のテレビCMで話題となったタイガース今岡誠選手の歌声が味わえる。

## 579 | 名球一代
鳥羽一郎

□ Data

| | | | |
|---|---|---|---|
| 作詞 | 星野哲郎 | 品番 | CWA-275 |
| 作曲 | 船村徹 | 球団 | 名球会 |
| 編曲 | 丸山雅仁 | ジャンル | 球団愛 |
| レーベル | CROWN | フォーマット | 7" |

名球会モノ。鳥羽一郎は競艇のベテラン選手だけを集めたグレードレース「名人戦」のテーマ曲「名人」も出している。

## 580 | SUPERSTAR
タケカワユキヒデ

□ Data

| | | | |
|---|---|---|---|
| 作詞 | タケカワユキヒデ | 品番 | FXD-5108 |
| 作曲 | タケカワユキヒデ | 球団 | NPB |
| 編曲 | 京田誠一 | ジャンル | 関連モノ |
| レーベル | FUN HOUSE | フォーマット | CDS |

ゼロ年代後半、開場後に流れていた過去の名選手の紹介映像に合わせて流れていた。

## 581 | FOREVER
新井現詞

□ Data

| | | | |
|---|---|---|---|
| 作詞 | 大津あきら | 品番 | UE-13 |
| 作曲 | 鈴木キサブロー | 球団 | NPB |
| 編曲 | 若草恵 | ジャンル | 関連モノ |
| レーベル | UNION | フォーマット | 7" |

サッポロビール日本プロ野球誕生半世紀キャンペーンソング。中古レコード店でよく見かけるが、そんなにばら撒いたの?

## 582 | プロ野球球団歌・応援歌カラオケ

□ Data

| | | | |
|---|---|---|---|
| 作詞 | | 品番 | NPL-1501 |
| 作曲 | | 球団 | NPB |
| 編曲 | | ジャンル | カラオケ |
| レーベル | にっかつビデオフィルムズ | フォーマット | LD |

カラオケビデオなのだが当時の貴重な球場風景が残っている。当たり前の光景も10年経てば文化遺産。

## 583 | 炎のストッパー
矢野昌大

□ Data

| 作詞 | 矢野昌大 | 品番 | DDCM-1035 |
|---|---|---|---|
| 作曲 | 尾崎浩司 | 球団 | 広島東洋カープ |
| 編曲 | 尾崎浩司 | ジャンル | 選手愛 |
| レーベル | DUMMY HEAD RECORDS | フォーマット | CD |

★AMAGIN★のボーカル・矢野昌大のソロアルバムに収録。津田恒実をパンクで表現したらこうなった。

## 584 | コイコイ音頭
千代恵＆塩見大治郎

□ Data

| 作詞 | 高原豊 | 品番 | SOLB384 |
|---|---|---|---|
| 作曲 | 高原晴美 | 球団 | 広島東洋カープ |
| 編曲 | 宮崎尚志 | ジャンル | 球団愛 |
| レーベル | CBS SONY | フォーマット | 7" |

笑点音頭も手掛けた宮崎尚志作品。この千代恵さんってハマクラ作品やなかにし礼作品など大人歌謡を歌ってた方?

## 585 | がんばって!!カープ
KAZU

□ Data

| 作詞 | 佐東輝彦 | 品番 | TR-19034 |
|---|---|---|---|
| 作曲 | ジョウケイシ | 球団 | 広島東洋カープ |
| 編曲 | | ジャンル | 球団愛 |
| レーベル | LOVEBIRD RECORDS | フォーマット | 7" |

さわやかなフォークかと思わせておいて強烈な歌詞をぶつける達川光男のトリックプレーみたいな1枚。

## 586 | 私の鯉(恋)の物語
坪北紗綾香

□ Data

| 作詞 | 沖田孝司 | 品番 | OK-0103 |
|---|---|---|---|
| 作曲 | 沖田孝司 | 球団 | 広島東洋カープ |
| 編曲 | 加藤健一 | ジャンル | 地域愛 |
| レーベル | OKITAレコード | フォーマット | CD |

ビオラ奏者沖田孝司氏プロデュースによる「広島の宝シリーズ」の第3弾。ポプコン本選経験ありと知り納得。

## 587 | RED～僕らの広島カープ～
石田匠

□ Data

| 作詞 | 石田匠 | 品番 | AVCD30710 |
|---|---|---|---|
| 作曲 | 石田匠 | 球団 | 広島東洋カープ |
| 編曲 | 石田匠 | ジャンル | 球団愛 |
| レーベル | AVEX TRAX | フォーマット | CD |

広島新球場建設「たる募金」ソング。しかしズムスタのデザインは八丁堀時代の球場デザインをうまく踏襲していてすごい。

## 588 | WE ARE FIGHTERS
HARTY

□ Data

| 作詞 | HARTY | 品番 | SHIER0003 |
|---|---|---|---|
| 作曲 | あたりめ島田 | 球団 | 北海道日本ハムファイターズ |
| 編曲 | あたりめ島田 | ジャンル | 関連モノ |
| レーベル | FREEDOM MUSIC | フォーマット | CD |

SNSを通じて新庄剛志の知遇を得たHARTYは、新庄の公認応援歌「%1」や「BIG4 BIGBOSS」もリリース。

## 589 馬鹿試合
### 石村吹雪

□ Data

| | | | |
|---|---|---|---|
| 作詞 | 石村吹雪 | 品番 | |
| 作曲 | 石村吹雪 | 球団 | 北海道日本ハムファイターズ |
| 編曲 | | ジャンル | 球団愛 |
| レーベル | PENTSUMAN RECORD | フォーマット | CD |

『SALE 優勝記念セイル2016』収録。シンガーソングライターが、ほとばしる球団愛をぶつけた自主制作盤。

## 590 やっぱ日ハムだべさ
### 大浦つよし

□ Data

| | | | |
|---|---|---|---|
| 作詞 | 駒嶺守 | 品番 | K2-007 |
| 作曲 | 伊戸のりお | 球団 | 北海道日本ハムファイターズ |
| 編曲 | 伊戸のりお | ジャンル | 球団愛 |
| レーベル | ケーツーレコード | フォーマット | CD |

阪神タイガースモノっぽい楽曲だなと思ったら、タイガースモノでおなじみの伊戸のりおが作曲を手掛けていた。

## 591 君は海だ
### 小椋佳

□ Data

| | | | |
|---|---|---|---|
| 作詞 | 小椋佳 | 品番 | DI-1324 |
| 作曲 | 小椋佳 | 球団 | 大洋ホエールズ |
| 編曲 | 小野崎孝輔 | ジャンル | 親会社 |
| レーベル | キティ・エンタープライズ | フォーマット | 7" |

中古レコード店に行くと年に1回は遭遇する大洋漁業レコード。これもまた親会社モノとしてつい買っちゃうんですよねー。

## 592 MAJIN GO!!〜C'MON BAY'S GOD!〜
### KIOMI&FUKUJUSO

□ Data

| | | | |
|---|---|---|---|
| 作詞 | 西本きよみ／高岡育子 | 品番 | KIDS-375 |
| 作曲 | 西本きよみ／金子卓司 | 球団 | 横浜ベイスターズ |
| 編曲 | 金子卓司 | ジャンル | 選手愛 |
| レーベル | KING | フォーマット | CDS |

これもベイスターズの中継権を持っていた当時のニッポン放送「ショーアップナイター」でよく流れましたね。

## 593 WE LOVE MARINES'05〜BUILDING OUR DREAM〜
### 氏川風

□ Data

| | | | |
|---|---|---|---|
| 作詞 | 山上路夫 | 品番 | TO-4002 |
| 作曲 | 梅垣達志 | 球団 | 千葉ロッテマリーンズ |
| 編曲 | 氏川風 | ジャンル | 関連モノ |
| レーベル | TOKYOMUSIC | フォーマット | CD |

10年代のマリーンズ関連を扱っていた氏川風による作品。曲を聴くと伊東勤政権を思い出す。

## 594 奇跡を起せ風雲児
### 鈴木しげる

□ Data

| | | | |
|---|---|---|---|
| 作詞 | 鈴木しげる／藤木治 | 品番 | AT-4015 |
| 作曲 | 小川悠一郎 | 球団 | 読売ジャイアンツ |
| 編曲 | 小山内たけとも | ジャンル | 選手愛 |
| レーベル | TOHO | フォーマット | 7" |

「全国の原辰徳ファンにおくる…」のサブタイトル。東海大相模時代にリリースされている。

## 595 | 阪神タイガース創立50周年記念 がんばれ!タイガース
ナレーター：道上洋三（朝日放送）

□ Data

| | | | |
|---|---|---|---|
| 作詞 | | 品番 | GM-9004 |
| 作曲 | | 球団 | 阪神タイガース |
| 編曲 | | ジャンル | ドキュメンタリー |
| レーベル | TEICHIKU | フォーマット | LP |

「実況で綴るタイガース50年史」がB面でA面が「甲子園のヤジ音源」という素晴らしすぎる構成。

## 596 | 猛虎阪神タイガース!悲願の優勝!!

□ Data

| | | | |
|---|---|---|---|
| 作詞 | | 品番 | C20H0036 |
| 作曲 | | 球団 | 阪神タイガース |
| 編曲 | | ジャンル | ドキュメンタリー |
| レーベル | PONY CANYON | フォーマット | LP |

85年優勝記念アルバム。実況音源で蘇る阪神フィーバー。大音量の甲子園はこの時代に確立されたことがよく分かる。

## 597 | 原、江川、掛布、真弓ら現役20選手が語る「わが伝統の一戦」

□ Data

| | | | |
|---|---|---|---|
| 作詞 | | 品番 | 30039-25 |
| 作曲 | | 球団 | 読売／阪神 |
| 編曲 | | ジャンル | ドキュメンタリー |
| レーベル | VAP | フォーマット | LP |

GT戦の名勝負実況音源を収録。名勝負を選べと言われるとペナントレースを決定づける試合や個人記録の試合を選びがち。

## 598 | SUPER・RECORD・GAME 巨人VS阪神
実況：胡口和雄

□ Data

| | | | |
|---|---|---|---|
| 作詞 | | 品番 | 29AH546 |
| 作曲 | | 球団 | 読売／阪神 |
| 編曲 | | ジャンル | ドキュメンタリー |
| レーベル | CBS SONY | フォーマット | LP |

盤に複数の溝が刻まれ、針を下ろして再生される実況の対戦結果で競うゲームレコード。

## 599 | 連続試合出場記録
ナレーション：戸谷真人（文化放送）

□ Data

| | | | |
|---|---|---|---|
| 作詞 | | 品番 | SM25-5214 |
| 作曲 | | 球団 | 広島東洋カープ |
| 編曲 | | ジャンル | ドキュメンタリー |
| レーベル | SMS | フォーマット | LP |

『限りない挑戦 鉄人衣笠祥雄』収録。NRNの幹事局とはいえ文化放送がカープモノを作るとは意外。

## 600 | 日本シリーズJ2　熱戦ハイライト集
ナレーター：室井清司（RCC 中国放送）

□ Data

| | | | |
|---|---|---|---|
| 作詞 | | 品番 | GX-7039 |
| 作曲 | | 球団 | 広島東洋カープ |
| 編曲 | | ジャンル | ドキュメンタリー |
| レーベル | COLUMBIA | フォーマット | LP |

『燃える赤ヘル!!黄金時代』収録。二度目の日本一を「J2達成」と表記。サンフレッチェ広島サポもビックリ!

## 601 やったぞ赤ヘル日本一!
ナレーター：上野隆紘（RCC 中国放送）

□ Data

| | | | |
|---|---|---|---|
| 作詞 | | 品番 | KR161 |
| 作曲 | | 球団 | 広島東洋カープ |
| 編曲 | | ジャンル | ドキュメンタリー |
| レーベル | KING | フォーマット | LP |

江夏の21球が起きた79年日本シリーズの実況レコード。RCCテレビの優勝特番の衣笠x江夏のイチャイチャぶりは見どころ。

## 602 やったぞ赤ヘルV3
ナレーター：上野隆紘（RCC 中国放送）

□ Data

| | | | |
|---|---|---|---|
| 作詞 | | 品番 | K15A-49〜50 |
| 作曲 | | 球団 | 広島東洋カープ |
| 編曲 | | ジャンル | ドキュメンタリー |
| レーベル | KING | フォーマット | LP |

『V3赤ヘル旋風'80』収録。「3S BASEBALL−Suspence Speed Start」を掲げた80年優勝記念のアルバム。

## 603 やったぞ赤ヘルV2
ナレーター：上野隆紘（RCC 中国放送）

□ Data

| | | | |
|---|---|---|---|
| 作詞 | | 品番 | SKA-263 |
| 作曲 | | 球団 | 広島東洋カープ |
| 編曲 | | ジャンル | ドキュメンタリー |
| レーベル | KING | フォーマット | LP |

『V2赤ヘル旋風'79』収録。79年優勝記念アルバム。RCC上野アナの案内で進行。大不振スタートからの劇的優勝!

## 604 V2!やったぜ赤ヘル
ナレーター：山中善和（RCC 中国放送）

□ Data

| | | | |
|---|---|---|---|
| 作詞 | | 品番 | TW-60027 |
| 作曲 | | 球団 | 広島東洋カープ |
| 編曲 | | ジャンル | ドキュメンタリー |
| レーベル | TOSHIBA | フォーマット | LP |

79年優勝記念アルバム。アニメ「かっ飛ばせ!ドリーマーズ〜広島カープ誕生物語〜」にも出演する山中善和アナが進行。

## 605 球団創立25年の記録（その1）

□ Data

| | | | |
|---|---|---|---|
| 作詞 | | 品番 | TW-60004 |
| 作曲 | | 球団 | 広島東洋カープ |
| 編曲 | | ジャンル | ドキュメンタリー |
| レーベル | TOSHIBA | フォーマット | LP |

『ガッツ!!カープ』収録。実況音源で綴るカープ25年史。同じ四半世紀でも終戦後の25年間の濃さは別格。

## 606 栄光のジャイアンツ
ナレーター：越智正典（日本テレビ）

□ Data

| | | | |
|---|---|---|---|
| 作詞 | | 品番 | GW-7004 |
| 作曲 | | 球団 | 読売ジャイアンツ |
| 編曲 | | ジャンル | ドキュメンタリー |
| レーベル | CROWN | フォーマット | LP |

V9前期のジャイアンツナインのインタビューを収録。日テレの強みを十二分に発揮。

## 607 巨人軍音頭
ジェリー藤尾

□ Data

| | | | |
|---|---|---|---|
| 作詞 | 梶原一騎 | 品番 | L-32P |
| 作曲 | 佐瀬寿一 | 球団 | 読売ジャイアンツ |
| 編曲 | 池多孝春 | ジャンル | 球団愛 |
| レーベル | WARNER-PIONEER | フォーマット | 7" |

ジェリー藤尾のガラッパチ歌唱が心地いい。B面「巨人軍応援歌」は闘魂こめてとは異なる。

## 608 私の彼はジャイアンツファン
山口弘美

□ Data

| | | | |
|---|---|---|---|
| 作詞 | 秋元康 | 品番 | HBDL-1006 |
| 作曲 | 後藤次利 | 球団 | 読売ジャイアンツ |
| 編曲 | 後藤次利 | ジャンル | 球団愛 |
| レーベル | ハミングバード | フォーマット | CDS |

レンズ付きフィルム「撮りっきりコニカ」のCMで50歳以上の人にはお馴染みの山口弘美が歌うジャイアンツ公認ソング。

## 609 GOGOジャイアンツ
渡辺正典＆ライト・スタンド・アーミー

□ Data

| | | | |
|---|---|---|---|
| 作詞 | 荒木とよひさ | 品番 | 10083-07 |
| 作曲 | 宮川泰 | 球団 | 読売ジャイアンツ |
| 編曲 | 宮川泰 | ジャンル | 球団愛 |
| レーベル | VAP | フォーマット | 7" |

ニニ・ロッソとの共演も果たした〈後楽園のマエストロ〉こと渡辺正典による進軍ラッパ。

## 610 君よ巨人の声をきけ
富田伊知郎

□ Data

| | | | |
|---|---|---|---|
| 作詞 | 荒木とよひさ | 品番 | 10336-07 |
| 作曲 | 小林亜星 | 球団 | 読売ジャイアンツ |
| 編曲 | 松井忠重 | ジャンル | 球団愛 |
| レーベル | VAP | フォーマット | 7" |

ジャイアンツの〈四球テーマ〉でもおなじみの曲。「おーい北海道」を歌う、とみたいちろうと同一人物。

## 611 GIANTS FIRE!
東京バナナボーイズ

□ Data

| | | | |
|---|---|---|---|
| 作詞 | 糸井重里 | 品番 | KTDR-2111 |
| 作曲 | 東京バナナボーイズ | 球団 | 読売ジャイアンツ |
| 編曲 | | ジャンル | 公式ソング |
| レーベル | KITTY | フォーマット | CDS |

一時的なものかと思ったら福澤朗が日本テレビを退社しても使い続けていた。

## 612 日本国中ジャイアンツ
陣野命

□ Data

| | | | |
|---|---|---|---|
| 作詞 | 津田義彦／神保正明 | 品番 | AT-4042 |
| 作曲 | 神保正明 | 球団 | 読売ジャイアンツ |
| 編曲 | 神保正明 | ジャンル | 球団愛 |
| レーベル | TOHO | フォーマット | 7" |

戦隊モノと浪曲のマッシュアップ。B面「燃えろ!V2ジャイアンツ」は70年代セクシーヴォイス歌謡。

### 613 | 青春レース
トライアル

□ Data

| 作詞 | きすぎえつこ | 品番 | PP-9001〜2 |
|------|------------|------|-----------|
| 作曲 | きすぎたかお | 球団 | 読売ジャイアンツ |
| 編曲 | トライアル | ジャンル | 選手愛 |
| レーベル | TEICHIKU | フォーマット | LP |

LP『ジャイアンツ〜長島G、栄光へ翔べ〜』収録。来生たかお提供曲としてしばらくリストから漏れていたとのこと。

### 614 | サンキュー・Mr〜長嶋茂雄へのラブコール〜
はねおか仁

□ Data

| 作詞 | はねおか仁 | 品番 | 7DX 1039 |
|------|-----------|------|----------|
| 作曲 | はねおか仁 | 球団 | 読売ジャイアンツ |
| 編曲 | はねおか仁 | ジャンル | 選手愛 |
| レーベル | POLYDOR | フォーマット | 7" |

82年の劇場版アニメ『戦国魔神ゴーショーグン』主題歌を歌ったシンガーソングライターの長嶋監督惜別歌。

### 615 | 長嶋さんありがとう
ヒーロー

□ Data

| 作詞 | 吉田健美 | 品番 | AT-1094 |
|------|---------|------|---------|
| 作曲 | 神永誠 | 球団 | 読売ジャイアンツ |
| 編曲 | 神保正明 | ジャンル | 選手愛 |
| レーベル | TOHO | フォーマット | 7" |

アレンジャーのせいなのか山本正之っぽく聞こえる不思議な曲。これを歌っている人って、もしや?

### 616 | NAGASHIMA
斉門はし羅

□ Data

| 作詞 | 斉門はし羅 | 品番 | RD-4011 |
|------|-----------|------|---------|
| 作曲 | 斉門はし羅 | 球団 | 読売ジャイアンツ |
| 編曲 | 大原理 | ジャンル | 選手愛 |
| レーベル | ラジオシティ | フォーマット | 7" |

斉門はし羅は、サンタクララ「男と女」やミミ萩原「セクシー IN THE NIGHT」などの曲も手がけている。

### 617 | きみよ、炎のようであれ
川津恒一

□ Data

| 作詞 | 新宮正春 | 品番 | PK-174 |
|------|---------|------|--------|
| 作曲 | 馬飼野康二 | 球団 | 読売ジャイアンツ |
| 編曲 | 馬飼野康二 | ジャンル | 選手愛 |
| レーベル | COLUMBIA | フォーマット | 7" |

「絶好調!」が口癖になったばかりの頃の中畑応援歌。B面は「THE サード」。

### 618 | 頑張れイガワくん!!
国安勝己

□ Data

| 作詞 | 中山大三郎 | 品番 | RAB-132 |
|------|-----------|------|---------|
| 作曲 | 中山大三郎 | 球団 | 読売ジャイアンツ |
| 編曲 | 西崎進 | ジャンル | 関連モノ |
| レーベル | ローオン | フォーマット | 7" |

イラついたヤンキースファンが茨城に向かって揶揄したのではなくて栃木に向かっている曲。

## 619 | 三冠王達成のインタビュー
インタビュイー：王貞治

□ Data

| 作詞 | | 品番 | SJX-2003 |
|---|---|---|---|
| 作曲 | | 球団 | 読売ジャイアンツ |
| 編曲 | | ジャンル | ドキュメンタリー |
| レーベル | VICTOR | フォーマット | LP |

LP『栄光の三冠王／王貞治』より。打率3割5分5厘、51HR、114打点。この記録を上回ったのが85年の落合博満。

## 620 | 715号インタビュー
インタビュイー：王貞治

□ Data

| 作詞 | | 品番 | TW-60012 |
|---|---|---|---|
| 作曲 | | 球団 | 読売ジャイアンツ |
| 編曲 | | ジャンル | ドキュメンタリー |
| レーベル | TOSHIBA | フォーマット | LP |

LP『人間王貞治』より。76年10月11日、ベーブルースの記録を超える715号HRを阪神・山本和行投手から放つ。

## 621 | 世界新記録756号達成！
インタビュイー：王貞治

□ Data

| 作詞 | | 品番 | SJX-2120 |
|---|---|---|---|
| 作曲 | | 球団 | 読売ジャイアンツ |
| 編曲 | | ジャンル | ドキュメンタリー |
| レーベル | VICTOR | フォーマット | LP |

LP『栄光の756号・王貞治』より。裏方からの声として巨人初期の先乗りスコアラー・小松俊広の証言も収録。

## 622 | 世界新記録成る
インタビュイー：王貞治

□ Data

| 作詞 | | 品番 | SJX-20044 |
|---|---|---|---|
| 作曲 | | 球団 | 読売ジャイアンツ |
| 編曲 | | ジャンル | ドキュメンタリー |
| レーベル | VICTOR | フォーマット | LP |

LP『日記で綴る 人間・王貞治』より。これだけ追い掛け回されても打てるんだから、集中力や執念が凄いんでしょうね。

## 623 | 巨人軍創立時代
ナレーター：越智正典

□ Data

| 作詞 | | 品番 | SJX-2132〜6・M |
|---|---|---|---|
| 作曲 | | 球団 | 読売ジャイアンツ |
| 編曲 | | ジャンル | ドキュメンタリー |
| レーベル | VICTOR | フォーマット | LP |

LP『巨人軍40年史〜栄光の足跡〜』収録。ジャイアンツ40周年記念アルバム。ニッポン放送の中継音源で歴史を追う。

## 624 | 800号ホームラン達成の瞬間
ナレーター：島碩弥（ラジオ関東）

□ Data

| 作詞 | | 品番 | 25AG400 |
|---|---|---|---|
| 作曲 | | 球団 | 読売ジャイアンツ |
| 編曲 | | ジャンル | ドキュメンタリー |
| レーベル | CBS SONY | フォーマット | LP |

LP『BIG1 王貞治』より。80年8月800号達成！ 8並びだから覚えやすい！

## 625 | 700号のホームラン
モノローグ：王貞治

□ Data

| 作詞 | | 品番 | L-10050P |
|---|---|---|---|
| 作曲 | | 球団 | 読売ジャイアンツ |
| 編曲 | | ジャンル | ドキュメンタリー |
| レーベル | WARNER PIONEER | フォーマット | LP |

LP『背番号1王貞治』より。76年7月に700号HRをフラミンゴ打法デビューの地・川崎球場で達成。

## 626 | 868号ホームラン（王貞治最後のホームラン）

□ Data

| 作詞 | | 品番 | RL-2001〜2 |
|---|---|---|---|
| 作曲 | | 球団 | 読売ジャイアンツ |
| 編曲 | | ジャンル | ドキュメンタリー |
| レーベル | ラジオシティ | フォーマット | LP |

LP『ドキュメント王貞治』より。みんな次は869号だと信じて疑わなかったけれど、本人の心境やいかに？

## 627 | CBC編集による実況（MONO）
ナレーター：田口豊太郎（CBC）

□ Data

| 作詞 | | 品番 | K25A-375 |
|---|---|---|---|
| 作曲 | | 球団 | 中日ドラゴンズ |
| 編曲 | | ジャンル | ドキュメンタリー |
| レーベル | KING | フォーマット | LP |

『燃えよドラゴンズ!'82 中日ドラゴンズ優勝までの軌跡』収録。CBCラジオ実況音源によるハイライト。

## 628 | 苦節20年★栄光への道 燃えよドラゴンズ!

□ Data

| 作詞 | | 品番 | AX-8020 |
|---|---|---|---|
| 作曲 | | 球団 | 中日ドラゴンズ |
| 編曲 | | ジャンル | ドキュメンタリー |
| レーベル | TOHO | フォーマット | LP |

82年優勝記念。東宝レコードだからか、なんとなく「燃えよドラゴン」風の題字。

## 629 | 10月4日午後8時51分　神宮球場

□ Data

| 作詞 | | 品番 | 25AG526 |
|---|---|---|---|
| 作曲 | | 球団 | ヤクルトスワローズ |
| 編曲 | | ジャンル | ドキュメンタリー |
| レーベル | CBS SONY | フォーマット | LP |

『V1ヤクルトスワローズ』収録。優勝記念アルバムをCBSソニーからも出していたのが意外。新宿区の町内会だから？

## 630 | 今ここに日本プロ野球の夢ひらく　王貞治1本足1号から756号

□ Data

| 作詞 | | 品番 | RVL-4511 |
|---|---|---|---|
| 作曲 | | 球団 | NPB |
| 編曲 | | ジャンル | ドキュメンタリー |
| レーベル | RCA | フォーマット | LP |

『あゝ!!この一球』収録。近藤唯之が選ぶ名勝負の実況レコード。今だったらどのスポーツライターが選者になるのか？

## 631 ドラゴンズの歌
伊藤久男／コロムビア合唱団

□ Data

| 作詞 | 小島情／サトウハチロー | 品番 | COCP-30359 |
|---|---|---|---|
| 作曲 | 古関裕而 | 球団 | 野球 |
| 編曲 | 古関裕而 | ジャンル | 野球テーマ |
| レーベル | COLUMBIA | フォーマット | CD |

『作曲家研究名作選 古関裕而』収録。巨人、阪神だけでなく中日の球団歌まで手がける古関裕而の楽曲が揃うお得盤。

## 632 スポーツ行進曲

□ Data

| 作詞 | | 品番 | GH-54 |
|---|---|---|---|
| 作曲 | | 球団 | テレビ |
| 編曲 | | ジャンル | 関連モノ |
| レーベル | COLUMBIA | フォーマット | 7" |

NHK・日本テレビ・TBS・フジテレビのスポーツ中継テーマ曲集。演奏がカバーだから「原曲と違う!」と調子狂う事も。

## 633 どか～ん
THE真心ブラザーズ

□ Data

| 作詞 | THE真心ブラザーズ | 品番 | ESDB3156 |
|---|---|---|---|
| 作曲 | THE真心ブラザーズ | 球団 | テレビ |
| 編曲 | THE真心ブラザーズ | ジャンル | 野球テーマ |
| レーベル | EPIC SONY | フォーマット | CDS |

「ニュースステーション」なんて知らないけれどスタンドで聞いた事がある曲の典型。

## 634 ガッツ・ジュン
ティー・カップス

□ Data

| 作詞 | 伊上勝 | 品番 | BX-87 |
|---|---|---|---|
| 作曲 | 鈴木邦彦 | 球団 | テレビ |
| 編曲 | 鈴木邦彦 | ジャンル | 野球テーマ |
| レーベル | VICTOR | フォーマット | 7" |

「それゆけ!レッドビッキーズ」のコーチ役で出ていた日吉としやすは、ここでは投手役。タイムラグからいって同じ世界線?

## 635 ときめき志願
日高美子

□ Data

| 作詞 | 海野洋司 | 品番 | CK-614 |
|---|---|---|---|
| 作曲 | 穂口雄右 | 球団 | テレビ |
| 編曲 | 上田薫 | ジャンル | 野球テーマ |
| レーベル | COLUMBIA | フォーマット | 7" |

「それゆけ!レッドビッキーズ」主題歌。テーマ曲が頻繁に変わったので、人によって印象が異なる。

## 636 男どアホウ!甲子園
フォー・スラッガーズ

□ Data

| 作詞 | 佐々木守 | 品番 | TC-1158 |
|---|---|---|---|
| 作曲 | 土持城夫 | 球団 | テレビ |
| 編曲 | 土持城夫 | ジャンル | 野球テーマ |
| レーベル | TOSHIBA | フォーマット | 7" |

アニメの尺が10分なので当然ワンコーラスも短い。軍歌調が終わる時期の楽曲。

## 637 憧れはオクターブハイの空へ
浅沼友紀子

□ Data

| 作詞 | 阿木燿子 | 品番 | 7A0261 |
|---|---|---|---|
| 作曲 | 芹澤廣明 | 球団 | 映画 |
| 編曲 | 大谷和夫 | ジャンル | 野球テーマ |
| レーベル | PONY CANYON | フォーマット | 7" |

『プロ野球を10倍楽しく見る方法』主題歌。筆者は月曜ドラマランド「どっきり天馬先生」のエンディングで知りました。

## 638 君は何かができる
99 HARMONY

□ Data

| 作詞 | 山上路夫 | 品番 | CK-671 |
|---|---|---|---|
| 作曲 | 木森敏之 | 球団 | テレビ |
| 編曲 | 木森敏之 | ジャンル | 野球テーマ |
| レーベル | COLUMBIA | フォーマット | 7" |

30歳過ぎるとワンワン泣いてしまい、子どもの頃とは見方が変わる野球マンガの定番。

## 639 タッチ
岩崎良美

□ Data

| 作詞 | 康珍化 | 品番 | 7A0469 |
|---|---|---|---|
| 作曲 | 芹澤廣明 | 球団 | テレビ |
| 編曲 | 芹澤廣明 | ジャンル | 野球テーマ |
| レーベル | CANYON | フォーマット | 7" |

作品を観た事はないけれどスタンドで聴いた事ならある曲の典型。あと、ススキノを歩いてるとお店の看板で見かける。

## 640 虹のグランドスラム
久保田利伸

□ Data

| 作詞 | 久保田利伸 | 品番 | SRDL4031 |
|---|---|---|---|
| 作曲 | 久保田利伸 | 球団 | テレビ |
| 編曲 | 久保田利伸／柿崎洋一郎 | ジャンル | 野球テーマ |
| レーベル | SONY | フォーマット | CDS |

テレビアニメ「H2」主題歌。久保田利伸は日本ハムだけかと思ってました。

## 641 元気な背番号
G・S・C

□ Data

| 作詞 | 八木正英 | 品番 | PSCC-1063 |
|---|---|---|---|
| 作曲 | ひらたあきら | 球団 | 読売ジャイアンツ |
| 編曲 | 永田茂 | ジャンル | 球団愛 |
| レーベル | POLYSTAR | フォーマット | CD |

オロナミンCのCMソングで採用。GSメンバーを集結させたところにターゲット世代が見える。

## 642 明日元気になれ
VELVET PEACH SEVEN

□ Data

| 作詞 | 成田耕三 | 品番 | |
|---|---|---|---|
| 作曲 | 成田耕三 | 球団 | 福岡ダイエーホークス |
| 編曲 | VELVET PEACH SEVEN | ジャンル | CM関連 |
| レーベル | | フォーマット | CD |

現・大名デッドボールズによる、川崎宗則が出演した04年西鉄CMソング。

## 643 | TOKYO GIANTS
布施明

□ Data

| 作詞 | 布施明 | 品番 | K28A-25 |
|---|---|---|---|
| 作曲 | 布施明 | 球団 | 読売ジャイアンツ |
| 編曲 | 高島政晴 | ジャンル | 球団愛 |
| レーベル | KING | フォーマット | LP |

アルバム『I AM』収録。布施明ジャイアンツ・ポップスの最高峰。

## 644 | DOMO DOMO DOMO
布施明

□ Data

| 作詞 | 布施明 | 品番 | K07S-28 |
|---|---|---|---|
| 作曲 | 布施明 | 球団 | 読売ジャイアンツ |
| 編曲 | 椎名和夫 | ジャンル | 野球テーマ |
| レーベル | KING | フォーマット | 7" |

布施明作品に一貫しているのは「アーバンとはジャイアンツである」なのかもしれない。

## 645 | ザ・ヒーロー
布施明

□ Data

| 作詞 | 阿久悠 | 品番 | K07S-186 |
|---|---|---|---|
| 作曲 | 布施明 | 球団 | 読売ジャイアンツ |
| 編曲 | 船山基紀 | ジャンル | 関連モノ |
| レーベル | KING | フォーマット | 7" |

日本テレビスーパーアニメスペシャル「ミスタージャイアンツ栄光の背番号3」主題歌。

## 646 | それぞれの太陽
布施明

□ Data

| 作詞 | 阿久悠 | 品番 | K25G-7026 |
|---|---|---|---|
| 作曲 | 布施明 | 球団 | 読売ジャイアンツ |
| 編曲 | 船山基紀 | ジャンル | 選手愛 |
| レーベル | KING | フォーマット | LP |

アルバム『ミスタージャイアンツ 栄光の背番号 3〈ドラマ編〉』に収録。布施明のジャイアンツ・ワークスの1曲。

## 647 | STEPPIN'OUT
CRAZY PARTY

□ Data

| 作詞 | 乾裕樹 | 品番 | MKF1062 |
|---|---|---|---|
| 作曲 | 乾裕樹 | 球団 | NPB |
| 編曲 | 乾裕樹 | ジャンル | 関連モノ |
| レーベル | KITTY | フォーマット | LP |

ジャケ絵が無関係な物になっているのは「クレージー・パーティーのアルバムであってサントラではないから」って事かしら。

## 648 | 二死満塁の青春
野口五郎

□ Data

| 作詞 | 松本隆 | 品番 | MR3075 |
|---|---|---|---|
| 作曲 | 筒美京平 | 球団 | 野球 |
| 編曲 | 筒美京平 | ジャンル | 野球テーマ |
| レーベル | POLYDOR | フォーマット | LP |

アルバム『GORO IN NEW YORK／異邦人』収録。野球場でナンパする五郎。

## 649 | 後楽園のモグラ
ADO

□ Data

| 作詞 | 矢沢健／如月正人 | 品番 | CX-45 |
|---|---|---|---|
| 作曲 | 如月正人 | 球団 | テレビ |
| 編曲 | 馬飼野俊一 | ジャンル | 野球テーマ |
| レーベル | CANYON | フォーマット | 7" |

須賀勝敏と栗城章のADO。こちらも017掲載「巨人の好きな子この指とまれ」同様「おはよう!こどもショー」の楽曲。

## 650 | だいじょうぶマイ音頭
南英司

□ Data

| 作詞 | 門谷憲二 | 品番 | 7K-107 |
|---|---|---|---|
| 作曲 | 南英司 | 球団 | 野球 |
| 編曲 | 岡田徹 | ジャンル | 野球テーマ |
| レーベル | FOR LIFE | フォーマット | 7" |

選手名折り込みソング。アレンジはムーンライダーズ・岡田徹。ジャケ画は及川正道…と思ったら別人でギャフン!

## 651 | ぶっちぎりの青春
佐々木功

□ Data

| 作詞 | 茜まさお | 品番 | P-94 |
|---|---|---|---|
| 作曲 | 平尾昌晃 | 球団 | その他 |
| 編曲 | 飛澤宏元 | ジャンル | 黒い霧 |
| レーベル | CANYON | フォーマット | 7" |

「黒い霧事件」ゾーンの入り口の曲。中日っぽいからって小川健太郎関連とは言い難い。

## 652 | 山本譲二物語
山本譲二

□ Data

| 作詞 | 保富康午 | 品番 | PCCA-01252 |
|---|---|---|---|
| 作曲 | 浜圭介 | 球団 | 高校野球 |
| 編曲 | 馬飼野俊一 | ジャンル | 選手歌唱 |
| レーベル | PONY CANYON | フォーマット | CD |

アルバム『BEST OF FIRST QUARTER』収録。山本譲二版「マイウェイ」。アレコードから流れてきて驚いた。

## 653 | ホームラン・ブギ
笠置シヅ子

□ Data

| 作詞 | サトウハチロー | 品番 | COJA-9487 |
|---|---|---|---|
| 作曲 | 服部良一 | 球団 | 野球 |
| 編曲 | 服部良一 | ジャンル | 野球テーマ |
| レーベル | COLUMBIA | フォーマット | LP |

LP『笠置シヅ子の世界 ベスト』。やはり東京六大学野球のイメージで書いたんでしょうね。

## 654 | ワイルド・ワン
南こうせつ

□ Data

| 作詞 | 山川啓介 | 品番 | C28A0329 |
|---|---|---|---|
| 作曲 | 南こうせつ | 球団 | 映画 |
| 編曲 | 水谷竜緒 | ジャンル | 関連モノ |
| レーベル | PONY CANYON | フォーマット | LP |

LP『プロ野球を10倍楽しく見る方法PART2オリジナルサウンドトラック』収録。シングルカットもされている。

## 655 | GO・GO!トラッキー
岡田ひさし

□ Data

| | | | |
|---|---|---|---|
| 作詞 | 高田直和 | 品番 | CRDN-625 |
| 作曲 | 古川忠義 | 球団 | 阪神タイガース |
| 編曲 | 池多孝春 | ジャンル | 公式ソング |
| レーベル | CROWN | フォーマット | CDS |

かつてのトラッキーソングでこれも甲子園の試合前に流れていた曲。練習から見るようなお客さんしか知らないかも?

## 656 | GO・GO!トラッキー
寺窪浩司

□ Data

| | | | |
|---|---|---|---|
| 作詞 | 高田直和 | 品番 | TDDD-1035 |
| 作曲 | 古川忠義 | 球団 | 阪神タイガース |
| 編曲 | 池多孝春 | ジャンル | 公式ソング |
| レーベル | WARNER | フォーマット | CDS |

曲は一緒なのに歌手とレコード会社が変わった。どうしても「お家騒動」という良からぬワードが思い浮かぶ。

## 657 | 希望のドアラ
弥富マタハチ&HODAMONDEブラザーズ

□ Data

| | | | |
|---|---|---|---|
| 作詞 | 弥富マタハチ | 品番 | PDL-001 |
| 作曲 | 原淳 | 球団 | 中日ドラゴンズ |
| 編曲 | 原淳 | ジャンル | 公式ソング |
| レーベル | プロジェクトドラゴン | フォーマット | CD |

曲・編曲は1980年にCBSソニーからデビューしたアクエリアスの元メンバーで、NHK「中学生日記」音楽担当の原淳。

## 658 | つば九郎音頭 ～おとなのじじょう～
つば九郎の仲間たち

□ Data

| | | | |
|---|---|---|---|
| 作詞 | つば九郎 | 品番 | DMCA-30539 |
| 作曲 | SOUND GARDEN | 球団 | 東京ヤクルトスワローズ |
| 編曲 | SOUND GARDEN | ジャンル | 公式ソング |
| レーベル | フジテレビ | フォーマット | CD |

合いの手を入れているメンバーは村中、増渕、由規、赤川。普段「しっかりしろ!」と言われれているからか?

## 659 | ぎゅうマーチ
じゃがポテ仮面

□ Data

| | | | |
|---|---|---|---|
| 作詞 | 谷東 | 品番 | MD-0603 |
| 作曲 | 野中まさ雄一 | 球団 | オリックスバファローズ |
| 編曲 | | ジャンル | 公式ソング |
| レーベル | オリックス野球クラブ株式会社 | フォーマット | CD |

『ORIX BUFFALOES SONGS6』収録。じゃがいもとオリックス・バファローズは切っても切れないのだ。

## 660 | カープ讃歌
塩見大治郎

□ Data

| | | | |
|---|---|---|---|
| 作詞 | 有馬三恵子 | 品番 | MHCL1549 |
| 作曲 | 宮崎尚志 | 球団 | 広島東洋カープ |
| 編曲 | 宮崎尚志 | ジャンル | 球団愛 |
| レーベル | SONY | フォーマット | CD |

『VICTORY CARP』収録。アナログでリリースされているカープ関連5曲を収録したアルバム。

## 661 | 広島天国
南一誠

□ Data

| 作詞 | あきたかし | 品番 | GES15253 |
|---|---|---|---|
| 作曲 | あきたかし | 球団 | 広島東洋カープ |
| 編曲 | 石倉重信 | ジャンル | 球団愛 |
| レーベル | COLUMBIA | フォーマット | CD |

『プチ頑張れ!わしらうちらのカープ』収録。現在はアドゥワ誠投手の登場曲となっている。

## 662 | 荒鷲のうた
ARB

□ Data

| 作詞 | 石橋凌 | 品番 | UFCW-1069 |
|---|---|---|---|
| 作曲 | 石橋凌 | 球団 | 東北楽天ゴールデンイーグルス |
| 編曲 | ARB | ジャンル | 公式ソング |
| レーベル | アップフロントワークス | フォーマット | CD |

『SONG OF RAKUTEN EAGLES』収録。活動休止中のARBにとって、現時点で最後のシングルとなっている。

## 663 | 勝利の瞬間

□ Data

| 作詞 | | 品番 | TD-0001 |
|---|---|---|---|
| 作曲 | | 球団 | 福岡ダイエーホークス |
| 編曲 | | ジャンル | 関連モノ |
| レーベル | ホークスタウン | フォーマット | CD |

『SOUND SCAPE FROM THE DAIEI HAWKS AT FUKUOKA DOME』収録。2000年の優勝の瞬間を収録したアルバム。

## 664 | いざゆけ若鷹軍団／選手ボーカルバージョン
小久保裕紀／松中信彦／城島健司／柴原洋／田之上慶三郎

□ Data

| 作詞 | 原田種良／森由里子 | 品番 | TD-0002 |
|---|---|---|---|
| 作曲 | 富山光弘 | 球団 | 福岡ダイエーホークス |
| 編曲 | EDISON | ジャンル | 球団愛 |
| レーベル | ホークスタウン | フォーマット | CD |

『福岡ダイエーホークス2002年度版選手応援歌CD』収録。当時は華丸・大吉がメガホンダンス教則DVDに出ていた。

## 665 | かっ飛ばせ カズ!
TOSHITARO

□ Data

| 作詞 | TOSHITARO | 品番 | COCA-12583 |
|---|---|---|---|
| 作曲 | TOSHITARO | 球団 | 福岡ダイエーホークス |
| 編曲 | | ジャンル | 選手愛 |
| レーベル | COLUMBIA | フォーマット | CD |

アルバム『選手別イメージ・ソングAIMING狙います』収録、新宿西口の家電量販店にいるかのようなカズ山本ソング。

## 666 | GO!GO!HAWKS

□ Data

| 作詞 | | 品番 | |
|---|---|---|---|
| 作曲 | | 球団 | 福岡ダイエーホークス |
| 編曲 | | ジャンル | 球団愛 |
| レーベル | 福岡ダイエーホークス | フォーマット | CDS |

寸劇と選手17名のメッセージで構成された立体音響CD。寸劇には島田紳助・柳葉敏郎・武田鉄矢といった強力打線が。

## 667 | ホームラン音頭
ビクター少年民謡会

□ Data

| | | | |
|---|---|---|---|
| 作詞 | 足立貞敏 | 品番 | MV-3049 |
| 作曲 | 横山太郎 | 球団 | 野球 |
| 編曲 | 横山太郎 | ジャンル | 野球テーマ |
| レーベル | VICTOR | フォーマット | 7" |

ビクター少年民謡会Tシャツに目が行きがちだが、子ども時代の長山洋子がジャケに写っているのもポイント。

## 668 | ホームラン音頭
青木清／キング少年民謡隊

□ Data

| | | | |
|---|---|---|---|
| 作詞 | 夢虹二 | 品番 | GK-6008 |
| 作曲 | 飯田三郎 | 球団 | 野球 |
| 編曲 | 飯田三郎 | ジャンル | 野球テーマ |
| レーベル | KING | フォーマット | 7" |

上記とは同名異曲。素朴なイラストが麗しい。山崎賢一（大洋～ダイエー）を想起させるこけし音頭ジャケ。

## 669 | 爆乳甲子園
セクシー☆オールシスターズ

□ Data

| | | | |
|---|---|---|---|
| 作詞 | STINKY'O | 品番 | PCCA-03233 |
| 作曲 | STINKY'O | 球団 | 野球 |
| 編曲 | STINKY'O | ジャンル | 野球テーマ |
| レーベル | PONY CANYON | フォーマット | CD |

企画タイトルなど、なんでもかんでも「甲子園」をつければいいと思われている昨今に問いかける問題作。

## 670 | 頑張って いつだって 信じてる
東京女子流

□ Data

| | | | |
|---|---|---|---|
| 作詞 | 井辺清／黒須チヒロ | 品番 | AVCD-31872 |
| 作曲 | 清岡千穂 | 球団 | 横浜ベイスターズ |
| 編曲 | 松井寛 | ジャンル | 怨念 |
| レーベル | AVEX TRAX | フォーマット | CD |

球団から捨てられた高木豊よりも球団を捨てた内川聖一の印象が強いヒッティングテーマから派生した曲。

## 671 | 野球どアホウ未亡人のテーマ
森山みつき

□ Data

| | | | |
|---|---|---|---|
| 作詞 | 沢登ろこ | 品番 | MSBB-0819 |
| 作曲 | 一本杉洸紀 | 球団 | 野球 |
| 編曲 | | ジャンル | 野球愛 |
| レーベル | カブ研 | フォーマット | CD |

『野球どアホウ未亡人』収録。23年発売。アーリーアメリカンムービーのイメージにここまで寄せてきたのは見事。

## 672 | 大阪・浪商野球部時代の思い出と張本選手モノローグ
ナレーション：仲谷昇

□ Data

| | | | |
|---|---|---|---|
| 作詞 | | 品番 | XX-7003 |
| 作曲 | | 球団 | 読売ジャイアンツ |
| 編曲 | | ジャンル | 選手愛 |
| レーベル | COLUMBIA | フォーマット | LP |

LP『我が母なる"G"ただあこがれを知る者のみ 張本勲・白球の詩』。この世代で野球留学する凄さは見落とされがち。

## 673 | 第40回大会 準々決勝 徳島商～魚津 熱戦をふりかえって
板東英二／村椿輝雄／斉藤政男

□ Data

| | | | |
|---|---|---|---|
| 作詞 | | 品番 | MQ9019/20 |
| 作曲 | | 球団 | 高校野球 |
| 編曲 | | ジャンル | ドキュメンタリー |
| レーベル | POLYDOR | フォーマット | LP |

LP『熱戦甲子園』より。ジャケ写は121掲載の「甲子園」とまったく同じ。もちろん「甲子園」は収録されていない。

## 674 | BIG1／王貞治
坂上忍

□ Data

| | | | |
|---|---|---|---|
| 作詞 | 石原信一 | 品番 | TV(H)-35 |
| 作曲 | あかのたちお | 球団 | 読売ジャイアンツ |
| 編曲 | あかのたちお | ジャンル | 選手愛 |
| レーベル | KING | フォーマット | 7" |

日本テレビ系「おはようこどもショー」から生まれた曲。ご本人はスワローズファンでしたっけ?

## 675 | 輝ける君と
鈴木ヒロミツ

□ Data

| | | | |
|---|---|---|---|
| 作詞 | 鈴木ヒロミツ | 品番 | N4R-5151 |
| 作曲 | YUKO KAWAI | 球団 | 中日ドラゴンズ |
| 編曲 | グルー・ヴィ | ジャンル | 球団愛 |
| レーベル | TOSHIBA | フォーマット | 7" |

東海テレビ「ヒロミツのスーパードラゴンズ!!」テーマ曲。中日ドラゴンズ・平野謙はこの番組で秋本理央と出会った。

## 676 | マジカル・アクション!!
ノヴェラ

□ Data

| | | | |
|---|---|---|---|
| 作詞 | 高橋よしろう／平山照継 | 品番 | GK(H)7501 |
| 作曲 | 高橋よしろう | 球団 | テレビ |
| 編曲 | ノヴェラ | ジャンル | 野球テーマ |
| レーベル | KING | フォーマット | 7" |

「ぼくら野球探偵団」主題歌。ノヴェラを子供向けドラマの主題歌に据える東京12チャンネルのハイセンスぶり。

## 677 | 女子プロ野球公式テーマソング「プレイボール」
THE ポッシボー&小川真奈

□ Data

| | | | |
|---|---|---|---|
| 作詞 | 角谷建耀知 | 品番 | QWCT-10068 |
| 作曲 | 御影真秀 | 球団 | 女子プロ野球 |
| 編曲 | 御影真秀WITHラスライクエア | ジャンル | 公式ソング |
| レーベル | PONY CANYON | フォーマット | CD |

実は隠れたハロプロ野球案件。作曲の御影真秀は関西でのCMソングを数多く手がけている。

## 678 | いざゆけ若鷹軍団2007
AAA

□ Data

| | | | |
|---|---|---|---|
| 作詞 | 原田種良／森由里子 | 品番 | AVCD-31180 |
| 作曲 | 富山光弘／山本健司 | 球団 | 福岡ソフトバンクホークス |
| 編曲 | Seikou Nagaoka | ジャンル | 公式ソング |
| レーベル | AVEX TRAX | フォーマット | CD |

コーラスには馬原、新垣、本多、川﨑、井手の各選手が参加。ファイターズファンの西島隆弘の心中やいかに。

## 679 ダッシュKEIO
慶應義塾大学自治委員会応援指導部吹奏楽団

□ Data

| 作詞 | | 品番 | TP-10586 |
|---|---|---|---|
| 作曲 | 夏目清史 | 球団 | 大学野球 |
| 編曲 | | ジャンル | 愛校心 |
| レーベル | TOSHIBA | フォーマット | 7" |

タイトルを知らなくても「ファミスタ」のあれだよと言えばわかる人が多いド定番。

## 680 コンバット・マーチ
早稲田大学応援部吹奏楽団

□ Data

| 作詞 | | 品番 | TP-10586 |
|---|---|---|---|
| 作曲 | 三木佑二郎／牛島芳 | 球団 | 大学野球 |
| 編曲 | | ジャンル | 公式ソング |
| レーベル | TOSHIBA | フォーマット | 7" |

阪神タイガース・岡田彰布のヒッティングテーマでもおなじみの曲。B面は「ダッシュKEIO」。

## 681 我街の誇り
角田和弘／澤崎一了／海道弘昭／大塚雄太／和下田大典

□ Data

| 作詞 | 伊集院静 | 品番 | MJCD-1139 |
|---|---|---|---|
| 作曲 | 林哲司 | 球団 | 社会人野球 |
| 編曲 | 林哲司 | ジャンル | 公式ソング |
| レーベル | ウルトラ・ヴァイヴ | フォーマット | CD |

作詞の伊集院静が亡くなってもお悔やみコメントを出さない日本野球連盟。体育会ってそういうのうるさいはずだが。

## 682 トキコ野球団応援歌「今ぞ風」
大邨徳治

□ Data

| 作詞 | 川中悠行 | 品番 | ADB-907 |
|---|---|---|---|
| 作曲 | 灰野謙三 | 球団 | 社会人野球 |
| 編曲 | 南八郎 | ジャンル | 球団愛 |
| レーベル | COLUMBIA | フォーマット | 7" |

聴く機会が失われる曲のパターンのひとつに「チームがなくなる」というのがある。トキコとは東京機器工業の略。

## 683 電電関東応援歌
立川澄人

□ Data

| 作詞 | 石谷又次郎 | 品番 | |
|---|---|---|---|
| 作曲 | 稲森康利 | 球団 | 社会人野球 |
| 編曲 | | ジャンル | 球団愛 |
| レーベル | 電電公社関東電気通信局 | フォーマット | 7" |

のちに小笠原道大などファイターズへの供給源として名高い社会人野球チーム「NTT関東」の応援歌。

## 684 ドリームソング
竹上久美子

□ Data

| 作詞 | 竹上久美子 | 品番 | GPBL-0001 |
|---|---|---|---|
| 作曲 | 竹上久美子 | 球団 | 女子野球 |
| 編曲 | K21／竹上久美子 | ジャンル | 公式ソング |
| レーベル | | フォーマット | CD |

『日本女子プロ野球リーグ公式球団歌』収録。カップリングは兵庫スイングスマイリーズ公式球団歌「フルスイング」。

## 685 | ヘイガーズで行こう!
### HÄGERS

□ Data

| | | | |
|---|---|---|---|
| 作詞 | 原田 L.アキオ | 品番 | APRC-0002 |
| 作曲 | 原田 L.アキオ | 球団 | 野球 |
| 編曲 | | ジャンル | 野球テーマ |
| レーベル | | フォーマット | CD |

『SHOULD WE GO TO THE BALL GAME?』収録。草野球チーム、ヘイガーズの自主制作CD。梅津和時も参加。

## 686 | 野球人生
### みなみらんぼう

□ Data

| | | | |
|---|---|---|---|
| 作詞 | みなみらんぼう | 品番 | FS-1840 |
| 作曲 | みなみらんぼう | 球団 | 野球 |
| 編曲 | 千代正行 | ジャンル | 野球テーマ |
| レーベル | PHILIPS | フォーマット | 7" |

チャンスはあるんだけど掴みきれない、そんな野球人生。でも、プロ野球を知るほどに選ばれた男の話だと気づく。

## 687 | 近鉄バッファローズの歌
### 快音団

□ Data

| | | | |
|---|---|---|---|
| 作詞 | | 品番 | MUCD1074 |
| 作曲 | | 球団 | 野球 |
| 編曲 | | ジャンル | 野球テーマ |
| レーベル | DREAMUSIC | フォーマット | CD |

『人生、苦もありゃ野球が有るさ』収録。球団歌PUNKアレンジの企画盤。

## 688 | 草野球ニュース
### 水島新司

□ Data

| | | | |
|---|---|---|---|
| 作詞 | 水島新司／吉岡治 | 品番 | AK-122 |
| 作曲 | 京建輔 | 球団 | 草野球 |
| 編曲 | 京建輔 | ジャンル | 野球テーマ |
| レーベル | COLUMBIA | フォーマット | 7" |

本人作詞による草野球讃歌。草野球に関しては水島先生と灰田勝彦先生には、もう敵わない。

## 689 | カーンと一発!
### 早田浩二

□ Data

| | | | |
|---|---|---|---|
| 作詞 | 中山淳太朗 | 品番 | TP-1335 |
| 作曲 | 三和完児 | 球団 | 野球 |
| 編曲 | 三和完児 | ジャンル | 野球テーマ |
| レーベル | TOSHIBA | フォーマット | 7" |

66年発売。野球をモチーフにした歌謡曲だが、冒頭に巨人軍応援団長・関谷文栄の拍手がインサートされているのがミソ。

## 690 | GO!GO!DREAMS〜勝利の弾丸ライナー〜
### 立花夢果

□ Data

| | | | |
|---|---|---|---|
| 作詞 | 立花夢果／NOBOO | 品番 | HPCD-0806 |
| 作曲 | NOBOO | 球団 | 野球 |
| 編曲 | NOBOO | ジャンル | 野球テーマ |
| レーベル | STUDIO HIP'S | フォーマット | CD |

「弾丸☆野球シンガー」を自認するシンガーソングライターのファーストシングル。過去には音球イベントにも出演。

## 691 | THE 摩天楼ショー
モーニング娘。

□ Data

| | | | |
|---|---|---|---|
| 作詞 | つんく | 品番 | EPCE-5881 |
| 作曲 | つんく | 球団 | 広島東洋カープ |
| 編曲 | 鈴木俊介 | ジャンル | 家族モノ |
| レーベル | アップフロントワークス | フォーマット | CD |

現在はスカウトの広島東洋カープ鞘師智也選手の姪「鞘師里保」が所属していたモーニング娘。の手堅いディスコナンバー。

## 692 | MR.サブマリン
遠野舞子

□ Data

| | | | |
|---|---|---|---|
| 作詞 | さいとう大三 | 品番 | CRCP-20050 |
| 作曲 | 馬飼野俊一 | 球団 | 松竹ロビンス |
| 編曲 | 馬飼野俊一 | ジャンル | 家族モノ |
| レーベル | CROWN | フォーマット | CD |

松竹ロビンス岩本義行選手の孫が遠野舞子。ジャケに書かれていた写真集の版元が大陸書房というところに時代を感じる。

## 693 | 不思議なピーチパイ
清水香織

□ Data

| | | | |
|---|---|---|---|
| 作詞 | 安井かずみ | 品番 | T9-8-1 |
| 作曲 | 加藤和彦 | 球団 | 横浜ベイスターズ |
| 編曲 | 京田誠一 | ジャンル | 家族モノ |
| レーベル | TEICHIKU | フォーマット | 7" |

横浜ベイスターズ佐々木主浩投手の前妻が清水香織。「音球」では家族モノゾーン突入の号砲として使われる。

## 694 | 好きになっちゃった
榎本加奈子

□ Data

| | | | |
|---|---|---|---|
| 作詞 | 秋元康 | 品番 | PCCA-70010 |
| 作曲 | 日下賢司 | 球団 | 横浜ベイスターズ |
| 編曲 | 清水信之 | ジャンル | 家族モノ |
| レーベル | CANYON | フォーマット | CD |

横浜ベイスターズ佐々木主浩投手の現・奥様でおなじみ。実際はどうだかワカランのですがタイトルがいろいろ想起させる。

## 695 | OKINAWANBLUE
いーどぅし

□ Data

| | | | |
|---|---|---|---|
| 作詞 | 島袋優／かーなー | 品番 | MR-0001 |
| 作曲 | 島袋優 | 球団 | DENAベイスターズ |
| 編曲 | いーどぅし／島袋優／迎里中 | ジャンル | 家族モノ |
| レーベル | MENTHORECORDS | フォーマット | CD |

横浜DeNAベイスターズ飯塚悟史選手の奥様かーなーがメンバー。家族モノ経由で知るシンガーもいるのです。

## 696 | 俺にゃ本当の恋だった
長島一郎

□ Data

| | | | |
|---|---|---|---|
| 作詞 | 池田充男 | 品番 | NS-790 |
| 作曲 | 村沢良介 | 球団 | 読売ジャイアンツ |
| 編曲 | 村沢良介 | ジャンル | 家族モノ |
| レーベル | TEICHIKU | フォーマット | 7" |

読売ジャイアンツ・長嶋茂雄選手の従兄が長島一郎。我々もだが、レコード会社もよく見つけてきますね。

## 697 ぽたん雪
金田賢一・島倉千代子

□ Data

| 作詞 | 山上路夫 | 品番 | AH-870 |
|---|---|---|---|
| 作曲 | 馬飼野康二 | 球団 | 読売ジャイアンツ 阪神タイガース |
| 編曲 | 前田俊明 | ジャンル | 家族モノ |
| レーベル | COLUMBIA | フォーマット | 7" |

島倉千代子は元阪神タイガース・藤本勝巳選手の元妻。この縁から島倉の葬儀に岡田彰布が参列したのはまた別の機会に。

## 698 月の夜星の朝
青田浩子

□ Data

| 作詞 | 本田恵子／売野雅勇 | 品番 | 7JAS-7 |
|---|---|---|---|
| 作曲 | 井上大輔 | 球団 | 読売ジャイアンツ |
| 編曲 | 井上大輔 | ジャンル | 家族モノ |
| レーベル | 徳間ジャパン | フォーマット | 7" |

読売ジャイアンツ「じゃじゃ馬」青田昇選手の娘が「青田浩子」。少女マンガ原作の同名主演映画の主題歌。

## 699 マグネット・ジョーに気をつけろ
ギャル

□ Data

| 作詞 | 阿久悠 | 品番 | GK-165 |
|---|---|---|---|
| 作曲 | 川口真 | 球団 | 読売ジャイアンツ |
| 編曲 | 馬飼野康二 | ジャンル | 家族モノ |
| レーベル | KING | フォーマット | 7" |

読売ジャイアンツ林泰宏投手の元妻・黒木真由美がメンバー。元亭主がのちに新聞沙汰になろうとは!

## 700 コイ♡クル
黒木マリナ

□ Data

| 作詞 | 山田ひろし | 品番 | NECM-12121 |
|---|---|---|---|
| 作曲 | 渡部チェル | 球団 | 読売ジャイアンツ |
| 編曲 | 渡部チェル | ジャンル | 家族モノ |
| レーベル | INDEXMUSIC | フォーマット | CD |

読売ジャイアンツ林泰宏投手の娘が黒木マリナ。見た目の雰囲気も含めてお母さんの影響が大きそう。

## 701 風は海から
岡村孝子

□ Data

| 作詞 | 岡村孝子 | 品番 | 07FA1054 |
|---|---|---|---|
| 作曲 | 岡村孝子 | 球団 | 読売ジャイアンツ |
| 編曲 | 萩田光雄 | ジャンル | 家族モノ |
| レーベル | FUN HOUSE | フォーマット | 7" |

読売ジャイアンツ石井浩郎選手の元妻が岡村孝子。高校球児ウケしそうな曲を選ばないのが本書。

## 702 バージン・クライシス
セブンティーン・クラブ

□ Data

| 作詞 | サンプラザ中野 | 品番 | 07SH 1675 |
|---|---|---|---|
| 作曲 | つのごうじ | 球団 | 読売ジャイアンツ |
| 編曲 | つのごうじ | ジャンル | 家族モノ |
| レーベル | CBS SONY | フォーマット | 7" |

読売ジャイアンツ清原和博選手の元妻・木村亜希（現・亜希）がメンバー。他に工藤静香と森丘祥子（柴田くに子）が在籍。

## 703 | やったれ!中日ドラゴンズ
青空ほしお

□ Data

| | | | |
|---|---|---|---|
| 作詞 | 那古野一 | 品番 | TECE30165 |
| 作曲 | 和田直 | 球団 | 中日ドラゴンズ |
| 編曲 | 池多孝春 | ジャンル | 球団愛 |
| レーベル | TEICHIKU | フォーマット | CD |

『中日ドラゴンズ〜炎の応援歌2000〜』収録。既存曲のボーカルが入れ替わっている。なにかあった?

## 704 | 大東海に陽は昇る
高島浩二

□ Data

| | | | |
|---|---|---|---|
| 作詞 | 戸枝ひろし／大町志郎 | 品番 | TECE-30121 |
| 作曲 | 青木玲二 | 球団 | 中日ドラゴンズ |
| 編曲 | 池多孝春 | ジャンル | 球団愛 |
| レーベル | TEICHIKU | フォーマット | CD |

『中日ドラゴンズ〜炎の応援歌〜』収録。アナログリリース時とボーカルが入れ替わっている。なにかあった?

## 705 | チアドラゴンズ2017〜The Blue〜(チアドラゴンズ20周年記念バージョン)
nobodyknows+ feat. 大迫佑磨 (Orland)

□ Data

| | | | |
|---|---|---|---|
| 作詞 | Crystal Boy 他 | 品番 | TNK-039 |
| 作曲 | DJ MITSU | 球団 | 中日ドラゴンズ |
| 編曲 | | ジャンル | 球団愛 |
| レーベル | STAX | フォーマット | CD |

『中日ドラゴンズ選手別応援歌メドレー2017』収録。チアドラゴンズの00年〜16年のテーマ曲も収録。

## 706 | HAPPY・タイガース
唐渡吉則

□ Data

| | | | |
|---|---|---|---|
| 作詞 | 角淳一 | 品番 | COCA-10157 |
| 作曲 | たちばなけんじ | 球団 | 阪神タイガース |
| 編曲 | | ジャンル | 球団愛 |
| レーベル | COLUMBIA | フォーマット | CD |

『'92阪神タイガース選手別応援歌』収録。中虎連合会によるヒッティングテーマ。この時はまだ中虎連合会はセーフだった。

## 707 | ミッキー・マウス・マーチ
若虎吹奏楽団

□ Data

| | | | |
|---|---|---|---|
| 作詞 | Jimmer Dodd | 品番 | COCA-12574 |
| 作曲 | | 球団 | 阪神タイガース |
| 編曲 | 坂下洸 | ジャンル | 球団愛 |
| レーベル | COLUMBIA | フォーマット | CD |

『'95／阪神タイガース選手別応援歌』収録。中虎連合会による95年メンバーのヒッティングテーマ。まさかのディズニー!

## 708 | エンヤコラセ阪神
稲葉香

□ Data

| | | | |
|---|---|---|---|
| 作詞 | 諸口あきら | 品番 | COCA-13276 |
| 作曲 | | 球団 | 阪神タイガース |
| 編曲 | 坂下洸 | ジャンル | 球団愛 |
| レーベル | COLUMBIA | フォーマット | CD |

『阪神タイガース'96』収録。中虎連合会によるヒッティングテーマの合間のナレーションでMBSラジオ仕切りとわかる。

## 709 | 好きやねんタイガース
大石雪絵

□ Data

| 作詞 | 虎之嬢 | 品番 | COCP-30296 |
|---|---|---|---|
| 作曲 | 高橋キヨシ | 球団 | 阪神タイガース |
| 編曲 | 大川友章 | ジャンル | 球団愛 |
| レーベル | COLUMBIA | フォーマット | CD |

『99阪神タイガース選手別応援歌』収録。中虎連合会によるヒッティングテーマは変わらずもMBS色は一掃。

## 710 | OH! SAKAチュンチュン
大石雪絵

□ Data

| 作詞 | 虎之嬢 | 品番 | COCP-30872 |
|---|---|---|---|
| 作曲 | 高橋キヨシ | 球団 | 阪神タイガース |
| 編曲 | 大川友章 | ジャンル | 球団愛 |
| レーベル | COLUMBIA | フォーマット | CD |

『阪神タイガース選手別応援歌2000』収録。中虎連合会によるヒッティングテーマとタイガース色がうっすらある演歌。

## 711 | 同志じゃないか
大樹ゆたか

□ Data

| 作詞 | 森深雪 | 品番 | COCP-31822 |
|---|---|---|---|
| 作曲 | たちばなけんじ | 球団 | 阪神タイガース |
| 編曲 | 坂下滉 | ジャンル | 球団愛 |
| レーベル | COLUMBIA | フォーマット | CD |

『2002阪神タイガース選手別応援歌』収録。この数年後に私設応援団問題が勃発。

## 712 | 王貞治讃歌
渡辺正典とヒット・エンド・ラン

□ Data

| 作詞 | 高田義雄 | 品番 | 25CA-2483 |
|---|---|---|---|
| 作曲 | 菊野順三 | 球団 | 読売ジャイアンツ |
| 編曲 | 早川博二 | ジャンル | 球団愛 |
| レーベル | COLUMBIA | フォーマット | CD |

『88読売ジャイアンツ選手別応援歌』収録。これもヒッティングテーマという時代の記録だろう。

## 713 | 君こそヒーロー
スワローズ応援隊

□ Data

| 作詞 | 喜多條忠 | 品番 | SRCL2608 |
|---|---|---|---|
| 作曲 | 鈴木淳 | 球団 | ヤクルトスワローズ |
| 編曲 | 山中嶺 | ジャンル | 球団愛 |
| レーベル | SONY | フォーマット | CD |

『93ヤクルトスワローズ応援歌』収録。今は珍しい集合写真ジャケ。そもそもヒッティングテーマモノがなくなった。

## 714 | チャンステーマPARTV パニ牛（2004ヴァージョン）
大阪近鉄バファローズ大阪私設應援團本部

□ Data

| 作詞 | 大阪近鉄バファローズ大阪私設應援團本部 | 品番 | COCP-32623 |
|---|---|---|---|
| 作曲 | 和田"紅Boss"益典 | 球団 | 大阪近鉄バファローズ |
| 編曲 | 近鉄勝利 | ジャンル | 球団愛 |
| レーベル | COLUMBIA | フォーマット | CD |

『大阪近鉄バファローズ選手別応援歌2004』収録。大阪近鉄バファローズへのレクイエムのように感じてしまう1枚。

## 715 | そらとぶポケモンキッズ
ベッキー

□ Data

| 作詞 | 戸田昭吾 | 品番 | ZMCP-1006 |
|---|---|---|---|
| 作曲 | たなかひろかず | 球団 | 読売ジャイアンツ |
| 編曲 | たなかひろかず | ジャンル | 家族モノ |
| レーベル | PIKACHU RECORDS | フォーマット | CD |

読売ジャイアンツ片岡易之選手の奥様であるベッキー。片岡がコーチを辞めて喜んだのが彼女。見ていて辛かったんだろう。

## 716 | ゆきずり物語
香西かおり＆松井昌雄

□ Data

| 作詞 | 下地亜記子 | 品番 | UPCH-5224 |
|---|---|---|---|
| 作曲 | 乙田修三 | 球団 | 読売ジャイアンツ |
| 編曲 | 前田俊明 | ジャンル | 家族モノ |
| レーベル | UNIVERSAL | フォーマット | CD |

ジャイアンツ松井秀喜選手の父も出ていた！ しかもデュエット相手は大物演歌歌手・香西かおりとはさすがゴジラの父！

## 717 | ながしま音頭
三浦洸一／榎本美佐江

□ Data

| 作詞 | 米山正夫 | 品番 | 17VP2115 |
|---|---|---|---|
| 作曲 | 米山正夫 | 球団 | 国鉄スワローズ |
| 編曲 | 綿引康夫 | ジャンル | 家族モノ |
| レーベル | VICTOR | フォーマット | 7" |

国鉄スワローズ金田正一投手の前妻・榎本美佐江が歌う「ながしま音頭」。もちろんミスターではなく三重県長島町の歌。

## 718 | すみれ SEPTEMBER LOVE
SHAZNA

□ Data

| 作詞 | 竜真知子 | 品番 | BVCR-798 |
|---|---|---|---|
| 作曲 | 土屋昌己 | 球団 | 国鉄スワローズ |
| 編曲 | 佐藤宣彦、山口一久、SHAZNA | ジャンル | 家族モノ |
| レーベル | BMG | フォーマット | CD |

国鉄スワローズ日根鉱三選手の息子が「IZAM」。意外！そしてこの情報はどうやって広まったのか？

## 719 | 恋は暴れ鬼太鼓
ももいろクローバーZ

□ Data

| 作詞 | ENA☆ | 品番 | KICS-91678 |
|---|---|---|---|
| 作曲 | 樫原伸彦 | 球団 | 北海道日本ハムファイターズ |
| 編曲 | 樫原伸彦 | ジャンル | 家族モノ |
| レーベル | KING | フォーマット | CD |

入籍時は北海道日本ハムファイターズだった宇佐美慎吾選手の元奥さん高城れにがメインボーカルのリズム演歌。

## 720 | 晴れ、ときどき殺人
渡辺典子

□ Data

| 作詞 | 阿木燿子 | 品番 | AH-450 |
|---|---|---|---|
| 作曲 | 宇崎竜童 | 球団 | ヤクルトスワローズ |
| 編曲 | 萩田光雄 | ジャンル | 家族モノ |
| レーベル | COLUMBIA | フォーマット | 7" |

ヤクルトスワローズ笘篠賢治の妻が松本典子。賢治の兄・誠治の妻・実子も芸能関係者。

## 721 regrettable time
MADAM REY

□ Data

| 作詞 | Madam Rey | 品番 | TKCS-85188 |
| --- | --- | --- | --- |
| 作曲 | Atsushi Yokozeki | 球団 | 中日ドラゴンズ |
| 編曲 | | ジャンル | 家族モノ |
| レーベル | サウンドホリック | フォーマット | CD |

田尾安志夫人のヘビメタ活動。バンドメンバーとどう知り合ったのか興味は尽きない。

## 722 父の手紙ときよしこの夜
田尾安志

□ Data

| 作詞 | | 品番 | 07SH 1438 |
| --- | --- | --- | --- |
| 作曲 | | 球団 | 中日ドラゴンズ |
| 編曲 | | ジャンル | 選手歌唱 |
| レーベル | CBS SONY | フォーマット | 7" |

「きよしこの夜」をさだまさしのコーラスとともに。栗山英樹やT・ヒルマンより遥か前にクリスマスソングを歌う野球人がいたとは。

## 723 横浜の出逢い
山本巧

□ Data

| 作詞 | 山本巧 | 品番 | YZIM-15006 |
| --- | --- | --- | --- |
| 作曲 | 坪井帯水 | 球団 | 中日ドラゴンズ |
| 編曲 | 筧哲郎 | ジャンル | 家族モノ |
| レーベル | インターナショナルミュージック | フォーマット | CD |

中日ドラゴンズ山本昌投手の父が息子引退後に満を持してリリース。元々歌手志望だったそうで。

## 724 パラッパ
ナト☆カン

□ Data

| 作詞 | 矢野晶裕 | 品番 | |
| --- | --- | --- | --- |
| 作曲 | 矢野晶裕 | 球団 | 中日ドラゴンズ |
| 編曲 | | ジャンル | 家族モノ |
| レーベル | | フォーマット | CD |

中日ドラゴンズ音重鎮選手の娘・音華花が所属していたグループ。インディーズバンド→SCHOOL←の曲のカバー。

## 725 カミシモ4CM DEBUT LIVE!!
カミシモ4CM

□ Data

| 作詞 | | 品番 | |
| --- | --- | --- | --- |
| 作曲 | | 球団 | 中日ドラゴンズ |
| 編曲 | | ジャンル | 家族モノ |
| レーベル | | フォーマット | CD |

中日ドラゴンズ音重鎮選手の娘・音華花所属のアイドルデュオ。父親同様に移籍するのもアイドル。

## 726 STARFRUITS～華花MIX～
音華花

□ Data

| 作詞 | | 品番 | |
| --- | --- | --- | --- |
| 作曲 | | 球団 | 中日ドラゴンズ |
| 編曲 | | ジャンル | 家族モノ |
| レーベル | | フォーマット | CD |

中日ドラゴンズ音重鎮選手の・音華花のソロワーク。こちらも→SCHOOL←の楽曲カバー。

## 727 | 阪神タイガースの歌（六甲おろし）於：2003セ・リーグ公式戦阪神甲子園球場最終戦

□ Data

| | | | |
|---|---|---|---|
| 作詞 | | 品番 | GES-12847 |
| 作曲 | | 球団 | 阪神タイガース |
| 編曲 | | ジャンル | アルバム |
| レーベル | 阪神タイガース | フォーマット | CD |

『阪神タイガース公式ファンクラブ限定2003セ・リーグ優勝記念SPECIAL CD』収録。

## 728 | BAT FOREVER〜アオダモイメージソング〜
西浦達雄

□ Data

| | | | |
|---|---|---|---|
| 作詞 | 西浦達雄 | 品番 | DDCZ-1334 |
| 作曲 | 西浦達雄 | 球団 | 高校野球 |
| 編曲 | 西浦達雄 | ジャンル | アルバム |
| レーベル | 阪神コンテンツリンク | フォーマット | CD |

『SOUNDS OF 甲子園球場 夏の高校野球編』収録。神宮球場でよく流れるあの曲。筆者はこれが理由で購入済み。

## 729 | 吼えろ！ヤング・タイガース
ナレーター：道上洋三（朝日放送）

□ Data

| | | | |
|---|---|---|---|
| 作詞 | | 品番 | APCS-5026 |
| 作曲 | | 球団 | 阪神タイガース |
| 編曲 | | ジャンル | ドキュメンタリー |
| レーベル | APOLLON | フォーマット | CD |

亀新フィーバーに沸く失速前の阪神タイガースドキュメンタリー。世間の経済状況に比例するのが阪神タイガースの成績。

## 730 | タイガース、タイガース
河内家菊水丸

□ Data

| | | | |
|---|---|---|---|
| 作詞 | 中山大三郎 | 品番 | TECA-23415 |
| 作曲 | 中山大三郎 | 球団 | 阪神タイガース |
| 編曲 | 竹村次郎 | ジャンル | ドキュメンタリー |
| レーベル | TEICHIKU | フォーマット | CD |

『猛虎・驀進 吠えろ！若トラ』収録。92年シーズン前半のハイライト実況と過去のタイガースソングで綴る。

## 731 | 豪打！快打！うなる速球！
ナレーター：赤木孝男（日本テレビ）

□ Data

| | | | |
|---|---|---|---|
| 作詞 | | 品番 | MR002 |
| 作曲 | | 球団 | 読売ジャイアンツ |
| 編曲 | | ジャンル | ドキュメンタリー |
| レーベル | ミュージックレコード後楽園 | フォーマット | 7" |

74年5月に達成した王貞治の600号実況音源。この頃から「もしや大記録が生まれる？」と色めくように。

## 732 | 祝優勝 広島東洋カープ
実況：RCC中国放送

□ Data

| | | | |
|---|---|---|---|
| 作詞 | | 品番 | |
| 作曲 | | 球団 | 広島東洋カープ |
| 編曲 | | ジャンル | ドキュメンタリー |
| レーベル | 東洋工業 | フォーマット | SONO |

75年初優勝記念のRCC中国放送実況音源ソノシート。広島優勝という時代の象徴的音源。

## 733 | 1974年度日本シリーズ中日ドラゴンズ対ロッテオリオンズ
実況：加藤節也（東海ラジオ）

□ Data

| 作詞 | | 品番 | T-103 |
|---|---|---|---|
| 作曲 | | 球団 | 中日ドラゴンズ |
| 編曲 | | ジャンル | ドキュメンタリー |
| レーベル | CANYON | フォーマット | 7" |

74年日本シリーズの東海ラジオの実況音源。巨人をV9でストップさせたのが元巨人の与那嶺監督という巡り合わせ。

## 734 | LIVE!DRAGONS!～優勝までの軌跡～
実況：東海ラジオ及びNRN各局

□ Data

| 作詞 | | 品番 | JOSF-1332 |
|---|---|---|---|
| 作曲 | | 球団 | 中日ドラゴンズ |
| 編曲 | | ジャンル | ドキュメンタリー |
| レーベル | FOA | フォーマット | CD |

2004年優勝記念アルバム。レコード番号が東海ラジオの周波数に合わせる頓智を利かせているが、次はないって事？

## 735 | 燃える男長島茂雄の記録
実況：NHK／TBS／ABC／MBS／ニッポン放送

□ Data

| 作詞 | | 品番 | |
|---|---|---|---|
| 作曲 | | 球団 | 読売ジャイアンツ |
| 編曲 | | ジャンル | ドキュメンタリー |
| レーベル | サンケイ新聞出版局 | フォーマット | SONO |

「週刊サンケイ」臨時増刊の付録。サンケイの企画にNHKを含めた他社が協力したのも時代なんでしょうな。

## 736 | 思い出のエキサイティングプロ野球
実況：ニッポン放送

□ Data

| 作詞 | | 品番 | |
|---|---|---|---|
| 作曲 | | 球団 | 読売ジャイアンツ |
| 編曲 | | ジャンル | ドキュメンタリー |
| レーベル | ISUZU | フォーマット | SONO |

いすゞのプロモ盤。昇る王貞治、去る長嶋茂雄といった実況音源。

## 737 | 栄光の756号
実況：ニッポン放送

□ Data

| 作詞 | | 品番 | KV-1003 |
|---|---|---|---|
| 作曲 | | 球団 | 読売ジャイアンツ |
| 編曲 | | ジャンル | ドキュメンタリー |
| レーベル | VICTOR | フォーマット | 7" |

王貞治756号実況音源。国民的事件である証拠として、こういった類似企画がゾロゾロ出てくることだ。

## 738 | 世紀の一瞬!

□ Data

| 作詞 | | 品番 | DK-7 |
|---|---|---|---|
| 作曲 | | 球団 | 読売ジャイアンツ |
| 編曲 | | ジャンル | ドキュメンタリー |
| レーベル | CANYON | フォーマット | 7" |

王貞治756号実況音源。類似した企画がここまでくるとどのように差分を作ってきたか？そこを聞き比べてほしい。

## 739 | 扉を開けて～TAKE A CHANCE～
大東恵

□ Data

| 作詞 | 阿木燿子 | 品番 | 07SH3083 |
|---|---|---|---|
| 作曲 | 大内義昭 | 球団 | 大阪近鉄バファローズ |
| 編曲 | 佐藤準 | ジャンル | 家族モノ |
| レーベル | CBS SONY | フォーマット | 7" |

大阪近鉄バファローズ～横浜ベイスターズで現ENEOS大久保秀昭監督の妻が大東恵（現・めぐみ）。

## 740 | 涙のシーソーゲーム
AKB48

□ Data

| 作詞 | 秋元康 | 品番 | KIZM-59-60 |
|---|---|---|---|
| 作曲 | 松本俊明 | 球団 | ロッテオリオンズ |
| 編曲 | 中西亮輔 | ジャンル | 家族モノ |
| レーベル | KING | フォーマット | CD |

ロッテオリオンズ倉持明投手の娘・倉持明日香がメンバーに入っているので当然家族モノ。

## 741 | 夏日星
大沢あかね

□ Data

| 作詞 | 田中渉 | 品番 | PYCM-3 |
|---|---|---|---|
| 作曲 | 飛澤正人 | 球団 | 南海ホークス |
| 編曲 | 西川進 | ジャンル | 家族モノ |
| レーベル | KING | フォーマット | CD |

南海ホークス大沢啓二選手の孫にあたるのが大沢あかね。ホークス時代かどうかはわかりませんがね。

## 742 | スキ!スキ!スキップ!
HKT48

□ Data

| 作詞 | 秋元康 | 品番 | PROS-5005 |
|---|---|---|---|
| 作曲 | 小林祐二 | 球団 | 福岡ダイエーホークス |
| 編曲 | 武藤星児 | ジャンル | 家族モノ |
| レーベル | UNIVERSAL | フォーマット | CD |

福岡ダイエーホークス若田部健一投手の娘・若田部遥が所属していたのがHKT48。

## 743 | ハジメマシテ
LinQ

□ Data

| 作詞 | H（EICHI） | 品番 | Linq11-001 |
|---|---|---|---|
| 作曲 | SHINTA | 球団 | 福岡ダイエーホークス |
| 編曲 | SHINTA | ジャンル | 家族モノ |
| レーベル | LinQ | フォーマット | CD |

福岡ダイエーホークス杉本正投手の娘・杉本ゆさが加入していたのがLinQ。

## 744 | BON VOYAGE!
BON-BON-BLANCO

□ Data

| 作詞 | PANINARO 30（佐々木美和） | 品番 | COCP-32627 |
|---|---|---|---|
| 作曲 | 大島こうすけ | 球団 | 東北楽天ゴールデンイーグルス |
| 編曲 | 大島こうすけ | ジャンル | 家族モノ |
| レーベル | COLUMBIA | フォーマット | CD |

東北楽天ゴールデンイーグルス美馬学投手の奥様サントス・アンナが所属。のちに美馬は奥様の地元千葉へ移ることになる。

## 745 DON'T LEAVE ME
里田まいWITH合田家族

☐ Data

| 作詞 | カシアス島田 | 品番 | YRCN-95143 |
|---|---|---|---|
| 作曲 | 高原兄 | 球団 | 東北楽天ゴールデンイーグルス |
| 編曲 | 斎藤文護／岩室晶子 | ジャンル | 家族モノ |
| レーベル | YOSHIMOTO | フォーマット | CD |

ご存じ田中将大投手の奥様・里田まいがセンターのグループ。曲のモチーフは阪神タイガース藤川球児。

## 746 内気なボーイ
ポインター・シスターズ

☐ Data

| 作詞 | TOM SNOW  CYNTHIA WEIL | 品番 | P-620Q |
|---|---|---|---|
| 作曲 | TOM SNOW  CYNTHIA WEIL | 球団 | 西鉄ライオンズ |
| 編曲 | | ジャンル | 家族モノ |
| レーベル | WARNER PIONEER | フォーマット | 7" |

西鉄ライオンズ・アーロン・ポインター選手の妹四人組がポインター・シスターズ。

## 747 涙のリクエスト
カントリー娘。

☐ Data

| 作詞 | 売野雅勇 | 品番 | EPCE-7239 |
|---|---|---|---|
| 作曲 | 芹澤廣明 | 球団 | 埼玉西武ライオンズ |
| 編曲 | 平田祥一郎 | ジャンル | 家族モノ |
| レーベル | アップフロントワークス | フォーマット | CD |

西武ライオンズ小関竜也選手の娘・小関舞が所属していたのがカントリー娘。

## 748 ONE UP!!!
IDOLING!!!

☐ Data

| 作詞 | LEONN | 品番 | PCCA-70335 |
|---|---|---|---|
| 作曲 | TORU WATANABE | 球団 | 西鉄ライオンズ |
| 編曲 | HIROSHI HIBINO | ジャンル | 家族モノ |
| レーベル | PONY CANYON | フォーマット | CD |

西鉄・三宅孝夫選手の孫・三宅ひとみ、楽天・草野大輔選手の従兄妹・酒井瞳が所属していたアイドリング!!!。

## 749 はじめてのかくめい!
DIALOGUE+

☐ Data

| 作詞 | 田淵智也 | 品番 | PCCG-01817 |
|---|---|---|---|
| 作曲 | 田淵智也 | 球団 | 広島東洋カープ |
| 編曲 | 田中秀和 | ジャンル | 家族モノ |
| レーベル | PONY CANYON | フォーマット | CD |

メンバーの声優・緒方佑奈は、広島東洋カープ緒方孝市と108掲載の中條かな子の娘。いつかアニメで落合福嗣との共演を観てみたいものである。

## 750 ALL THE THINGS SHE SAID
ジュエミリア

☐ Data

| 作詞 | THORN, M.KIERSZENBAUM, E.KIPER&V.POLIENKO | 品番 | UPCH-5192 |
|---|---|---|---|
| 作曲 | S.GALOYAN | 球団 | 日本ハムファイターズ |
| 編曲 | NAOKI SATO | ジャンル | 家族モノ |
| レーベル | UNIVERSAL | フォーマット | CD |

日本ハムファイターズ沖泰司選手の娘・沖樹莉亜がメンバー。ご存じt.A.T.uのヒット曲カバー。

## 751 ホームラン王
田中星児 ビクター少年合唱隊 二宮・大磯リトル・リーグ

□ Data

| | | | |
|---|---|---|---|
| 作詞 | 吉川静夫 | 品番 | KV-1004 |
| 作曲 | 渡久地政信 | 球団 | 読売ジャイアンツ |
| 編曲 | 服部克久 | ジャンル | 選手愛 |
| レーベル | VICTOR | フォーマット | 7" |

カウントダウンモノだから準備はしていたはず。この手の音源が出なくなったのは娯楽の多様化も理由なんでしょうね。

## 752 がんばれ王選手!
杉並児童合唱団

□ Data

| | | | |
|---|---|---|---|
| 作詞 | 吉岡治 | 品番 | |
| 作曲 | 桜井順 | 球団 | 読売ジャイアンツ |
| 編曲 | | ジャンル | 選手愛 |
| レーベル | コダマプレス | フォーマット | SONO |

24年1月時点でチーム編成上獲得した選手の件で「がんばれ王会長」と言わざるを得ない状況になろうとは。

## 753 君 球界の王として
永遠に王貞治を応援する会有志

□ Data

| | | | |
|---|---|---|---|
| 作詞 | さだまさし | 品番 | L-2521R |
| 作曲 | 山本直純 | 球団 | 読売ジャイアンツ |
| 編曲 | 山本直純 | ジャンル | 選手愛 |
| レーベル | WARNER-PIONEER | フォーマット | 7" |

『男はつらいよ』っぽいなと思ったらやっぱり山本直純。鏡五郎の曲からのお付き合い。

## 754 ああ三冠王〜王貞治選手 讃歌〜
ボニージャックス 新室内オーケストラ

□ Data

| | | | |
|---|---|---|---|
| 作詞 | サトウハチロー | 品番 | NCS-577 |
| 作曲 | 山路進一 | 球団 | 読売ジャイアンツ |
| 編曲 | 小杉仁三 | ジャンル | 選手愛 |
| レーベル | KING | フォーマット | 7" |

片面曲「チャンピオンマーチ」は服部良一作曲と参加メンバーがむやみに豪華。三冠王記念パーティーの記念品か?

## 755 祝!!王 貞治
実況:TBSラジオ

□ Data

| | | | |
|---|---|---|---|
| 作詞 | | 品番 | LZ-3 |
| 作曲 | | 球団 | 読売ジャイアンツ |
| 編曲 | | ジャンル | ドキュメンタリー |
| レーベル | WARNER PIONEER | フォーマット | SONO |

ベーブルースの記録を超える715号を放った時の実況音源。ポール直撃弾なので実況アナもちょっと焦ったかも。

## 756 第756号の瞬間
ナレーター:内藤幸位 (ラジオ関東)

□ Data

| | | | |
|---|---|---|---|
| 作詞 | | 品番 | NX-9001 |
| 作曲 | | 球団 | 読売ジャイアンツ |
| 編曲 | | ジャンル | ドキュメンタリー |
| レーベル | TEICHIKU | フォーマット | 7" |

『ジャイアンツ王貞治祝756』収録。ベーブルース夫人のコメントを収録。そう言えばイチローのときもそうでしたね。

756

瞬間を
キャッチ！

この写真は新記録達成の瞬間をとらえたものです

# 世界新記録756曲達成！

本書掲載の楽曲索引はこちらでご覧いただけます。

https://www.tokyokirara.com/blog/2024/01/31/175130

## あとがき

時には地方に赴き、その土地の中古レコード店を軒並み巡るも収穫ゼロ。また時にはネットオークションで目当ての盤を入札で争った挙句、相手のどうかしている入札金額に敗れて落胆した数日後、期待せず訪れた中古レコード店でその盤を安価であっさり入手。などなど、収集に費やした約30年間は悲喜こもごもの日々でした。私は野球レコードというテーマで集めている訳ですが、世の中には「珍盤」という更に範囲の広いテーマで収集している人もいるので、一筋縄ではいかぬものだと日々痛感しております。

テーマを決めてのレコード収集は基本的に楽曲の予備知識ゼロのケースがほとんどなので、入手していざ再生してみたら期待外れだったという事もしばしばですが、「大当たり」に遭遇した時は、晶屓チームの逆転サヨナラホームランを目の当たりにした喜びと同様の快感を覚えます。

そんなこんなで手に入れた盤の面白さ、コク深さを多くの人と共有するのが「プロ野球 音の球宴」です。「まえがき対談」でも申し述べた通り、本書は私の収集活動の成果であり「音球」の活動報告であって、この分野のオーソリティーになるつもりなどさらさらなく、本書に掲載の魅力的な楽曲を、イベントを通して多くの人と楽しみたいだけです。

今回は機会を得て一冊にまとめる事ができました。まとめるに当たり、収録の曲数を「プロ野球に興味のない人にも野球にちなむ数字でイメージしやすい数字と言ったら、そりゃ〈756〉でしょ」と杉本裕太郎の弾丸ライナーのごとく即答した中村保夫、「公開編集会議」開催時、掲載曲の選定作業にて牧原大成を思わせるユーティリティプレイヤーぶりを披露した有村タカシ、めくるめく修正作業も菊池涼介の守備のように涼しい顔でこなす加藤有花、以上、東京キララ社のスタッフ諸氏、ならびに、リスト作成に尽力くださった「音球」の名参謀・プロ空頭こと松沢健司、〈名物男〉のブーマー先輩両氏、皆さまにお礼申し上げます。また、訳の分からない音盤をせっせと収集する私を許容してくれている妻・昌美に深謝。

何よりも、これまでに開催した「音球」のスタッフやご来場くださった皆さま、本書をお求めくださった皆さまに深く感謝申し上げます。「野球と掛けまして、音楽と解く。その心は、どちらも〈レコード（記録）〉が付き物でしょう」。なんてな事を呟きつつ。

F.P.M.中嶋

参考文献：
『いとしのベースボール・ミュージック』
（スージー鈴木著／リットーミュージック）
『ベースボール・イズ・ミュージック！音楽からはじまるメジャーリーグ入門』
（オカモト"MOBY"タクヤ著／左右社）
『中日ドラゴンズのページ』
（http://www.ichihara.com/dragons/）

# 東京キララ社の本

各書籍の詳細、その他の刊行物は弊社公式 WEB サイトにてご案内しております。

## 和ラダイスガラージ BOOK for DJ

編著：永田一直

和モノ・シーンを懐メロ的な懐古主義からダンスミュージックへと昇華させた伝説的DJイベントの書籍化！ 「和ラダイスガラージ」DJ陣によるDJの為の "新世代" 和モノディスクガイド 312 枚。

**音楽**　　　　　175mm×175mm／並製／218 頁

定価：**本体 2,000 円**（税別）　　ISBN 978-4-903883-08-3 C0073

## 珍盤亭娯楽師匠のレコード大喜利

監修：和ラダイスガラージ

DJのDJによるDJのための新世代・和モノブック！ 珍盤亭娯楽師匠による狂喜乱舞のレコードガイド。「音頭」に「演歌」に「祭り唄」……。ダンスミュージックの概念を大きく変える「和ラ本」第2弾!!

**音楽**　　　　　175mm×175mm／並製／206頁

定価：**本体 2,000 円**（税別）　　ISBN 978-4-903883-17-5 C0073

## ブラックアンドブルー

著者：根本敬

特殊漫画家・根本敬が歴史的名盤レコードのジャケットを独自の解釈で描いた全192頁の豪華作品集。
2013年より描き続けているレコードジャケット作品230点余りを収載。

**作品集**　　　　　A4変形判／上製／192頁（カラー176頁 モノクロ16頁）

定価：**本体 3,980 円**（税別）　　ISBN 978-4-903883-16-8 C0073

## 新宿ディスコナイト　東亜会館グラフィティ

著者：中村保夫

1980 年代半ば、東京の中高生による一大ディスコ・ブームが新宿歌舞伎町で発生。そのシーンの中心となった東亜会館での驚愕の出来事を描いた衝撃作！ 新宿の夜を彩った 319 枚のディスクをカラーで紹介！

**音楽**　　　　　A5並製／184頁（カラー72頁 モノクロ112頁）

定価：**本体 1,800 円**（税別）　　ISBN 978-4-903883-31-1 C0073

## 酩酊と幻惑ロック
ドゥームメタル・ストーナーロック・スラッジコア・ディスクガイド 1965-2022

編集・著：杉本憲史　　監修・著：加藤隆雅

全ロックファンにおすすめ！ こんなディスクガイドが欲しかった！「ドゥーム／ストーナー／スラッジ」を広く捉え直し、意外なアルバムも対象に60年代から年代別に収載。うねるヘヴィロック怒涛の1204点レビュー!!

**音楽**　　　　　A5並製／336頁

定価：**本体 3,000 円**（税別）　　ISBN 978-4-903883-69-4 C0073

**著者略歴**

F.P.M. 中嶋（中嶋勇二）
1998年からスタートした、野球に関
する音源のみで構成するDJイベント
「プロ野球 音の球宴」のメンバー。
〈野球レコード収集家〉として、テレ
ビ・ラジオ出演や書籍・雑誌への寄
稿も多数。

Professional Baseball Disc Guide

# プロ野球音の球宴 ディスクガイド

発行日　　2024年3月6日　第1版第1刷発行

著者　　　F.P.M.中嶋 編著 ©2024

発行者　　中村保夫
発行　　　東京キララ社
　　　　　〒101-0051 東京都千代田区神田神保町2-7 芳賀書店ビル 5階
電話　　　03-3233-2228
MAIL　　　info@tokyokirara.com

デザイン　清水翔太郎（tokyo zuan）
編集　　　中村保夫／有村タカシ
DTP　　　加藤有花
協力　　　プロ空頭（松沢健司）／ブーマー先輩
感謝　　　ヨシノビズム／若月智之／秋山健一郎／まぐわいあ

印刷・製本　中央精版印刷株式会社

ISBN:978-4-903883-73-1 C0073
2024 printed in japan
乱丁本・落丁本はお取り替えいたします